KB266129

Let's Go 호세아

△
세움북스는 기독교 가치관으로 교회와 성도를 건강하게 세우는 바른 책을 만들어 갑니다.

Let's Go 호세아

초판 1쇄 인쇄 2026년 3월 10일
초판 1쇄 발행 2026년 3월 15일

지은이 | 강학종
펴낸이 | 강인구
펴낸곳 | 세움북스

등 록 | 제2014-000144호
주 소 | 서울시 종로구 대학로 19 한국기독교회관 1010호
전 화 | 02-3144-3500
이메일 | holy-77@daum.net

디자인 | 참디자인

ISBN 979-11-93996-74-4 (03230)

* 이 책은 신저작권법에 의하여 국내에서 보호를 받는 저작물입니다.
  출판사의 협의 없는 무단 전재와 무단 복제를 엄격히 금합니다.
* 책 값은 뒤표지에 있습니다.
* 잘못된 책은 교환하여 드립니다.

Let's GO

28

강학종 지음

예수님께 청혼받은 고멜 이야기 **호세아**

세움북스

추천사

|||||

강학종 목사님의 『Let's Go 호세아』를 저는 이렇게 표현하고 싶습니다. 흐르는 시냇물에 성경 본문을 띄워 놓은 것 같다고 말입니다. 원고를 읽다가 제 눈이 저절로 굴러가는 것을 체험했습니다. 굴러간다는 뜻의 지명인 '길갈'이 문득 생각났습니다. 참 신기하게도 다음 문장으로 계속해서 넘어가게 하는 묘한 매력이 강 목사님의 글에 숨어 있습니다. 마치 호세아 본문을 물 위에 띄워 노를 저어 본문의 의미가 물결처럼 출렁이게 만듭니다.

그래서인지 하나님의 사랑을 아주 생동감 있게 느낄 수 있도록 독자들을 안내합니다. 호세아 본문에 담긴 하나님의 사랑이 저자의 필치에 힘입어 물결치는 은혜를 경험했습니다. 중간중간에 소개하는 예화와 인용하는 학자들의 문장이 더욱 맛깔스런 은혜를 자아냅니다. 직접 읽어 보면 무슨 말인지 알게 될 것입니다.

저도 호세아 설교를 자주 했습니다. 그래서 익숙해진 호세아 본문인데도 강학종 목사님의 『Let's Go 호세아』를 통해 또다시 새롭게 다가온 본문이 되었습니다. 호세아서를 스토리텔링(storytelling)의 느낌으로 접하는 색 다른 경험을 했습니다. 무엇보다 고멜을 향한 남편 호세아의 심정과 이스라엘을 향한 남편 하나님의 마음을 실감할 수 있었습니다. 이에 저는 기쁜 마음으로 추천합니다. 호세아 본문으로 설교하는 설교자들과 호세아서를 사랑하는 모든 성도들은 이 책을 들고 읽으시기 바랍니다.

● **권율 목사** (부산 세계로병원 원목, 『전능자의 손길』, 『연애신학』 저자)

‖‖‖

성경 해석의 역사는 두 명을 필두로 시작되었습니다. 알렉산드리아의 필로(Philo of Alexandria, 주전 20년경-주후 50년경)와 오리겐(Origen, 185 - 254년경)입니다. 알렉산드리아의 필로는 유대인 철학자이자 신학자로, 헬레니즘 철학의 개념을 바탕으로 성경을 해석하려 했습니다. 특히 구약성경의 여러 부분을 플라톤주의 철학과 연결하며 상징적으로 이해하려는 시도를 했습니다. 반면 오리겐은 초기 교부 중 한 명으로, 성경의 해석을 세 가지 층위(層位)로 나눠서 문자적 해석, 도덕적 해석, 영적 해석으로 접근했습니다. 그러나 이런 오리겐의 해석은 너무 알레고리컬(allegorical)하다는 얘기가 있습니다.

오늘날 성경 해석은 롤랑 바르트(Roland Barthes, 1915 - 1980) 이래로, '저자의 죽음'으로, 저자의 의도보다 독자 중심적으로 이해하고 해석해야 한다고 봅니다. 그러나 이런 성경 해석은 하나님이 성경을 통해 주시려는 원 메시지를 파악하기 힘든 단점이 있습니다.

이런 시대적 흐름 가운데 한국에 성경이 무엇을 말하는지 제대로 풀어 주는 성경 해설 선생님이 계셔서 감사합니다. 신학적, 목회적 관점에서 성경을 주해하고 강해하니 감사합니다. 강학종 목사님은 성경을 풀 때 성경 중심적이지만 역사적 내용, 문화적 내용도 곁들입니다. 고로 너무 무료하지 않고, 글이 흐름과 내용이 파닥파닥 살아 있게 합니다.

이런 귀한 책을 추천함이 가문의 영광입니다. 이 책을 통해 목회자들은 성경 강해 및 주해 설교에 관해 도움을 받고, 평신도들은 성경이 무엇을 말씀하는지 더욱 깊이 깨달을 줄 믿습니다.

● **김영한 목사** (품는교회 담임 및 Next 세대 Ministry 대표)

‖‖‖

모든 성경이 그렇지만 호세아서에 나타나는 하나님의 마음은 더욱 간절하고 애절합니다. 지금도 한국 교회에서 호세아서가 선포되어야 하는 이유입니다. 이때 바르면서도 쉽게 쓴 저자의 『Let's Go 호세아』는 너무나 반가운 책입니다.

호세아서에는 하나님의 간절함과 십자가 복음이 도도하게 흐릅니다. 놀라운 십자가의 복음이 인간의 근본적인 문제를 비추고 해결책을 강처럼 굽이굽이 전합니다. 저자는 놀랍게도 이런 중요한 말씀을 쉽고 바르게 풀어서 설명합니다. 이에 다음 다섯 가지로 저자가 쓴 『Let's Go 호세아』의 좋은 점을 말하고 싶습니다.

첫째는 지금 한국 교회의 상황과 호세아서의 상황이 너무도 비슷하여 반드시 호세아서가 제대로 읽히고 들려야 합니다.

호세아서는 북 왕국이 멸망하기 직전에 활동한 호세아 선지자를 통한 하나님의 말씀입니다. 이 시대가 겉으로는 화려하고 안정되어 보이지만 신앙적으로는 가장 어두운 시기였습니다.

지금 우리나라는 경제 대국이 되고 IT강국이 되어 잘사는 것 같습니다. 하지만 교회는 세상의 빛이 되지 못하는 경우가 많습니다. 다음 세대가 교회에 등을 돌립니다. 자신의 성공과 행복을 우상으로 삼는 기독교인이 너무 많습니다. 호세아의 말씀이 다시 저자의 외침으로 들려야 합니다.

둘째는 예수님의 십자가 대속, 그리고 하나님 나라를 호세아의 결혼에 비추어 아주 쉽고 바르게 전해 줍니다. 모세 언약을 잃어버린 이스라엘, 십자가 복음을 잃어버린 우리에게 호세아의 결혼으로 연관하여 참 신랑이신 예수님의 십자가 사랑을 강력하게 말합니다.

셋째는 거룩이 진정한 행복임을 말하며 다시 한국 교회와 모든 기독교인들의 회개를 선포합니다.

호세아는 죄를 통렬하게 비판하며 회개를 촉구했습니다. 하지만 마지막 장에서 여호와는 치유와 구원을 약속하십니다. 이것이 십자가 사랑의 진수입니다. 그분은 우리 모두에게 여호와께로 돌아오라고 초대하십니다.

바알이 '남편'이라는 뜻을 가진 것은 하나님이 참 남편이시지만 다른 신을 남편으로 찾는 세태를 드러냅니다. 주님이 본남편임을 바알이라는 우상 이름에서도 알려 주고 호세아 2장 7절에서도 말합니다. 우리를 본남편 예수께 순결한 신부로 회복하게 하는 좋은 책입니다.

넷째는 그때나 지금이나 참 회복과 대안은 성령 안에서 누리는 하나님 나라임을 말합니다. 참 부부인 하나님과 이스라엘, 영적 이스라엘 백성인 우리 믿는 자의 회복 이야기입니다. 음녀 고멜처럼 이스라엘의 배반에도 끊임없이 용서하고 대가를 하나님이 지불하여 받아들입니다. 여전히 배반하는 이스라엘을 향한 심판과 소수의 남은 자를 통한 회복의 메시지입니다.

재혼(remarry)이 해답입니다. 여호와께서 이스라엘과 재결합, 재혼하는 관계를 맺으십니다. 여호와께서는 이스라엘에게, 우리에게 십자가 복음으로 장가드신다고 합니다. 눈물겨운 은혜이며 해결책입니다.

다섯째는 성도의 삶은 하나님의 뜻을 이루며 좁은 길을 가는 것을 보여 줍니다. 이스라엘에는 호세아를 지지하는 사람이 없었습니다. 호세아 시대에는 모세 언약이 아무도 보지 않는 사문서였습니다. 지금도 성경은 서서히 사문서가 되고 있습니다. 바른 복음을 믿는 자는 좁은 길을 가야 합니다. 대중적인 가치를 따르는 것은 타락의 시작입니다. 하나님의 말씀에 순종하는 마음으로 빛을 내게 하는 일에 『Let's Go 호세아』는 상당히 유용합니다.

호세아는 이사야, 예레미야, 에스겔과 함께 개인의 삶을 통해 이스라엘에게 메시지가 되었습니다. 우리도 우리의 삶의 여러 정황이 어떠하든지 하나님의 말씀을 온몸으로 살아내야 합니다.

● **서상복 목사** (해피가정사역연구소 소장, 1급전문가정사역자(한국가정사역협회),
『결혼 플랫폼』, 『연애학교 결혼예비학교 워크북』, 『그 어디나 하늘나라』 외 저자)

|||||

강학종 목사님을 처음 만났을 때가 떠오릅니다. 예정에 없던 갑작스런 만남이었습니다. 목사님이 지갑을 통째로 제게 건넸습니다. 노숙인 사역을 하는 저를 응원하고 싶다며, 그 자리에서 자신의 모든 것을 내주셨습니다. 한번은 제가 해외 목회자 가정의 병원 치료와 회복을 돕는 프로젝트를 진행했습니다. 사연을 SNS에 올리자마자 제일 먼저 강학종 목사님이 후원금을 보내 주셨습니다. 이후에도 몇 번이나 어려운 이웃을 돕는 일에 함께해 주셨습니다.

목회자는 하나님의 마음을 사람들에게 전달하기 위해 부름받은 사람입니다. 그 말은 목회자의 마음이 하나님의 마음이 되어야만 한다는 것입니다. 하나님의 마음의 핵심은 '긍휼'입니다. 하나님의 불쌍히 여기심입니다. 하나님의 긍휼의 핵심을 담은 성경이 바로 호세아서입니다. 사랑할 수 없는 음녀를 아내로 사랑한 호세아 선지자의 모습을 통해 사랑할 수 없는 우리를 사랑한 하나님을 발견합니다.

호세아서를 잘 해석하기 위해서는 '긍휼'이 절대적입니다. 하나님의 마음인 긍휼의 렌즈로 성경을 볼 수 있어야 합니다. 그런 의미에서 강학종 목사님은 누구보다 자격이 충분합니다. 하나님이 주시는 긍휼, 애끓는 마음으로 사람을 사랑하기 때문입니다. 나와 전혀 관계없는 이들조차도 하나님의 마음으로 사랑합니다. 그 마음과 시선으로 호세아서를 바라본 『Let's Go 호세아』가 출간되었습니다. 주석이라 하기에는 쉽고, 강해서라 하기에는 깊습니다. 꼭 필요한 핵심 내용을 "하나님의 긍휼"로 관통합니다. 절망 중에 빠진 나를 처음 찾아오셨던 주님이 그립다면, 자격 없는 나를 여전히 사랑하시는 주님이 보고 싶다면, 이 책의 일독을 강력히 권합니다.

● **서진교 목사** (작은예수선교회 대표, 다니엘기도회 강사, 『나를 살리는 기도』 저자)

‖‖‖

강학종 목사님은 말씀에 충실하면서도 하나님의 마음이 담겨 있는 현실을 매만지는 언어로 호세아서를 풀어갑니다. 우리 시대는 말씀 그 자체에 충실하면서 동시에 시대를 통찰하는 것이 필요합니다. 호세아서에 나타난 현상들이 한국 사회에 지금 일어나고 있습니다. 온갖 음란과 중독, 각종 죄악에 찌든 세상을 향한 메시지가 강학종 목사님의 『Let's Go 호세아』를 통해 되살아납니다. 하나님 말씀에 두려워 떠는 그 마음으로 책을 읽는다면 하나님의 마음이 부어지고 그 사랑에 눈시울이 뜨거워질 것입니다. 결국 호세아는 이 시대를 사랑으로 품고 섬기며 살아가야 할 우리들 자신임을 발견합니다. 『Let's Go 호세아』를 기쁜 마음으로 추천합니다.

● **이상갑 목사** (산본교회 담임, 청년사역연구소 소장)

⁞⁞⁞⁞⁞

이 책은 단순한 강해 설교가 아닙니다. 본문의 맥락을 놓치지 않으면서도 시대적 통찰을 예리하게 꿰뚫고, 독자의 일상에 스며드는 언어로 풀어낸 영적 메시지입니다. 성경 본문에 대한 이해가 자연스럽게 신앙적 감동으로 이어지며, "성경이 이토록 살아 있을 수 있구나"라는 감탄사가 흘러나옵니다.

강학종 목사님은 단지 '전달자'가 아니라 본문의 고통을 '살아낸 자'로서 말씀의 증인이 되어 글을 엮어 갑니다. 따라서 이 책은 본문 해석의 깊이, 설교적 구조, 적용의 설득력에 있어서 목회자의 한계를 넘어서는 하나님의 음성으로 채워져 있습니다. 그리고 바로 그 하나님의 마음을 고스란히 독자의 가슴 위에 풀어놓는 복음의 시편입니다.

특히 고멜을 향한 호세아의 사랑을 통해서 자신을 향한 하나님의 마음을 체험하게 하며, "나는 너를 결코 포기하지 않는다"라는 주님의 애절한 사랑이 가슴 깊이 새겨지게 합니다. 또한, 성경이 말하는 '회개'란 단어가 죄책감의 언어가 아니라 돌아올 수 있게 하는 사랑의 언어임을 온전히 증명합니다. 이 책은 설교자를 위한 주석이자 기도문이며, 신자의 회개를 위한 묵상집이자 회복의 처방전입니다.

성경 한 권을 마음으로 이해하고 싶은 이에게, 설교 한 편에 생명을 담고자 하는 이에게, 그리고 복음으로 다시 일어서고자 하는 이에게 이 책은 반드시 읽혀야 할 책입니다. 그래서 강학종 목사님의 『Let's Go 호세아』를 진심을 다해 추천합니다.

● **정민교 목사** (흰여울교회 담임, AL Ministry 대표, 『빛 가운데로 걸어가면』 저자)

|||||

교회에는 오래 다녔지만 구원의 확신 없이 이리저리 흔들리는 사람이 있습니다. 하나님이 어떤 분인지도 모르고, 하나님의 사랑을 느껴 본 적도 없기 때문입니다. 머리로만 성경을 알고 있기 때문에 염려와 근심의 자리에 머무는 사람도 있습니다. 하나님은 호세아 선지자를 통해서 하나님의 진한 사랑을 보여 주십니다. 값을 지불하는 것이 대속(代贖)입니다. 이것이 하나님의 사랑입니다. 하나님은 처녀 이스라엘을 사랑하셔서 그들이 애굽에서 노예 생활을 하고 있을 때 이들과 약혼하셨습니다. 결혼해서는 광야 생활을 거쳐 가나안에 신방을 차렸습니다. 그런데 신부 이스라엘이 바알 우상과 눈이 맞아서 집을 나가고 말았습니다. 나중에 북 왕국 이스라엘이 앗수르에 의해 갈기갈기 찢어져서 남자는 노예로, 여자는 창녀로 팔려 갑니다. 그 뒤에 남 왕국 유다 백성도 결국 찢겨서 바벨론에 포로로 끌려가게 됩니다.

그럼에도 하나님은 여전히 그들을 사랑하십니다. 하나님의 사랑은 관념적인 사랑이 아니라는 것을 호세아의 삶으로 보여 줍니다. 하나님의 사랑은 우리의 사랑과 다르다는 것을 보여 주는 것입니다. 우리는 매번 하나님을 배반하며 불순종하지만 하나님은 우리를 버리지 않고 끝까지 사랑하면서 오늘도 인도하고 계심을 확신합니다.

하나님의 이 진한 사랑의 책, 호세아서를 이 시대 최고의 글쟁이이며, 사랑하는 나의 동기인 강학종 목사를 통해서 펼쳐 나갑니다. 그의 책은 언제나 기대와 설렘으로 기다리게 합니다.

그의 스물네 번째 책으로 나온 『Let's Go 호세아』는 어려운 내용을 쉽게 풀어 쓰면서도 삶에 적용하게 하는 그의 특별한 은사를 통해 우리 설교자들에게 또 다른 성찰과 기쁨을, 평신도들에게는 구약의 딱딱함을 넘어서 이해가 되고, 은혜가 되는 글로 다가옵니다. 설교자나 평신도에게 이것은 너무나 큰 선물입니다.

이 책을 읽는 분들은 위대한 수혜자로 살게 될 것을 확신하면서 이 책을 적극적으로 추천합니다.

● 조충만 목사 (새벽교회 담임)

IIIII

하나님께서 호세아에게 하신 명령은 참으로 이해하기 어렵습니다. 정결하게 구별되어도 부족한 선지자에게 음란한 여인을 아내를 맞으라는 것이 어떻게 하나님의 뜻일 수 있을까요? 그러나 그 음란한 여인이 나 자신이었음을 알게 될 때 우리는 내가 받은 은혜가 얼마나 큰 것인지 깨닫게 됩니다. 참으로 그렇다. 말씀을 깨달을 때 그 은혜를 더 깊이 누릴 수 있습니다.

강학종 목사님은 호세아서에 담긴 하나님의 사랑을 『Let's Go 호세아』에 풀어냈습니다. 성경의 말씀을 인용해 독자의 이해를 돕고, 일상의 언어를 사용해 말씀을 삶에 접붙입니다. 때에 맞게 덧붙인 지명과 단어에 대한 해설은 말씀을 더욱 입체적으로 만들어 줍니다. 『Let's Go 호세아』를 통해 더 많은 이들이 내가 받은 은혜가 얼마나 귀한 것인지 맛보기를 소망합니다.
풍요의 시기에 타락해가는 세상을 향한 호세아서의 말씀이 오늘 우리에게
도 필요합니다.

● **주경훈 목사** (오륜교회 담임)

머리말

성경은 혼인으로 시작해서 혼인으로 끝나는 책입니다. 창세기에 아담이 하와를 아내로 맞는 내용이 나오고, 요한계시록에는 어린양의 혼인 잔치가 나옵니다. "이러므로 남자가 부모를 떠나 그의 아내와 합하여 둘이 한 몸을 이룰지로다"(창 2:24)라고 한 것처럼 성자 예수님이 성부 하나님을 떠나 교회와 합하여 한 몸을 이루는 것이 구원의 신비입니다. 그런 구원을 보여 주는 성경에 혼인 얘기가 자주 나오는 것은 우연이 아닙니다. 이삭이 리브가를 아내로 맞는 얘기도 나오고, 솔로몬과 술람미 여인 얘기도 나옵니다.

그런데 호세아서에 나오는 혼인 얘기는 이상합니다. 하나님이 호세아한테 음란한 여자를 맞이하여 음란한 자식들을 낳으라고 하셨기 때문입니다. 호세아가 그 말에 순종합니다. 고멜을 아내로 맞아 이스르엘과 로루하마, 로암미를 낳은 것입니다. 이스르엘은 호세아의 아들이 맞지만 로루하마는 모릅니다. 호세아의 자식이 아닐 수 있습니다. 결정적으로 로암미는 호세아의 자식이 아닙니다. 부부 사이에서 일어날 수 있는 일 중에 이보다 더 큰 비극이 있을까요?

이런 말도 안 되는 얘기가 왜 있는가 하면, 당시 이스라엘의 실상이 이와 방불했기 때문입니다. 호세아한테 고멜을 사랑하라는 것이 말이 안 되는 것이 아니라 하나님이 이스라엘을 사랑하는 것이 말이 안 되는 일이었습니다. 지금은 어떨까요? 주님이 우리를 사랑하는 것은 말이 될까요? 냉담하고, 자신에게만 관심이 있고, 열정 없는 신부를 주님이 만족스러워하실까요?

성경은 이때를 위한 그때의 말씀입니다. 호세아서가 비록 2,700년 전에 기록되었다고 해서 그때로 한정되는 내용이 아닙니다. 시간과 공간은 달라졌지만 메시지는 그대로 적용됩니다. 우리가 성경을 하나님 말씀이라고 하는 이유이기도 합니다. 바라기는, 호세아서를 읽으면서 호세아가 얼마나 말이 안 되는 혼인을 했는지만 알면 안 됩니다. 고멜을 사랑해야 하는 호세아의 아픔이 하나님의 아픔인 것을 알아야 합니다. 우리가 그렇게 처절한 사랑을 입고 있습니다. 사랑은 절대 감미로운 감정이 아닙니다. 그 사실을 인정한다면 우리 역시 누군가를 위해 기꺼이 그렇게 아플 수 있어야 합니다.

출판의 기회를 허락하신 세움북스 강인구 장로님과 세움북스 가족들, 기꺼이 추천사를 써 주신 권율 목사님, 김영한 목사님, 서상복 목사님, 서진교 목사님, 이상갑 목사님, 정민교 목사님, 조충만 목사님, 주경훈 목사님께 고마움의 뜻을 전합니다. 이 책을 읽는 사람마다 우리를 사랑하시는 하나님의 사랑을 보다 입체적으로 실감할 수 있었으면 좋겠습니다.

주후 2026. 2.
하늘교회 목사 강학종

목차

1장

호세아가 들은 말씀

1:1 　 웃시야와 요담과 아하스와 히스기야가 이어 유다 왕이 된 시대 곧 요아스의 아
들 여로보암이 이스라엘 왕이 된 시대에 브에리의 아들 호세아에게 임한 여호
와의 말씀이라

호세아는 북 왕국 이스라엘에서 사역한 선지자다. 북 왕국의 열세 번째
왕인 요아스의 아들 여로보암 통치 말기부터 북 왕국이 앗수르한테 망할
때까지 활동했다. 북 왕국 초대 왕 이름도 여로보암이다. 요아스의 아들
여로보암은 그 여로보암과 구별하기 위해서 여로보암 2세라고 한다.

그런 호세아의 사역을 왜 남 왕국 중심으로 소개할까? 그것이 전부가
아니다. 남 왕국 왕이 웃시야, 요담, 아하스, 히스기야로 바뀌는 동안에
북 왕국 왕은 여로보암 2세, 스가랴, 살룸, 므나헴, 브가히야, 베가, 호
세아로 바뀌었다. 그런데 여로보암 2세만 말한다. 다른 왕들은 전부 투
명인간일까?

조선 시대에는 고을마다 객사가 있었다. 벼슬아치들이 묶는 일종의
관사다. 그런데 전주에 있는 객사는 전주 객사라고 하지 않고 풍패지관

(豊沛之館)이라고 했다. 전주의 별명이 풍패지향(豊沛之鄕)이기 때문이다. 풍패는 한나라를 세운 유방의 고향인데 조선을 건국한 이성계의 본향인 전주를 거기에 빗댄 것이다.

조선은 오랫동안 중국을 상국(上國)으로 섬겼다. 연호도 중국 연호를 썼다. 그런 사대사상을 우리 신앙 원칙으로 차용할 수 있다. 우리는 매사에 하나님 나라를 염두에 두어야 한다. 이 세상 나라가 주는 의미보다 중요한 것이 하나님 나라가 주는 의미이다.

호세아서가 남 왕국에 초점을 두는 이유가 그렇다. 다윗 왕조의 정통성이 남 왕국에 있었다. 하나님의 언약을 계승한 나라가 북 왕국 이스라엘이 아니라 남 왕국 유다였다. 남 왕국이 기준일 수밖에 없다.

예수를 믿는 사람과 예수를 믿지 않는 사람은 어떻게 다를까? 예수를 믿는 사람은 일요일에 교회 가고, 예수를 믿지 않는 사람은 늦잠 잘까? 신앙은 그처럼 저급한 것이 아니다. 예수를 믿는다는 얘기는 하나님 나라에 대한 안목이 생겼다는 뜻이다. 매사에 하나님 나라를 기준으로 생각할 수 있어야 한다.

우리가 무엇을 목표로 살아야 할까? 인생에서 가장 가치 있는 일이 어떤 일일까? 좋은 직장은 어떤 직장이고, 좋은 배우자는 어떤 사람일까? 스스로 뿌듯한 순간은 어떤 때이고, 남이 볼까 부끄러운 순간은 어떤 때일까? 자식한테 남기고 싶은 것은 어떤 것일까?

이런 내용이 정리되지 않으면 기독교가 이상하게 변질된다. 자기 욕심을 위해서 종교 행위를 동원하는 것이 신앙인 줄 알게 되고, 이 세상 먹이사슬의 정점에 오르는 것을 예수 믿는 보람인 줄 알게 된다.

그러면 여로보암 2세 시대는 믿음의 반석 위에 굳게 선 시대라고 해야 한다. 그가 다스릴 당시의 북 왕국은 상당히 강성했다. 하지만 성경은 그의 치세를 칭찬하지 않는다. 그는 하나님을 잘 섬긴 왕이 아니라 넓은 영토를 다스린 왕이었다. 믿음에 부요한 사람이 아니라 재물에 부요한 사람이었다.

일단 이름부터 마음에 들지 않는다. 북 왕국을 세운 느밧의 아들 여로보암과 이름이 같다. 다윗이 선한 왕의 대명사인 것처럼 여로보암은 악한 왕의 대명사다. 성경에서 이스라엘 왕을 질책할 때마다 "여로보암의 길로 행했다"라고 한다.

요아스가 무슨 생각으로 아들 이름을 여로보암으로 지었을까? 느밧의 아들 여로보암이 다윗 왕조를 저버렸다는 사실은 눈에 들어오지 않고 한 나라를 세운 창업 군주라는 사실만 눈에 들어왔던 모양이다. 나라를 세우는 일을 아무나 할 수 없지 않은가? 그런 생각이 있으니 아들 이름을 그렇게 지었을 것이다.

여로보암 2세를 이어 스가랴, 살룸, 므나헴, 브가히야, 베가, 호세아가 차례로 왕위에 올랐다. 호세아 선지자와 이름이 같은 호세아가 북 왕국의 마지막 왕이다. 그런데 본문은 호세아 선지자가 활동하던 시대의 왕이 여로보암 2세였던 것처럼 말한다.

여로보암 2세가 죽은 다음의 북 왕국은 정변이 끊이지 않았다. 스가랴와 브가히야만 정상적으로 왕위를 물려받았을 뿐이다. 사십 년 남짓한 기간 동안 일곱 명의 왕이 있었으니 재위 기간도 짧았다. 스가랴는 여섯 달, 살룸은 한 달 만에 왕위에서 쫓겨났다.

하지만 본문에서 다른 왕들을 말하지 않는 것은 정통성이나 치적 때문이 아니다. 요아스의 아들 여로보암을 말하는 것으로 느밧의 아들 여로보암으로 말미암은 북 왕국의 풍조를 지적하는 것이다. 누가 통치하든지 관계없이 여로보암의 시대였다. 다윗 언약을 떠난 시대였고, 하나님과 관계없는 시대였다.

1:2　여호와께서 처음 호세아에게 말씀하실 때 여호와께서 호세아에게 이르시되 너는 가서 음란한 여자를 맞이하여 음란한 자식들을 낳으라 이 나라가 여호와를 떠나 크게 음란함이니라 하시니

전에 보던 〈개역한글판성경〉에는 본문이 "여호와께서 비로소 호세아로 말씀하시니라"로 시작했다. NIV에는 "When the Lord began to speak through Hosea"라고 되어 있고, KJV에는 "The beginning of the word of the Lord by Hosea"라고 되어 있다.

'호세아에게 말씀하신 것'과 '호세아로 말씀하신 것'은 엄연히 다르다. "호세아에게 말씀하셨다"라고 하면, 하나님이 호세아한테 전령 노릇을 맡긴 것이 된다. 그런데 "호세아로 말씀하셨다"라고 하면, 호세아의 삶 자체가 메시지가 되어야 한다. 전자가 수험생들한테 열심히 공부해서 좋은 대학 가라고 말하는 것이라면, 후자는 열심히 공부해서 좋은 대학 가는 모습을 보여 주는 것에 해당한다.

오래전의 일이다. 어떤 분이 손자를 안고 와서 장차 하나님께 귀하게 쓰임 받게 기도해 달라고 했다. 귀하게 쓰임 받는다는 표현이 듣기에 거북했다. 직업에는 귀천이 없어도 하나님께 쓰임 받는 데에는 귀천이 있을까?

신자들을 모아 놓고 하나님께 쓰임 받고 싶으냐고 물으면 전부 다 그

렇다고 대답할 것이다. 대체 어떤 것을 기대하는 것일까? 하나님께 쓰임 받으면 자기는 어떻게 될까?

하나님이 호세아로 말씀하셨다는 얘기는 하나님이 호세아의 인생을 쓰기로 작정하셨다는 뜻이다. 혹시 이런 식으로 쓰임 받고 싶은 사람이 있을까? 어쩌면 우리는 하나님께 쓰임 받고 싶은 것이 아니라 요셉이 애굽의 총리가 된 것처럼 하나님께 쓰임 받은 국물을 누리고 싶은 것일 수 있다.

세계적인 플루티스트 송솔나무 씨가 쓴 『하나님의 연주자』라는 책에서 읽은 내용을 소개한다. 송솔나무 씨는 코스타(KOSTA, 국제복음주의학생운동)에 갈 때마다 "나의 남자, 나의 여자"라는 제목으로 강의를 한다. 강의 중에 그리스도를 위해서 뭐든지 순종할 수 있는 사람 손 들어 보라고 하면 거의 다 손을 든다. 순교할 수 있는 사람 손 들어 보라고 해도 적지 않은 숫자가 손을 든다. 마지막으로 "하나님께서 정해 주시는 사람하고 결혼할 수 있는 사람, 손 들어 봐요"라고 하면, 아무도 손을 들지 않는다.

이것이 우리의 믿음 상태다. 하나님을 믿는다고 하면서도 하나님의 뜻을 존중하지 않는다. '하나님이 정한 짝'이라는 표현은 '자기 마음에 드는 이상형'을 종교적인 용어로 포장한 것에 불과하다. 실제로 "맏아들인 것을 보니 하나님께서 예비하신 배필이 아닌 것 같아요"라는 말도 들어 보았고, "하나님께서 정한 짝이 아니에요. 2년제 나왔대요"라는 말도 들어 보았다.

자칭 재림주인 문선명이 1998년 6월 13일, 미국 메디슨스퀘어 가든에서 황당한 발언을 했다. 자기가 예수와 장정순, 석가모니와 최원복,

공자와 이경준, 마호메트와 이정옥, 소크라테스와 김영희의 영혼결혼식을 주례했다는 것이다.

우리가 듣기에는 실소를 금할 수 없는 말이다. 하지만 통일교에서는 문선명이 정해 주는 사람과 결혼한다. 이단 집단에서도 그 정도로 순종하는데 우리는 하나님께 순종하는 것을 말도 안 되는 소리로 치부한다. 우리가 그만큼 불경스럽다. 하나님이 문선명보다 못한 분인 모양이다.

부자 청년이 예수님께 와서 자기가 무엇을 해야 영생을 얻을 수 있는지 물었다. 그때 예수님이 "네 소유를 다 팔아 가난한 자들에게 주고 너는 나를 따르라"라고 하셨고, 그 말을 들은 부자 청년은 근심하며 돌아가고 말았다(마 19:16-22). 사람들이 이 일화를 자기와 상관없다고 생각하는 경향이 있다. 기독교는 사유재산을 부정하지 않는다는 것이다. 물론 기독교가 사유재산을 부정하지 않는 것은 맞다. 하지만 예수님이 누군가한테 이런 말씀을 하신 것도 사실이다. 그 '누군가'에 자기는 예외라고 어떻게 장담할까? 그 말씀이 부자 청년한테만 해당되는 말씀이면 성경에 기록될 리가 없다.

본문도 그렇다. 하나님이 호세아한테 음란한 여자를 맞이해서 음란한 자식들을 낳으라고 하셨다. 이 말씀이 호세아한테만 상관있고 우리한테는 상관없을까? 성경에 이런 내용이 있는 이유가 무엇일까? 예수를 너무 열심히 믿으면 이렇게 될 수 있으니 적당히 믿으라는 뜻일까? 어쩌면 '난 호세아가 아니어서 다행이다'라는 생각을 할 수도 있다. 그러면 하나님이 "그래, 네가 호세아가 아니어서 정말 다행이다"라고 하실 것이다.

호세아가 들은 말은 아무나 들을 수 있는 말이 아니다. 북 왕국에 살지언정 다윗 언약을 마음에 품고 사는 사람만 들을 수 있다. 비록 이 땅에 발을 딛고 살지만 시선은 하늘에 고정된 사람만 들을 수 있고, 세상 풍조에 연연하지 않고 하나님의 뜻을 이루려는 사람만 들을 수 있다.

사람들은 주로 자기 마음을 아프게 하는 문제를 놓고 기도한다. 돈 때문에, 자식 때문에, 건강 때문에 기도한다. 그런 기도는 불신자도 한다. 새벽마다 찬물로 목욕재계하고 정화수 떠 놓고 비는 내용이 죄다 그런 내용이다. 그러면 예수를 믿는 사람과 예수를 믿지 않는 사람의 차이가 무엇일까? 모름지기 예수를 믿는다면 하나님 마음을 아프게 하는 문제를 놓고 기도할 수 있어야 한다. 하나님 뜻에 어긋나는 것이야말로 우리의 진정한 기도 제목이다.

집은 돌보지 않고 밖으로만 싸돌아다니는 여자가 있다고 하자. 남편이 퇴근하고 들어오면 늘 애들뿐이다. "엄마 어디 갔어?" 하고 물으면 하루는 동창회 갔다고 하고, 다음날은 친구 만나러 갔다고 하고, 그다음날은 계 모임 갔다고 한다. 허구한 날 그런 식이다. 급기야 질문이 달라진다. "이 여자 어디 갔어?"

하나님이 호세아한테 음란한 여자를 맞이해서 음란한 자식들을 낳으라고 하시는 이유를 설명하는 말이 "이 나라가 여호와를 떠나 크게 음란함이니라"이다. 하나님이 이스라엘을 '내 백성'이나 '내 나라'라고 하지 않고 '이 나라'라고 하신다. 그만큼 진노하셨다. 〈메시지성경〉에서는 "이 나라 전체가 사창가가 되어 버렸기 때문이다. 나라 전체가 나 하나님에게 부정을 저지른 창녀들의 소굴이 되어 버렸다"로 번역했다.

나라 전체가 음란하면 음란하지 않은 사람이 어디 있을까? 바보 나라에 바보만 사는 것처럼 음란한 나라에는 음란한 사람만 살 것이다. 호세아가 누구를 아내로 맞든지 음란한 여자일 수밖에 없다. 물론 차이는 있다. 하나님이 "너는 가서 음란한 여자를 맞이하여 음란한 자식들을 낳으라"라고 하실 때의 음란은 문자 그대로의 음란이다. 하지만 "이 나라가 여호와를 떠나 크게 음란함이니라"라고 할 때의 음란은 성도덕 문제가 아니라 우상 숭배를 말한다.

성경 여러 곳에서 하나님을 이스라엘의 남편으로 얘기한다. 우리는 신랑 되신 예수님을 기다리는 신부들이다. 우리 구원의 완성을 어린양의 혼인 잔치로 말한다. 이스라엘이 하나님 아닌 다른 신을 섬기는 행위는 정조를 버린 것이다.

하나님이 그 일로 인해서 마음이 상하셨다. 급기야 이스라엘을 '이 나라'라고 하기에 이르렀다. 그런 이스라엘을 어떻게 해야 할까? 그래서 호세아를 부르셨다.

말씀을 맡은 종은 자기의 전 인생을 걸고 하나님을 증언해야 한다는 쪽으로 적용하지는 말자. 말씀을 맡은 종의 책임이 그렇다면 말씀을 듣는 종의 책임은 어떻게 될까? 인생 전부를 걸고 하나님 뜻을 준행해야 하는 책임은 호세아한테만 있는 것이 아니라 예수 믿는 사람 전부한테 있다.

"말도 안 된다. 아무리 하나님이라도 그렇지, 한 사람의 인생을 이처럼 망가뜨려도 된단 말인가?"라고 할 것 없다. 호세아의 인생이 망가졌다고 누가 단언하는가? 인생이 망가지기로 얘기하면 세례 요한이나 스데반이 훨씬 제대로 망가지지 않았을까?

호세아가 하나님의 말씀을 거부했다고 가정해 보자. 그러면 자기 나름대로 정숙한 여인을 찾을 것이다. 그래도 하나님 보시기에는 음란한 여자다. 나라 전체가 바알한테 빠졌는데 정숙한 여자가 어디 있겠는가?

호세아가 이 사실을 알았다. 호세아한테는 하나님의 시선으로 세상을 보는 안목이 있었다.

1:3a   이에 그가 가서 디블라임의 딸 고멜을 맞이하였더니

믿는 사람은 믿는 사람과 결혼해야 한다고 한다. 맞는 말 같지만 왠지 어색하다. 어느 만큼 믿는 사람이 믿는 사람일까? 믿는 사람이라면 신앙에 근거한 가치관이 있게 마련이다. 그런데 간혹 몸만 교회에 있고 마음은 세상에 있는 사람이 있다. 남들이 보는 조건 다 따진 다음에 믿는 사람과 결혼했다는 말을 할 수 있는 구실을 찾는다. "어릴 때 교회 다녔다고 하더라", "어머니가 권사라고 하더라"라는 말은 물론이고 심지어 "나중에 믿게 하면 된다"라는 말까지 한다.

그럼 호세아는 어떻게 해야 할까? 어릴 적에 소꿉놀이 하면서 옆집 남자와 뽀뽀를 한 적이 있는 여자를 아내로 맞으면 될까? 대학 다닐 적에 미팅을 하루에 두 번 한 적이 있는 여자는 어떨까? 하나님이 음란한 여자를 아내로 맞으라고 했지, 구체적으로 누구를 아내로 맞으라고 하지 않으셨다. 어떤 여자를 아내로 맞을지 호세아가 판단해야 한다. 우리가 하나님 말씀을 듣는 것이 주로 이런 식이다. 순종의 분량을 우리가 정한다. 정말로 순종할 수도 있고, 순종했다는 명분을 찾을 수도 있다.

이때 호세아는 디블라임의 딸 고멜을 아내로 맞았다.

1:3b-5   고멜이 임신하여 아들을 낳으매 여호와께서 호세아에게 이르시되 그의 이름을 이스르엘이라 하라 조금 후에 내가 이스르엘의 피를 예후의 집에 갚으며 이스

라엘 족속의 나라를 폐할 것임이니라 그날에 내가 이스르엘 골짜기에서 이스라

엘의 활을 꺾으리라 하시니라

이스르엘은 사마리아와 갈릴리 사이에 있는 평야 지대로 "하나님이 흩으신다"라는 뜻이다. 이스라엘에서는 산과 산 사이의 낮은 지대를 골짜기라고 하기 때문에 이스르엘 골짜기라고도 한다. 예후가 반란을 일으켜서 아합 왕조를 끝낸 곳이 이스르엘이다. 하나님이 그 피를 갚는다고 하신다. 비단 예후 왕조의 몰락에 국한하는 얘기가 아니다. 이스라엘의 패망을 암시하는 말이다.

갈멜산 전투를 승리로 이끈 엘리야가 이세벨의 기에 눌려서 하나님께 '선지자 파업'을 선언한 적이 있다. 그때 하나님께서 예후로 이스라엘 왕을 삼으라고 하셨다. 그래서 예후가 군사를 일으켰는데 이제 와서 이스르엘의 피를 예후의 집에 갚는다는 것이 무슨 영문일까?

우상 숭배에 빠진 아합 왕조를 멸하고 예후 왕조가 들어선 것은 하나님의 뜻이었다. 그런데 예후 왕조도 우상 숭배에 빠졌다. 가나안 원주민을 몰아내고 가나안 땅을 차지한 이스라엘이 가나안 원주민과 똑같이 산 격이다.

하나님은 공의의 하나님이다. 하나님이 이스르엘의 피를 예후의 집에 갚겠다는 얘기가 그런 뜻이다. "너희들이 그렇게 살면 결국 망한다. 아합 왕조가 망한 것처럼 예후 왕조도 망한다. 예후 왕조만이 아니라 이스라엘이 망하게 된다"라고 경고하셨다.

　　　고멜이 또 임신하여 딸을 낳으매 여호와께서 호세아에게 이르시되 그의 이름을

로루하마라 하라 내가 다시는 이스라엘 족속을 긍휼히 여겨서 용서하지 않을

것임이니라 그러나 내가 유다 족속을 긍휼히 여겨 그들의 하나님 여호와로 구

원하겠고 활과 칼이나 전쟁이나 말과 마병으로 구원하지 아니하리라 하시니라

고멜이 또 임신해서 딸을 낳았다. 이번에는 이름을 로루하마라고 하라고 하셨다. '루하마'는 '긍휼'이라는 뜻인데 접두어 '로'는 부정을 나타낸다. 하나님이 이스라엘을 더 이상 긍휼히 여기지 않겠다는 뜻이다.

하나님이 이스라엘을 애굽에서 구원한 이유는 이스라엘을 긍휼히 여기셨기 때문이다. 가나안에 들어간 다음에도 마찬가지다. 이스라엘이 하나님을 떠나 살 때마다 이방 족속을 통해 징계하시면 이스라엘은 그때마다 부르짖었다. 하나님은 또 그들을 긍휼히 여겨서 구원해 주셨다. 그러나 앞으로는 긍휼히 여기지 않겠다는 것이다. 그러면 이스라엘이 더 이상 존재할 수 없게 된다. 그나마 다행인 것은 하나님이 유다 족속은 계속 긍휼히 여기겠다고 하신 사실이다.

북 왕국 이스라엘은 거듭되는 경고에도 우상 숭배에서 헤어나지 못하다가 주전 722년에 앗수르한테 망하는 깃으로 나라가 없어지고 만다. 그렇다고 해서 남 왕국 유다는 망하지 않은 것이 아니다. 주전 586년에 바벨론한테 망한다.

하나님이 긍휼히 여기면 망하지 않아야 하는 것 아닐까? 하나님 말씀은 그렇지 않다. 우리가 생각하는 구원은 활이나 칼, 전쟁으로 말미암는 구원이다. 나라가 망하면 끝이다. 하나님이 말씀하시는 구원은 그런 구원이 아니다. 그래서 바벨론 포로에서 돌아오게 되고, 다윗의 혈통이 이

어지더니 결국 예수님이 태어난다.

어떤 집에 수험생이 있다고 하자. 어머니가 그 아이 앞길에 은혜를 달라고 새벽마다 기도한다. 어머니가 기대하는 은혜는 원하는 대학에 합격하는 것이다. 하지만 하나님의 은혜가 꼭 그런 식으로 나타나는 것은 아니라는 사실을 우리는 다 안다.

7절은 표현이 특이하다. "그러나 내가 유다 족속을 긍휼히 여겨 그들을 구원하겠고"라고 해도 되는데 "그러나 내가 유다 족속을 긍휼히 여겨 그들의 하나님 여호와로 구원하겠고"라고 한다. 구원은 어차피 하나님께 달려 있다. 그런데 그 사실을 강조한다. 구원하는 분도 하나님이고, 구원의 통로도 하나님이다.

하나님이 이스라엘은 구원하지 않고 유다는 구원하시는 이유가 무엇일까? "북 왕국은 우상 숭배에 빠졌지만 남 왕국은 좀 낫지 않았나?"라고 하면 안 된다. 그러면 하나님의 긍휼이 무색하게 된다. 남 왕국 유다가 바벨론 포로에서 돌아와서 하나님의 백성 된 정체성을 유지할 수 있게 된 근거가 남 왕국 유다의 의로움에 있지 않고 하나님의 긍휼에 있다.

우리가 구원 얻은 것은 전적으로 하나님의 은혜다. 이 사실을 모르는 사람은 없다. 그런데 속으로 엉뚱한 생각을 할 수 있다. 그래도 신자가 불신자보다 나은 면이 있지 않겠느냐는 것이다. 신자는 구원 얻을 만해서 구원 얻고 불신자는 구원 얻지 못할 만해서 구원 얻지 못한다면 하나님의 은혜는 설 자리가 없게 된다. 북 왕국은 워낙 엉망이어서 하나님이 포기했지만 남 왕국은 그렇지 않아서 구원 얻었다고 하면 하나님의 긍휼을 얘기할 이유가 없다.

이스르엘과 로루하마의 출생을 설명하는 말에는 미묘한 차이가 있다. 3절에서는 "이에 그가 가서 디블라임의 딸 고멜을 맞이하였더니 고멜이 임신하여 아들을 낳으매"라고 했다. 호세아가 고멜을 맞이해서 고멜이 임신했으니까 호세아로 말미암은 임신이 분명하다. 그런데 6절은 "고멜이 또 임신하여 딸을 낳으매"라고 했다. 누구로 말미암은 임신인지 불투명하다. "당연히 호세아로 말미암은 임신이지, 그걸 꼭 말해야 아느냐?"라고 할 수도 있지만 확언하지는 못한다. 고멜은 음란한 여자다. 한 남자의 아내가 되었다는 이유로 옛 버릇을 청산했을까?

1:8-9 고멜이 로루하마를 젖뗀 후에 또 임신하여 아들을 낳으매 여호와께서 이르시되 그의 이름을 로암미라 하라 너희는 내 백성이 아니요 나는 너희 하나님이 되지 아니할 것임이니라

고멜이 또 임신해서 아들을 낳았다. 이번에는 이름을 로암미라고 했다. 부정을 말하는 '로'와 '내 백성'이라고 하는 '암미'의 합성어다. 내 백성이 아니라는 뜻이다. 호세아가 아들 이름을 "내 아들이 아니다"라고 지었다. 이런 경우에 누구의 아들인지 따지는 것은 의미가 없다. 어차피 외간남자의 아들인데 그 외간남자가 누구인지 알면 뭘 할까?

청년들을 지도하던 시절, 간혹 안 나온 청년의 안부를 나한테 묻는 경우가 있었다.

"아무개, 왜 안 나왔어요?"
"몰라. 예수 안 믿으니까 안 나왔겠지."
"그런 게 어디 있어요?"

그런 게 왜 없을까? 우리가 예배를 드리는 것은 예수를 믿기 때문이다. 그러면 예배에 불참하는 것은, 적어도 그 시간에는 예수를 안 믿기 때문 아닐까?

너무 매정하게 들릴 수 있다. 정말로 피치 못할 사정도 있기 때문이다. 하지만 다른 모든 문제에는 변명을 해도 예수 믿는 문제만큼은 변명이 없었으면 좋겠다. 외간남자는 어떤 남자라도 외간남자인 것처럼 불신앙은 어떤 사유로도 불신앙이다.

요즘은 옆집에 누가 사는지도 모르지만 호세아 시대에는 그렇지 않았다. 고멜은 연일 사람들의 입방아에 오르내렸을 것이다. 남의 험담처럼 재미있는 대화 소재가 어디 있을까? 호세아가 지나가면 측은하게 여기기도 했을 것이다.

호세아가 고멜을 맞아 이스르엘, 로루하마, 로암미를 낳은 것은 그것이 당시 이스라엘이 하나님을 섬기는 모습이었기 때문이다. 그러면 고멜을 흉보는 사람들은 어떻게 되는 것일까? 어쩌면 고멜을 가리켜 돌에 맞아 죽어도 싼 여자라는 말도 했을 것이다. 그 고멜이 곧 자기들인 줄 꿈에도 몰랐을 것이다.

구약성경에 가득한 내용이 하나님은 이스라엘의 하나님이고 이스라엘은 하나님의 백성이라는 얘기인데, 그것도 케케묵은 옛날이야기인가 싶다. 하나님이 "너희는 내 백성이 아니요 나는 너희의 하나님이 되지 아니할 것임이니라"라고 하셨다. "모두 없던 일로 하자. 이제 우리는 남남이다"라는 언약 파기 선언이다. 이스라엘의 운명이 끝났다.

　　　　그러나 이스라엘 자손의 수가 바닷가의 모래같이 되어서 헤아릴 수도 없고 셀
수도 없을 것이며 전에 그들에게 이르기를 너희는 내 백성이 아니라 한 그곳에
서 그들에게 이르기를 너희는 살아 계신 하나님의 아들들이라 할 것이라

본문은 '그러나'로 시작한다. 방금 파국 선언을 했으면서 그새 다른 말을
하는 것이 무슨 연유일까? 하나님이 변덕을 부리는 것이 아니다. 부모
로부터 "너 같은 자식 둔 적 없어. 당장 나가!"라는 말을 듣는다면, 아마
가장 큰 꾸중일 것이다. 그렇다고 해서 정말로 호적에서 지울 수는 없지
않은가? 하나님의 심정이 바로 그렇다.

　이스라엘 자손의 수가 바닷가의 모래같이 된다는 얘기는 아브라함한
테 하신 언약을 생각나게 한다. 이미 언약을 했는데 이제 와서 "아브라
함아, 내가 어지간하면 그렇게 하려고 했는데 네 자손이 생각보다 훨씬
엉망이더라. 그래서 취소한다"라고 할 수는 없다. 이스라엘은 하나님의
백성이고 하나님은 이스라엘의 하나님이다. 그런 내용을 "전에 그들에
게 이르기를 너희는 내 백성이 아니라 한 그곳에서 그들에게 이르기를
너희는 살아 계신 하나님의 아들들이라 할 것이라"라고 하신다.

　"너희는 내 백성이 아니라 한 그곳"이 어디일까? 예루살렘이나 벧엘
같은 특정 장소가 아니다. 이스라엘이 머무르고 있는 죄의 자리를 말한
다. 그런 곳에서 "너희는 살아 계신 하나님의 아들들이다"라고 한다는
것이다. "너희가 죄에서 벗어나면 너희를 내 아들들로 삼겠다"가 아니
다. "너희가 비록 죄 중에 있지만 내가 너희를 내 아들들로 삼고야 말겠
다"라는 뜻이다.

　그런 일이 어떻게 가능할까? 물론 하나님이 우리를 사랑하셔서 가능

하다. 그러면 우리의 죄는 어떻게 될까? 하나님이 우리를 사랑하시면 죄가 있어도 상관없을까? 하나님이 "괜찮아, 내가 모른 척 할게"라고 하면 되는 것일까?

1:11 이에 유다 자손과 이스라엘 자손이 함께 모여 한 우두머리를 세우고 그 땅에서부터 올라오리니 이스르엘의 날이 클 것임이로다

예수님이 우리 왕이다. 교회에서 늘 듣는 말이다. 그런데 본문은 우리한테 익숙한 왕이라는 말 대신 우두머리라는 말을 쓴다.

어떤 청년이 사사기를 읽는 것을 보고 아내가 물은 적이 있다. "무슨 내용이야? 재미있어?" 그 청년이 답했다. "이거, 완전히 개판인데요." 아닌 게 아니라 사사기는 이스라엘이 얼마나 개판이었는지 말하는 책이다.

사사기는 "그때에 이스라엘에 왕이 없으므로 사람이 각기 자기의 소견에 옳은 대로 행하였더라"(삿 21:25)라는 말로 끝난다. 본래 하나님이 이스라엘의 왕이다. 그런데 이스라엘에 왕이 없다는 얘기는 하나님과 관계없이 살았다는 뜻이다. 그러면 자기 소견이 기준이 된다. 그렇게 살아서 모든 것이 엉망이 되고 말았다는 것이 사사기의 줄거리다.

그런 시대를 지나면서 왕을 요구하게 된다. "하나님이 우리 왕이다. 하나님을 왕으로 모시고 하나님 뜻대로 살자"라고 한 것이 아니다. 자기들의 권익을 보호해 줄 왕을 요구했다. 자기들을 바른길로 인도해 줄 왕이 필요한 것이 아니라 이방 족속에 맞서 자기들의 생명과 재산을 보호해 줄 보디가드가 필요했다.

이스라엘 역사에 숱한 왕이 등장한다. 하지만 그 어떤 왕도 이스라엘

을 복된 길로 인도하지 못했다. 열왕기가 그런 기록이다. 이스라엘의 왕
은 하나님뿐이다. 왕이 있으면 안 된다. 그래서 왕 대신 우두머리라는
단어를 썼다. 유다 자손과 이스라엘 자손이 한 우두머리를 세워서 죄의
자리에서 올라온다는 것이다.

또 이스르엘의 날이 클 것이라고 했다. 4절에서는 이스르엘로 하나님
의 진노를 표했다. 이스르엘에는 "하나님이 흩으신다"라는 뜻 말고 "하
나님이 뿌리신다"라는 뜻도 있다. 씨를 뿌리는 모습을 상상하면 된다.
이스르엘은 팔레스타인에서 가장 비옥한 곡창 지대이기도 하다. "너희
는 내 백성이 아니라 한 그곳에서 너희는 살아 계신 하나님의 아들들이
라"라고 한 것처럼 한때 하나님의 진노의 장소이던 이스르엘에서 하나
님의 은총을 체험하게 된다.

2장

회복되는 고멜

하나님의 진노의 장소였던 이스르엘에서 오히려 하나님의 은총을 체험하게 된다는 말로 1장이 끝났다. 그런 내용이 본문으로 이어진다. 로암미가 암미로, 로루하마가 루하마로 바뀌는 것이다.

어쩌면 호세아는 하루에도 몇 번씩 하나님께 하소연했을 것이다. "하나님, 도저히 못하겠습니다. 저런 여인을 어떻게 사랑한단 말입니까? 이제 그만 저를 놓아 주십시오"라는 기도를 몇 번이나 했을 것이다. 그때마다 하나님도 말씀하셨을 것이다. "네 아내 고멜 사랑하기가 그렇게 힘드냐? 그래, 나도 내 백성 이스라엘 사랑하기가 정말 힘들구나."

교회에서는 늘 사랑이나 용서를 말한다. 그래서 하나님이 우리의 죄를 용서하시고 우리를 사랑하신다는 말이 얼마나 엄청난 말인지 모른다. 그 말은 절대 쉽게 할 수 있는 말이 아니다. 호세아가 고멜을 사랑한다는 것과 같은 말이다. 그 사랑을 이루기 위해서 하나님은 처절한 대가를 치르셨다. 호세아서는 그것을 보여 주는 책이다. 우리는 호세아서를 통해서 그런 하나님의 마음을 헤아려야 한다. 그 사랑은 절대 허투루 받으면 안 된다.

2:2-4 　너희 어머니와 논쟁하고 논쟁하라 그는 내 아내가 아니요 나는 그의 남편이 아니라 그가 그의 얼굴에서 음란을 제하게 하고 그 유방 사이에서 음행을 제하게 하라 그렇지 아니하면 내가 그를 벌거벗겨서 그 나던 날과 같게 할 것이요 그로 광야같이 되게 하며 마른땅같이 되게 하여 목말라 죽게 할 것이며 내가 그의 자녀를 긍휼히 여기지 아니하리니 이는 그들이 음란한 자식들임이니라

호세아가 고멜을 아내로 맞아 가정을 꾸린다. 이스르엘과 로루하마, 로암미 세 자녀를 낳았다. 함정이 있다. 이스르엘의 아버지는 호세아가 맞는데 로루하마의 아버지는 누구인지 모른다. 호세아의 자식이 아닐 수 있다. 결정적으로 로암미는 호세아의 자식이 아니다. 부부 사이에서 일어날 수 있는 일 중에 이보다 더 큰 비극이 있을까? 그런 상황에서 "너희 어머니와 논쟁하고 논쟁하라. 그는 내 아내가 아니요 나는 그의 남편이 아니라"라는 말이 나온다.

그렇게 시작된 말이 "…여호와의 말씀이니라"(13절)로 끝난다. 호세아가 자식들한테 하는 말이 하나님이 이스라엘한테 하시는 말씀으로 바뀐 것이다. 그렇게 바뀐 시점이 5절이다. 2절에서는 '너희 어머니'라고 했는데 뒤에 나오는 5절에서는 '그들의 어머니'라고 한다.

성경은 호세아와 고멜을 통해서 하나님과 이스라엘을 보여 준다. "그는 내 아내가 아니요 나는 그의 남편이 아니라"라는 말은 "나는 너희의 하나님이 되고 너희는 내 백성이 될 것이니라"(레 26:12)라는 시내산 계약

을 변형한 말이다. 일종의 계약 파기 선언이다.

호세아가 자식들한테 고멜을 송사한다. 그렇다고 해서 이혼을 선언하는 것이 아니다. 고멜의 음행을 고쳐서 자기 아내로 되돌리려는 것이다. 정말로 이혼할 요량이면 이혼 증서를 주고 말지, 분통을 터뜨릴 이유가 없다.

이런 말을 듣는 자식들은 어떻게 해야 할까? 답은 이미 나와 있다. "그의 얼굴에서 음란을 제하게 하고 그 유방 사이에서 음행을 제하게 하라"가 답이다. 말처럼 그리 간단하지 않다. 이스르엘, 로루하마, 로암미가 고멜을 붙잡고 "어머니, 제발 정신 차리세요"라고 하면 되는 것이 아니기 때문이다. 고멜은 이스라엘을 상징한다. 이스르엘, 로루하마, 로암미는 이스라엘 백성들에 해당한다. 이스라엘 백성들이 이스라엘한테 얘기하는 수도 있을까?

어떤 조직에 문제가 있는 것은 구성원 때문이다. 구성원이 정상인데 조직이 문제일 수는 없다. 고멜이 음행에 빠졌다는 얘기는 이스라엘이 우상 숭배에 빠졌다는 뜻이고, 이스라엘이 우상 숭배에 빠졌다는 얘기는 이스라엘 백성 한 사람, 한 사람이 우상 숭배에 빠졌다는 뜻이다. 누가 누구한테 무슨 말을 한단 말인가?

"너희 어머니와 논쟁하고 논쟁하라"라는 말이 호세아의 집안 문제로 끝나면 복잡할 까닭이 없다. 자식들이 모여서 "어머니 때문에 못살겠습니다. 저희 보기에 부끄럽지 않습니까?"라고 하면 된다. 하나님이 이스라엘을 향해서 "너희들, 언제까지 우상 숭배에 빠져 있을 셈이냐? 당장 돌이키지 않으면 너희와 관계를 끊고 말겠다"라고 하는 뜻이면 얘기가 달라진다. 이스라엘 백성들이 둘러앉아서 나라를 탓하면 되는 것이 아니다. 우상 숭배에서 나와야 하는 주체가 바로 자기들이다.

하나님께서 이스라엘을 가나안으로 인도하시면서 하나님께 순종하면 생명과 복을 누리지만 불순종하면 사망과 저주가 임한다는 말씀을 계속 반복하셨다. 이스라엘이 우상 숭배에 빠져서 돌이키지 않으면 이스라엘을 벌거벗겨서 나던 날과 같게 하고 이스라엘로 광야같이 되게 하며 마른땅같이 되게 해서 목말라 죽게 한다고 해서 새삼스러울 것이 없다.

이스라엘이 빠진 대표적인 우상이 '바알'이다. 바알은 가나안에서 섬기던 풍요의 신이다. 이스라엘이 바알을 섬긴 이유도 풍요 때문이다. 그런데 오히려 기근에 시달리게 되었다. 돈만 많으면 행복할 수 있을 줄 알고 '돈', '돈' 하며 살다가 인생 망쳤다는 얘기다.

"내가 그의 자녀를 긍휼히 여기지 아니하리니 이는 그들이 음란한 자식들임이니라"라는 말도 호세아가 고멜의 자녀들을 겨냥해서 하는 말이 아니라 하나님이 이스라엘한테 하시는 말이다. "지금까지 너희가 누린 풍요가 바알을 섬긴 보상인 줄 아느냐? 어림도 없다. 내가 너희를 긍휼히 여겼기 때문이다. 하지만 더 이상 너희를 긍휼히 여기지 않겠다"라는 뜻이다.

2:5-7   그들의 어머니는 음행하였고 그들을 임신했던 자는 부끄러운 일을 행하였나니

이는 그가 이르기를 나는 나를 사랑하는 자들을 따르리니 그들이 내 떡과 내 물과 내 양털과 내 삼과 내 기름과 내 술들을 내게 준다 하였음이라 그러므로 내가 가시로 그 길을 막으며 담을 쌓아 그로 그 길을 찾지 못하게 하리니 그가 그 사랑하는 자를 따라갈지라도 미치지 못하며 그들을 찾을지라도 만나지 못할 것

이스라엘이 바알에 빠진 것을 가리켜서 "그들의 어머니는 음행하였고 그들을 임신했던 자는 부끄러운 일을 행하였나니"라고 한다. 이스라엘의 생각은 다르다. 떡이나 물, 양털, 삼, 기름, 술 같은 생필품을 바알이 약속했다고 한다. 바알을 섬길 수밖에 없다는 것이다.

하나님께서 어떻게 하셔야 할까? 바알을 섬기는 것이 부질없는 짓임을 드러내야 한다. 그래서 "그러므로 내가 가시로 그 길을 막으며 담을 쌓아 그로 그 길을 찾지 못하게 하리니 그가 그 사랑하는 자를 따라갈지라도 미치지 못하며 그들을 찾을지라도 만나지 못할 것이라. 그제야 그가 이르기를 내가 본남편에게로 돌아가리니 그때의 내 형편이 지금보다 나았음이라 하리라"라고 하는 것이다.

애초의 얘기는 "너희 어머니와 논쟁하고 논쟁하라"로 시작했다. 자식들한테 어머니의 음행을 고치라고 닦달하는 얘기가 아니었다. 이스라엘 백성을 모아 놓고 "너희 나라꼴을 봐라. 온통 바알 세상이다. 그야말로 총체적인 난국인데 어떻게 할 심산이냐?"라는 질책이었다. 그러면 이스라엘 백성 한 사람, 한 사람이 정신을 차리는 것이 정답이다. 모두가 정신을 차리면 이스라엘이 정상이 된다.

조동화 시인의 시 〈나 하나 꽃 피어〉가 생각난다.

나 하나 꽃피어

나 하나 꽃피어

풀밭이 달라지겠느냐고

말하지 말아라

네가 꽃피고 나도 꽃피면

결국 풀밭이 온통

꽃밭이 되는 것이 아니겠느냐

나 하나 물들어

산이 달라지겠느냐고도

말하지 말아라

내가 물들고 너도 물들면

결국 온 산이 활활

타오르는 것 아니겠느냐

이어서 어떤 내용이 나와야 할까? 온 이스라엘이 한자리에 모여서 사무엘 때처럼 '미스바 대각성 집회'라도 할 법하다. 그런데 이어지는 8-13절은 하나님이 이스라엘을 바알에게서 떼어 놓기로 작정한다는 내용이다. 이스라엘로 하여금 회개할 수밖에 없도록 만드는 것이다. 탕자가 돼지가 먹는 쥐엄 열매도 없어서 못 먹는 처지가 되어서야 집에 돌아갈 생각을 했던 것처럼 이스라엘도 그런 지경이 되어야 본남편에게 돌아갈 생각을 할 것이다.

2:8   곡식과 새 포도주와 기름은 내가 그에게 준 것이요 그들이 바알을 위하여 쓴 은

과 금도 내가 그에게 더하여 준 것이거늘 그가 알지 못하도다

이스라엘의 문제는 알아야 할 것을 알지 못하는 것이었다. 하나님이 곡식과 새 포도주와 기름을 주셨다. 심지어 그들이 바알을 위해서 쓴 은과 금도 하나님이 주신 것이었다. 그런데 그 사실을 몰랐다. 그럼 누가 준 것이란 말인가?

〈관주성경〉에 보면 "바알을 위하여 쓴 은과 금도"에 1)이 있고, 관주에 "바알 우상을 만든 은과 금도"라고 설명되어 있다. 은과 금을 바알에게 예물로 바쳤든지, 은과 금으로 바알 우상을 만들었든지 달라지는 것은 없다. 요컨대 바알을 섬겼다. 곡식과 새 포도주와 기름을 바알이 주는 줄 알고 더 많은 곡식과 더 많은 포도주, 더 많은 기름을 바알에게 구했을 것이다.

2:9   그러므로 내가 내 곡식을 그것이 익을 계절에 도로 찾으며 내가 내 새 포도주를

그것이 맛 들 시기에 도로 찾으며 또 그들의 벌거벗은 몸을 가릴 내 양털과 내

삼을 빼앗으리라

하나님이 지금까지 곡식과 포도주를 주신 것은 생색내기 위한 것이 아니었다. 하지만 이스라엘이 엉뚱하게도 바알이 주는 것으로 알고 있으니 더 이상 줄 수가 없다. 양털이나 삼도 마찬가지다. 5절에서 이스라엘이 내 떡, 내 물, 내 양털, 내 삼, 내 기름, 내 술이라고 했는데 하나님도 내 곡식, 내 새 포도주, 내 양털, 내 삼이라고 하신다. 하나님의 소유를

하나님의 소유로 확인하신 것이다.

이스라엘은 어떻게 될까? 바알이 복을 주는 줄 알고 열심히 복을 빌었는데 그게 아니면 복을 못 받는 것으로 끝나지 않는다. 그동안의 어리석음이 그대로 노출된다.

2:10   이제 내가 그 수치를 그 사랑하는 자의 눈앞에 드러내리니 그를 내 손에서 건져낼 사람이 없으리라

수치를 드러낸다고 할 때의 '드러내다'로 번역된 '갈라'(גלה)는 포로로 잡혀간다는 '골라'(גולה)와 어근이 같다. 하나님의 거듭된 경고 속에서도 고집스레 우상을 섬기더니 급기야 나라가 망해서 포로로 끌려가게 되는 이스라엘의 앞날이 이렇게 암시된 것이다. 이스라엘이 바알을 섬기면 풍요를 누리게 되는 것이 아니라 수치를 당하게 되는 것처럼 신자가 세상을 사랑하면 세상을 얻게 되는 것이 아니라 세상 앞에서 수치를 드러내게 된다.

내가 공부한 장로회신학교는 본래 남산에 있었다. 일제 강점기 때 신궁(神宮)이 있던 자리인데 해방 후에 신학교가 들어섰다. 신궁에서 섬기던 우상이 정말로 신이라고 가정해 보자. 이를 부득부득 갈며 "이곳은 본래 나를 섬기던 곳이다. 그런데 왜 여호와를 섬기는 목사들을 양성한단 말이냐?"라고 할 것이다. 새벽 기도도 그와 흡사하다. 우리나라는 오래전부터 새벽에 정화수를 떠 놓고 치성을 드리던 풍습이 있었다. 그런 토양에 새벽 기도가 뿌리를 내렸다. 치성을 받던 신이 정말로 있으면 왜 자기를 섬기던 시간에 여호와를 섬기느냐고 분개할 것이다.

반대의 경우가 생기면 어떻게 할까? 하나님을 섬기던 장소에서 우상을 섬기고, 하나님을 섬기던 시간에 세상을 섬긴다면 그야말로 비극이다. 신학교를 허물어서 신궁을 세운다거나 새벽 기도 드릴 시간에 정화수 떠 놓고 치성을 드리는 모습은 상상하기에도 끔찍하다. 그런데 마냥 황당한 상상이 아닐 수 있다.

크리스마스는 하루 종일 주님만 생각해도 모자란 날이다. 그런데 세상 재미를 탐하기에 급급한 날이 되고 말았다. 크리스마스는 연인들의 날이라는 말을 공공연하게 한다. 일 년 중 콘돔이 가장 많이 팔리는 날이 크리스마스이브라고 한다. 크리스마스가 주님 오심을 기다리는 날이 아니라 세상 재미를 탐하는 날이 되고 말았다. 요즘 계속되는 경기 침체로 크리스마스가 덜 흥청거리는 것을 위안으로 삼기에는 너무도 씁쓸하다.

2:11-12 내가 그의 모든 희락과 절기와 월삭과 안식일과 모든 명절을 폐하겠고 그가 전에 이르기를 이것은 나를 사랑하는 자들이 내게 준 값이라 하던 그 포도나무와 무화과나무를 거칠게 하여 수풀이 되게 하며 들짐승들에게 먹게 하리라

11절을 원문 그대로 옮기면 "내가 그의 모든 희락, 곧 그의 절기와 월삭과 안식일과 모든 명절을 폐하겠고"라고 해야 한다. 이스라엘이 절기와 월삭과 안식일과 명절을 지키면서 희락을 누렸는데 그것을 폐하겠다는 것이다. 절기나 월삭, 안식일은 모두 여호와 신앙과 관계있다. 그런데 언제부터인지 바알을 섬기는 날로 변질되었다. 바알을 섬기면서 거기에서 희락을 얻었다. 당연히 폐하여야 한다.

그것으로 끝나면 안 된다. 바알을 섬기는 일이 얼마나 헛된 일인지

드러내야 한다. 그래서 이스라엘이 바알을 섬긴 보상으로 알고 있는 포도나무와 무화과나무를 거칠게 하여 수풀이 되게 하겠다고 하신다. 특히 "나를 사랑하는 자들이 내게 준 값이라"라고 할 때의 '값'은 '에트나'(אתנה)를 번역한 말인데, 본래 매춘 행위로 얻은 보수를 뜻한다.

2:13　　그가 귀고리와 패물로 장식하고 그가 사랑하는 자를 따라가서 나를 잊어버리고 향을 살라 바알들을 섬긴 시일대로 내가 그에게 벌을 주리라 여호와의 말씀이니라

에이든 토저(Aiden Wilson Tozer, 1897-1963) 목사가 요즘 크리스천들은 하나님과 세상의 중간 지대에 있기를 즐긴다고 질타한 바 있다. 하나님한테서 거저 얻어지는 복이 있으면 그 복을 받는 한편 세상과 간음해서 주어지는 화대도 넙죽 챙긴다는 것이다. 그런 폐단을 없애려면 세상과 간음하는 일을 후회하게 만들어야 한다. 그래서 바알들을 섬긴 시일대로 벌을 준다는 말이 나온다.

여자의 변신은 무죄라고 한다. 여자가 치장하는 것은 잘못이 아니다. 그런데 외간남자한테 잘 보이기 위해서 치장을 하면 어떻게 할까? 이스라엘이 그런 격이다. 그들은 귀고리와 패물로 장식을 하고 바알을 따라갔다. 하나님을 잊어버리고 향을 살라 바알들을 섬겼다. 성경에는 바알들을 섬긴 시일대로 벌을 주겠다는 얘기만 있는데 귀고리와 패물로 치장한 대로도 벌을 주어야 할 것 같다.

하나님을 잊어버렸다는 표현에 주목해 보자. '잊어버리다'에 해당하는 히브리어가 '솨카흐'(שכח)다. 유대인들은 체험으로 익힌 지식만 지식

으로 인정한다. 귀로 들어서 아는 것은 아는 것이 아니다. '알다'를 히브리어로 '야다'(ידע)라고 하는데 '쇠카흐'와 대조되는 개념이다. 호세아서에서 가장 강조하는 것이 하나님을 아는 지식이다. 호세아서에 나타난 모든 문제가 하나님을 몰라서 생겼다. 그것을 '쇠카흐'라고 한다. 이스라엘이 바알을 섬긴 이유도 하나님을 '쇠카흐'했기 때문이다.

그런 그들을 어떻게 벌해야 할까? 바알을 섬긴 시일대로 벌을 준다고 했으니 단단히 경을 치는 것이 맞을 텐데, 이어지는 내용은 전혀 엉뚱하다. 하나님을 잊어버린 백성들에 대한 심판이 놀랍게도 회복이다.

2:14-15 그러므로 보라 내가 그를 타일러 거친 들로 데리고 가서 말로 위로하고 거기서 비로소 그의 포도원을 그에게 주고 아골 골짜기로 소망의 문을 삼아 주리니 그가 거기서 응대하기를 어렸을 때와 애굽 땅에서 올라오던 날과 같이 하리라

거친 들은 이 세상과 단절된 곳이다. 출애굽 때의 광야를 떠올리게 한다. 그런 곳에 무슨 포도원이 있을까? 실제 포도원이 아니라 포도원으로 상징되는 이스라엘의 복락을 말한다. 그런 포도원을 '그의 포도원'이라고 한다. 5b절의 "나는 나를 사랑하는 자들을 따르리니 그들이 내 떡과 내 물과 내 양털과 내 삼과 내 기름과 내 술들을 내게 준다 하였음이라"와 대조되는 표현이다.

이스라엘은 자기들의 모든 필요가 바알로 채워지는데 어떻게 바알을 섬기지 않을 수 있느냐고 했다. 하나님은 그것이 아니라고 하신다. 이스라엘의 모든 소유가 하나님으로 말미암는다는 것이다. 이스라엘에 어떤 복락이 있으면 그것은 하나님이 주신 것이다. 하나님이 그것을 허락하

시는 장소가 거친 들이다.

또 거기서는 아골 골짜기가 소망의 문이 된다고 했다. 아골 골짜기는 불의의 재물을 탐낸 아간이 처형된 곳이다. 죄를 멸한 곳이 소망의 통로가 되는 것은 당연하다. 지금까지는 왜 소망의 통로가 되지 못했느냐 하면, 죄가 있었기 때문이다.

그러면 이스라엘은 어렸을 때와 애굽 땅에서 올라오던 날과 같이 될 것이다. 새로운 출애굽을 암시하는 말이다. 계속되는 우상 숭배로 이스라엘은 결국 가나안 땅에 살지 못하고 다른 나라에 끌려갈 것이다. 하나님이 그들을 다시 부르겠다고 하신다. 다른 나라에 포로로 끌려가면 그때 비로소 하나님을 섬기는 것이 얼마나 복된 일인지 알 수 있기 때문이다. 13절에서 바알들을 섬긴 시일대로 벌을 준다고 한 얘기가 그 기간에 상응하게 포로 생활을 하게 한다는 뜻이 된다.

2절에서 "너희 어머니와 논쟁하고 논쟁하라"라고 했다. "그의 얼굴에서 음란을 제하게 하고 그 유방 사이에서 음행을 제하게 하라"라고 했다. 이스라엘은 그럴 실력이 없다. 그래서 하나님께서 직접 그 일을 하신다. 바알을 섬기는 것이 얼마나 허망한지 알게 하시고, 하나님으로만 소망을 삼게 하신다. 이것이 하나님의 사랑이다. 이스라엘한테 소망이 있다면 자기들이 세상을 사랑하는 것보다 하나님이 자기들을 더 사랑하신다는 사실이다. 세상을 향한 그들의 사랑은 이루어지지 않는다. 하지만 그들을 향한 하나님의 사랑은 이루어진다. 성경은 호세아서를 통해서 우리한테 그 사실을 말한다. 우리가 그런 사랑을 받는 주인공들이다.

2:16-17　여호와께서 이르시되 그날에 네가 나를 내 남편이라 일컫고 다시는 내 바알이라 일컫지 아니하리라 내가 바알들의 이름을 그의 입에서 제거하여 다시는 그의 이름을 기억하여 부르는 일이 없게 하리라

그날이 언제인지 알려면 앞의 내용을 확인해야 한다. 15절에서 하나님이 이스라엘을 거친 들로 데리고 가서 말로 위로하고 애굽 땅에서 올라오던 날과 같게 한다고 했다. 이스라엘이 애굽의 노예로 지낼 적에 하나님이 그들을 구원하신 바 있다. 그런 일이 또 일어날 것이다. 비록 이스라엘은 우상 숭배에 빠졌지만 하나님은 그런 이스라엘을 회복하실 것이다. 바로 그날을 말한다.

그다음 얘기가 이상하다. 그날에는 이스라엘이 하나님을 내 바알이라고 부르지 않고 내 남편이라고 부른다고 한다. 설마 이스라엘의 문제가 하나님에 대한 호칭 때문이었을까? 어떤 여자가 남편을 '철수 씨'라고 불렀다. 문제가 있을까, 없을까? 남편 이름이 철수면 문제가 없지만 영수면 어떻게 할까? 이스라엘은 어떻게 된 경우일까? 살기는 영수와 살면서 마음에는 철수가 있는 여자처럼 겉으로는 하나님을 섬기면서 마음에는 바알이 있었던 것일까? 철수와 영수가 구별되는 사람인 것처럼 하나님과 바알도 구별된다. 그런데 본문은 달리 말한다. 이스라엘이 하나님을 더 이상 '내 바알'이라고 부르지 않고 '내 남편'으로 부른다고 한다. 마치 하나님을 바알로 부르느냐, 남편으로 부르느냐의 문제인 것 같다.

따져야 할 것이 또 있다. 하나님이 이스라엘의 남편이라는 얘기가 우리한테는 생소하지 않다. 그렇다고 해서 이스라엘도 그렇게 알았을까? 이스라엘이 하나님을 남편으로 대한 적이 있을까? 성경 여러 곳에서 하

나님을 이스라엘의 남편으로 얘기한다(사 54:5, 62:4-5; 겔 16:8). 이스라엘이 하나님과 부부로 지냈기 때문이 아니라 그렇게 지내야 하는데 그렇지 않았기 때문이다. 이스라엘이 애굽 땅에서 올라오던 날과 같은 날에는 이런 문제가 해결될 것이다. 그때에는 이스라엘이 하나님을 내 바알이 아니라 내 남편으로 부른다고 한다.

이스라엘이 지금은 하나님을 바알로 부른다는 뜻일까? 이스라엘이 바알 숭배에 빠진 것은 맞지만 하나님을 바알이라고 부른 적은 없다. 그런데 하나님이 그렇게 말씀하신다.

아동문학가 권정생 선생이 『우리들의 하느님』에서 이런 말을 했다.

"기독교 2,000년 역사 가운데 예수님은 많이도 시달려 왔다. 한때는 십자군 군대에 앞장서서 전쟁과 학살에 이용당하기도 했고, 천국 가는 입장료를 어마어마하게 받아내는 뚜쟁이 노릇도 했다. 대한민국 기독교 100년사에서는 반공 이데올로기의 선봉장이 되어 '무찌르자 오랑캐'를 외치기도 했고, 더러는 땅 투기꾼에게 더러는 출세주의자에게 얼마나 이용당하며 시달려 왔는지 모른다."

입으로는 예수님을 얘기하지만 그 예수님이 사실은 예수님이 아닐 수 있다. 예수님이 어떤 분인지 자기가 정하는 것이 아니기 때문이다.

이스라엘의 고고학자 지브 메셀(Ze'ev Meshel, 1932-2024)이 1975-1976년에 가데스바네아 남쪽 65km 지점에 있는 쿤틸렛 아즈루드(Kuntillet Ajrud)에서 축복문이 새겨진 항아리를 발굴했다. 주전 8세기 후반의 유물인데 거기에 "나는 사마리아의 야웨와 그의 아세라에 의지하여 너를 축복하노라"라고 새겨져 있었다. 야웨가 주는 복으로는 모자랐던 모양이다. 하기야 사마리아의 야웨라면 모자랄 것도 같다.

1967년 6월에 6일 전쟁이 있었다. 6일 전쟁이 끝난 몇 달 후, 디버(W. G. Dever, 1933-)가 헤브론에서 서쪽으로 13km 정도 떨어진 키르벳 엘콤(Khirbet el-Qom)이라는 아랍 마을의 동굴 무덤에서 발견한 비문이 있다. 쿤틸렛 아즈루드 축복문과 비슷한 연대인데, 우리야후라는 사람을 축복하는 내용이 나온다. "우리야후는 야웨에게 복 받기를 원하노라. 그가 그의 아세라를 통해 그의 원수들로부터 그를 구원하셨으니…"라고 되어 있다.

가나안에서 섬겼던 최고신은 엘이다. 엘의 배우자가 아세라이고 둘 사이에서 태어난 신이 바알이다. 바알한테도 배우자가 있는데 아스다롯이다. 그런데 여호와와 아세라가 같이 나온다. 아세라를 여호와의 배우자로 여긴 것이다.

이스라엘이 하나님을 떠난 적은 없다. 하나님을 섬기기는 했는데 자기들 마음대로 섬겼다. 하나님이 어떤 분인지 자기들이 정했다. 그렇게 섬기는 하나님이 성경에 계시된 하나님과 같은 분일 수는 없다.

이스라엘의 문제는 우상을 하나님처럼 섬긴 것만이 아니다. 하나님을 우상처럼 섬기기도 했다. 당시 이스라엘한테 하나님은 하나님이 아니라 바알이었다. "그날에 네가 나를 내 남편이라 일컫고 다시는 내 바알이라 일컫지 아니하리라"라는 말이 그래서 나왔다.

하나님을 섬기는 것과 우상을 섬기는 것은 다르다. 섬기는 대상만 다른 것이 아니라 섬기는 동기와 방법이 다르다. 하나님을 섬기려면 하나님께 순종해야 한다. 하나님을 사랑하는 마음이 하나님을 섬기는 동기가 된다. 우상을 섬길 때는 그렇지 않다. 말로는 섬긴다고 하지만 사실은 자기 욕심을 섬기는 것이다. 우상을 사랑하는 마음은 없고 우상의 능력을 이용하고 싶을 뿐이다.

이스라엘한테 하나님이 그런 분이었다. 자기들의 어려움을 해결해 주고 세상을 편하게 살 수 있게 도와주면 그것으로 족했다. 하나님과 인격적인 관계를 맺는 문제에는 관심 없었다. 그렇게 하는 것이 하나님을 '내 바알'이라고 부르는 것이다.

진정한 출애굽이 이루어지는 날에는 이런 폐단이 없어진다. "내가 바알들의 이름을 그의 입에서 제거하여 다시는 그의 이름을 기억하여 부르는 일이 없게 하리라"라고 한 그대로다. 하나님을 바알로 대접하는 이유는 헛된 욕심 때문이다. 그것을 지워 버려야 한다. 헛된 욕심이 없어지면 바알을 찾는 일도 없을 것이다.

2:18 그날에는 내가 그들을 위하여 들짐승과 공중의 새와 땅의 곤충과 더불어 언약을 맺으며 또 이 땅에서 활과 칼을 꺾어 전쟁을 없이하고 그들로 평안히 눕게 하리라

아담과 하와의 범죄로 모든 피조 세계가 저주를 받았다. 하나님이 이스라엘을 위해서 들짐승과 공중의 새와 땅의 곤충과 더불어 언약을 맺는다는 얘기는 그 문제가 해결된다는 뜻이다. 이스라엘은 등 따습고 배부르게 살고 싶어서 하나님 섬기기를 바알 섬기듯 했지만 하나님의 관심은 그렇지 않았다. 창조 질서의 회복을 염두에 두고 있다. 이스라엘이

하나님을 바알의 위치로 끌어내리면서까지 얻으려고 한 것과 하나님이 이스라엘을 양자로 삼으면서 주시고자 하는 것은 아예 차원이 다르다. 사람들은 기도할 때마다 늘 육신의 안일을 구하는데 하나님은 진리와 평강과 생명을 주시기를 원하는 것과 같다.

엄마가 초등학교에 갓 입학한 딸을 무릎에 앉히고 묻는다. "혹시 학교에서 누가 때리거나 놀리면 엄마가 어떻게 하라고 했어?" 딸이 씩씩한 어투로 동작까지 취하면서 대답한다. "신발 벗어서 뺨을 때리라고요."

이것이 모녀간의 대화다. 내가 이 대화를 어떻게 들었을까? 그 집에 심방 갔다가 들었다. 자기가 딸을 단단히 교육시켰다는 사실을 목사한테 보여 주고 싶었던 모양이다.

세상이 언제부터 이렇게 되었을까? 아니, 왜 이렇게 되었을까? 하나님은 이 땅에서 활과 칼을 꺾어 전쟁을 없이하고 이스라엘로 평안히 눕게 한다고 하신다. 더 이상 경쟁이 필요 없게 된다. 남한테 얕보이지 않기 위해서 악을 쓸 이유도 없고, 원하는 것을 얻기 위해서 남보다 잘나야 할 이유도 없다.

2:19-20   내가 네게 장가들어 영원히 살되 공의와 정의와 은총과 긍휼히 여김으로 네게 장가들며 진실함으로 네게 장가들리니 네가 여호와를 알리라

우리한테는 '장가간다'와 '결혼한다'가 같은 뜻이다. 이스라엘에서는 어떨까? 이스라엘에서는 결혼 전에 정혼 단계를 거친다. 정혼을 하면 같이 살지는 않지만 법적으로는 부부다. 정혼 기간 동안 신랑은 신접살림을 할 집을 짓는다. 집을 다 지으면 아버지의 분부에 따라 신부를 데리

러 간다. 장가든다는 얘기는 이런 결혼의 마지막 절차를 말한다.

신부를 데리고 오려면 몸값을 지불해야 한다. 야곱은 라헬과 결혼하는 조건으로 7년 동안 일을 했다. 하나님도 이스라엘에게 장가들면서 지불하는 몸값이 있다. 공의와 정의와 은총과 긍휼과 진실이다.

야곱이 라반한테 "제가 공의와 정의와 은총과 긍휼과 진실을 다할 테니 라헬을 아내로 맞게 해 주십시오"라고 했으면 그다음에 어떻게 되었을까? 라반은 그런 말을 알아듣지 못한다. 말도 안 되는 수작 부리지 말라고 했을 것이다.

그다지 멀리 있는 얘기가 아니다. 여직원들끼리 모인 자리에서 소개팅 얘기가 나왔다. "그 남자, 아주 괜찮아. 하나님 나라에 대한 비전이 뚜렷하고 가슴도 따뜻해"라는 말은 아무도 못 알아듣는다. "차가 BMW야"라는 말이 훨씬 알아듣기 쉽다.

이스라엘의 모든 문제는 하나님을 제대로 모르기 때문이었다. 하나님과 바알을 구별하지 못했다. 요즘 말로 바꾸면 신령한 것과 세속적인 것에 대한 분별이 없었다. 돈만 많이 벌면 그것이 하나님의 은총인 줄 알았다.

이에 롯이 눈을 들어 요단 지역을 바라본즉 소알까지 온 땅에 물이 넉넉하니 여호와께서 소돔과 고모라를 멸하시기 전이었으므로 여호와의 동산 같고 애굽 땅과 같았더라(창 13:10)

롯이 요단 지역을 바라보았는데 마치 여호와의 동산 같았다. 이유는 물이 넉넉했기 때문이다. 사랑이 넘치는 화목한 가정을 보면서 천국을 떠올린 것이 아니라 98평 아파트 거실에 있는 장식장과 물소 가죽 소파를 보면서 천국을 떠올린 것과 흡사하다.

또 애굽 땅과 같았다고 했다. 아브라함이 애굽에서 아내를 누이동생이라고 했다가 쫓겨난 적이 있다. 그 일을 통해서 아브라함은 하나님을 체험했다. 반면 롯은 애굽의 발달한 물질문명에 홀랑 마음을 빼앗겼다. "와! 천국이 있다면 이런 곳이겠구나"라는 생각을 했다. 그래서 "여호와의 동산 같고 애굽 땅과 같았더라"라는 표현이 있는 것이다. 그런 생각이 있으면 하나님을 알 수가 없다.

그런데 하나님은 공의와 정의와 은총과 긍휼과 진실로 장가든다고 한다. 한때 이스라엘은 내 떡, 내 물, 내 양털, 내 삼, 내 기름, 내 술에만 마음이 팔려 있었다. 마냥 그런 상태라면 하나님이 장가들 수 없다. 하나님이 공의와 정의와 은총과 긍휼과 진실로 장가든다는 얘기는 이스라엘이 그런 하나님을 남편으로 맞는다는 뜻이다. 알기 쉽게 말하면, 예전에는 돈 많이 버는 것이 최고인 줄 알았는데 그게 아니더라는 것이다. 땅에 고정되어 있던 시선이 하늘을 향하게 되었다. 그래서 결론이 "네가 여호와를 알리라"이다.

하나님을 아는 것이 이만큼 놀라운 일이다. 하나님은 아무나 알 수 있는 분이 아니다. 하나님과 오롯이 삶을 공유하는 사람만 알 수 있다. 세상을 곁눈질하는 사람은 절대 모른다.

2:21-22   여호와께서 이르시되 그날에 내가 응답하리라 나는 하늘에 응답하고 하늘은 땅에 응답하고 땅은 곡식과 포도주와 기름에 응답하고 또 이것들은 이스르엘에 응답하리라

응답은 혼자 할 수 있는 것이 아니다. 먼저 누군가 불러야 한다. 아무도 부르지 않았는데 무슨 수로 응답을 할까?

이스르엘은 팔레스타인에서 가장 비옥한 평야다. 그 이스르엘이 곡식과 포도주와 기름을 갈망한다. 곡식과 포도주와 기름은 풍성한 수확을 위해 땅에 호소한다. 땅은 비를 내려 달라고 하늘에 호소한다. 하늘은 창조주 하나님께 호소한다. 그래서 하나님은 하늘에 응답하고, 하늘은 땅에 응답하고, 땅은 곡식과 포도주와 기름에 응답하고, 곡식과 포도주와 기름은 이스르엘에 응답한다. 앞에서 이스라엘의 회복을 얘기하면서 이스르엘의 날이 클 것이라고 했는데, 그 일이 이루어지는 것이다.

<blockquote>

2:23 　내가 나를 위하여 그를 이 땅에 심고 긍휼히 여김을 받지 못하였던 자를 긍휼히 여기며 내 백성 아니었던 자에게 향하여 이르기를 너는 내 백성이라 하리니 그들은 이르기를 주는 내 하나님이시라 하리라 하시니라

</blockquote>

본문에는 하나님 자신을 가리키는 표현이 유난히 자주 나온다. 18, 19, 21절에서도 '내가'라는 말이 나왔다. 바알이 아니라는 사실을 강조하는 표현이다. "이 땅에 전쟁을 없이 하고 너를 평안히 눕게 하는 자가 누구냐? 바알이 아니라 나다. 누가 너에게 장가들겠느냐? 바알이 아니라 나 하나님이다. 너의 부르짖음에 누가 응답하겠느냐? 바알이 아니다. 내가 응답한다. 너를 긍휼히 여기고 너를 내 백성 삼는 자가 누구냐? 바알이 아니다. 바로 나 하나님이다"라는 뜻이다.

바알이 이스라엘한테 해 준 것이 무엇일까? 왜 한사코 바알을 찾는지 모르겠다는 답답함이 그대로 느껴진다. 우리한테 적용하면 어떻게 될

까? "세상이 너희한테 무엇을 주더냐? 너희가 세상에서 얻은 것이 무엇이냐? 너희가 누리는 모든 복락이 나한테 있는 것을 왜 모르느냐?"라는 뜻이다.

2장이 "너희 형제에게는 암미라 하고 너희 자매에게는 루하마라 하라"(1절)라는 말로 시작했던 것을 기억하는가? 본문에도 같은 말이 나온다. 긍휼히 여김을 받지 못하였던 자를 긍휼히 여기며 내 백성 아니었던 자에게 너는 내 백성이라 한다는 것이다. 하나님이 그렇게 하시는 이유가 있다. "그들은 이르기를 주는 내 하나님이시라 하리라"가 그 답이다. 이스라엘로 하여금 하나님을 하나님으로 알게 하려고 그런 것이다. 구약의 모든 역사가 이 한마디를 위해서 존재한다. 하나님을 바알이 아닌 남편으로 알게 하는 것이 이스라엘을 향한 하나님의 유일한 소망이다.

예수님이 왜 십자가에 달려 돌아가셨을까? 그 일을 통해서 예수님이 우리한테 바라는 것이 무엇일까? 우리가 예수님을 주님으로 고백하는 것 한 가지다. "그걸 누가 모르나? 당연한 얘기 아니냐?" 하고, 쉽게 대답하면 안 된다. 진지하게 고민한 다음에 대답해야 한다. 우리가 정말로 그렇게 살고 있으면 성경에 이런 내용이 기록될 이유가 없다. "예수 그리스도가 과연 내 인생의 주님인가? 오늘 하루도 그렇게 살았는가?" 우리가 주님을 만날 때까지 매일 거울을 보며 물어야 할 질문이다. 그 질문에 대한 대답이 우리의 신앙으로 나타난다.

3장

거듭되는 은혜

3:1　　여호와께서 내게 이르시되 이스라엘 자손이 다른 신을 섬기고 건포도 과자를

즐길지라도 여호와가 그들을 사랑하나니 너는 또 가서 타인의 사랑을 받아 음

녀가 된 그 여자를 사랑하라 하시기로

고멜은 호세아와 살면서 다른 남자의 아이를 낳았다. 그랬으면 손이 발
이 되게 빈 다음에 남편 눈치 보면서 숨죽이고 살아야 하지 않을까? 황
당하게도 다른 남자를 따라 집을 나가 버렸다. 율법대로 하면 돌로 쳐서
죽여야 하고, 최대한 호의를 베풀어도 이혼 증서를 써 주면 그것으로 족
하다. 그런데 그런 고멜을 사랑하라고 하신다.

　내가 자라던 시절만 해도 "오늘, 우리 집 제사다!"라고 자랑하는 아이
가 있었다. 제삿날에는 평소에 못 먹는 맛있는 음식을 먹을 수 있기 때
문이다. 그런 시절에 어떤 여자가 안 믿는 집으로 시집을 갔다고 하자.
제사 음식을 준비할 때마다 맛있는 것을 먹을 생각에 신이 난다. 달력에
동그라미를 치면서 제사 날짜를 기다린다. 그 여자 신앙 상태가 어떻다
는 뜻일까?

이스라엘 자손이 다른 신을 섬기고 건포도 과자를 즐긴다는 얘기가 그렇다. 여호와를 섬기면서는 건포도 과자를 맛볼 수 없었는데 우상을 섬기면서 맛보게 되었다. 제사가 끝난 다음에 제물을 나눠 먹는데 그때 가장 맛있는 것이 건포도 과자였던 모양이다.

이 내용을 개인한테로 좁혀 볼까? 어떤 여자가 외간남자와 눈이 맞아 야반도주를 했다. 그러면 마음 한구석이 불편할 것이다. 두고 온 자식들도 눈에 밟히고, 남편한테 미안한 생각도 들어야 정상이다. 그런데 마냥 행복에 겨워한다면 어떤 여자일까? 고멜이 그런 여자다. 하나님이 다른 신을 섬기고 건포도 과자를 즐기는 이스라엘을 사랑한다고 하면서 호세아한테도 고멜을 사랑하라고 하신다.

3:2　　　내가 은 열다섯 개와 보리 한 호멜 반으로 나를 위하여 그를 사고

호세아가 어떤 마음이었을까? 차마 말로 할 수 없을 만큼 비통했을 것이다. 그런데 성경에는 그런 말이 없다.

요한일서 3장 16절에 "그가 우리를 위하여 목숨을 버리셨으니 우리가 이로써 사랑을 알고 우리도 형제들을 위하여 목숨을 버리는 것이 마땅하니라"라고 되어 있다. 하나님이 호세아한테 하신 말씀을 그렇게 생각할 수 있다. 하나님이 우리를 사랑하시니 우리 역시 이웃을 사랑해야 한다는 말은 성경적으로도 타당하다. 하지만 호세아서가 주는 메시지는 "하나님이 너희를 사랑하는 것처럼 너희도 이웃을 사랑해야 한다"가 아니라 "너희를 사랑하는 하나님의 사랑이 어떤 사랑인지 아느냐?"이다.

요즘은 옆집에 누가 사는지도 모르지만 예전에는 옆집 숟가락이 몇

개인지도 다 알았다. 호세아가 고멜을 어떻게 대하는지 소문이 파다했을 것이다. 호세아가 얼마나 힘겨운 사랑을 하는지, 호세아 가슴이 얼마나 찢어지는지 주변에서 다 알았을 것이다. 바로 그것이 이스라엘을 사랑하는 하나님의 마음이다.

호세아서의 관심이 호세아한테 있었으면 호세아의 내적 갈등을 얘기할 수도 있다. 우선 하나님이 하신 말씀은 "내가 이스라엘을 사랑하는데 너는 왜 고멜을 사랑하지 못하겠다는 것이냐? 내가 이스라엘을 사랑하는 것처럼 너도 고멜을 사랑해야 한다"라는 뜻이 된다. 즉, 호세아한테 하나님의 사랑을 배우게 하는 것이다. 호세아가 눈물로 침상을 적시며 고뇌의 시간을 보내다가 하나님께 순종하는 쪽으로 마음을 정하면 그만큼 신앙이 자란 것이다.

하지만 호세아서의 관심은 호세아 개인한테 있지 않다. 이스라엘에 있고, 하나님 백성 전체에 있다. 호세아의 신앙이 자라는 것이 문제가 아니라 이스라엘이 하나님을 알아야 한다. 그래서 호세아의 심리를 설명하는 대신 호세아의 행동을 얘기한다. 고멜을 사랑하는 호세아가 이스라엘을 사랑하는 하나님이다.

호세아가 은 열다섯 개와 보리 한 호멜 반으로 고멜을 샀다. 고멜이 노예로 전락해 있었다는 뜻이다. 고멜이 어떻게 해서 노예가 되었는지는 모른다. 외간남자를 따라가서 한동안 행복하게 살았는데 그 외간남자가 병치레를 하다 죽고, 병구완을 하다 보니 빚이 쌓여서 노예가 되었을 수도 있다. 하지만 그렇게 생각되지는 않는다. 고멜을 꼬드긴 외간남자가 단물을 다 빨아먹은 다음 노예로 팔아 버렸을 것이다. 중요한 것은 고멜이 노예로 전락했다는 사실이다. 탕자가 집을 나간 다음에 사업을 하다 망해서 돼지가 먹는 쥐엄 열매도 못 먹는 신세가 되었는지, 창기와 더불어 허랑방탕하다가 그렇게 되었는지 중요하지 않은 것과 같다.

고멜 몸값이 은 열다섯 개와 보리 한 호멜 반이다. 한 호멜은 약 220ℓ 에 해당한다. 드럼통 용량이 200ℓ다. 당시 노예 몸값이 은 삼십 세겔이 었으니 보리 한 호멜 반이 십오 세겔이었던 모양이다. 가룟 유다가 예수 님을 판 대가도 은 삼십이었다.

성경에 '속량하다'라는 표현이 나온다. 영어로는 redemption이고, 헬 라어로는 '엑사고라조'(ἐξαγοραζω)다. redemption의 접두사 re는 원래의 상태가 암시된 말이다. remodelling, restore, rebuild, recover, reform, renew가 전부 현재의 안 좋은 상태를 본래의 더 나은 상태로 고치는 것 을 의미한다. 또 헬라어로는 '엑사고라조'라고 했다. '아고라'(αγορα)가 시 장이고, '아고라조'(αγοραζω)는 시장에서 사는 것을 뜻한다. '엑사고라조' 는 시장에서 산 다음에 시장 밖으로 가지고 나가는 것이다. 왜 시장 밖 으로 가지고 나가느냐 하면, 다시 시장에서 팔리지 않도록 하기 위해서 다. 호세아가 고멜을 샀다는 얘기가 그런 뜻이다.

고멜은 호세아의 아내다. 그런데 아내의 자리를 마다하고 제 발로 나 갔다. 급기야 노예시장의 매물 신세가 되었다. 호세아가 그런 고멜을 찾 아갔다. 그러면 "이 여자는 내 아내요!" 하고, 그냥 데려오면 되는 것 아 닐까? 자기 아내를 누가 노예 취급 하는 것이냐고 혈기를 부릴 수도 있 다. 그런데 몸값을 지불했다. 고멜이 자초한 일을 수습해야 하기 때문이 다. 누군가 고멜을 유괴해서 그런 몸값을 매긴 것이 아니라 고멜이 그렇 게 처신한 것이다.

아담과 하와가 죄를 범했다. 하나님이 그런 아담과 하와를 그냥 용서

하신 것이 아니라 죗값을 대신 치르셨다. 노예로 전락될 일은 고멜이 범했지만 몸값은 호세아가 치른 것처럼 죄는 사람이 범했지만 죗값은 하나님이 치르셨다.

3:3 그에게 이르기를 너는 많은 날 동안 나와 함께 지내고 음행하지 말며 다른 남자를 따르지 말라 나도 네게 그리하리라 하였노라

노예 상인이 노예를 늘어세우고 손님을 기다린다. 어떤 사람이 특정 노예를 지목하고는 값을 치른다. 노예 상인이 말한다. "저 사람이 너를 속량했으니 저 사람을 따라가라. 저 사람이 네 주인이다."

바로 그런 일이 벌어졌다. 호세아가 값을 치르고 고멜을 속량했으니 고멜은 호세아 소유다. 죽일 수도 있고 살릴 수도 있다. 노예로 부릴 수도 있고 다른 사람한테 되팔 수도 있다. 그런데 "너는 많은 날 동안 나와 함께 지내고 음행하지 말며 다른 남자를 따르지 말라. 나도 네게 그리하리라"라고 한다. 아내의 자리를 회복시켜 준 것이다.

성경 공부 중에 한 청년이 말했다. "저는 회개하면 뭐든지 다 용서해 주신다는 얘기가 참 좋아요." 하나님의 사랑이 감격스럽다는 뜻으로 한 말이 아니라 죄를 지어도 회개하면 되니까 부담이 없다는 뜻으로 한 말이었다. 그럼 회개는 왜 하는 것일까? 새롭게 죄를 지으려고 하는 것일까? 일찍이 헤롯이 한 말이 있다. "하나님은 용서를 좋아하고 나는 죄 짓는 것을 좋아하니 이 어찌 살맛나는 세상이 아니겠는가?"

호세아가 고멜을 속량했다. 계속 노예로 있으면 외간남자를 쫓아갈 수 없기 때문에 외간남자를 쫓아갈 기회를 주려고 속량한 것이 아니다.

다시 아내로 살게 하려고 속량했다. 고멜이 사람 구실을 하려면 기회를 봐서 외간남자를 쫓아갈 궁리를 할 것이 아니라 호세아의 아내로 충실하게 살아갈 마음을 먹어야 한다.

제럴드 싯처(Gerald L. Sittser, 1950-)가 쓴 『하나님의 은혜』에 나오는 내용을 소개한다. 선데이 피어슨이라는 여자가 있다. 동생 척 스티븐스는 경찰인데 마약 단속 중에 총에 맞아 뇌사 상태에 빠졌다. 가족들은 며칠간의 피 말리는 의논과 기도 끝에 생명 유지 장치를 떼기로 결정했고, 그런 결정에 따라 척 스티븐스는 숨을 거두었다. 살해범으로 기소된 프레드는 유죄가 확정되어 감옥에 갇혔다. 언젠가부터 선데이는 프레드를 생각하는 일이 잦아졌다. 하나님이 선데이의 마음에 파고들어 속량을 이루고 있었다. 어느 날, 선데이는 프레드를 용서했다는 사실을 깨달았다. 세월이 지나고 신앙이 성장하면서 선데이의 마음속에 남아 있을 수도 있는 분노가 다 사라진 것이다. 동생이 살해당한 지 25년쯤 지났다. 선데이는 프레드를 만나라는 하나님의 음성을 들었다. "제가 그를 용서한 것으로 충분하지 않은가요?"라고 물었는데 하나님은 충분하지 않다고 하셨다. 그러면서 프레드에게 전할 메시지를 주셨다. "프레드에게 내가 사랑한다고 말해 주어라. 나의 독생자 예수를 보내 그의 죄를 위해 죽게 했을 정도로 그를 사랑한다고 말해 주어라." 두 번째 메시지도 있었다. "프레드에게 아직 늦지 않았으니 내가 원래 의도했던 사람이 되라고 말해 주어라."

하나님이 의도하신 본래의 삶을 사는 것, 그것이 속량의 목적이다. 다시 시장에서 팔리지 않도록 시장 밖으로 데리고 나왔는데 자기 발로 시장에 들어가는 일은 결단코 없어야 한다.

호세아가 고멜한테 한 말 중에 "나도 네게 그리하리라"라는 말이 있다. 호세아가 무리한 요구를 하는 것이 아니다. 자기가 고멜한테 하는 것을 고멜이 자기한테 해 주기를 바란다.

이스라엘이 다른 신을 섬기면 안 되는 이유가 무엇일까? 하나님이 땅의 모든 족속 가운데 오직 이스라엘만 알았기 때문이다(암 3:2). 하나님은 절대 과도한 것을 요구하지 않으신다. 우리가 마음을 다하고 뜻을 다하고 힘을 다해서 하나님을 사랑해야 하는 이유도 하나님이 마음을 다하고 뜻을 다하고 힘을 다해서 우리를 사랑하시기 때문이다.

3:4-5 이스라엘 자손들이 많은 날 동안 왕도 없고 지도자도 없고 제사도 없고 주상도 없고 에봇도 없고 드라빔도 없이 지내다가 그 후에 이스라엘 자손이 돌아와서 그들의 하나님 여호와와 그들의 왕 다윗을 찾고 마지막 날에는 여호와를 경외하므로 여호와와 그의 은총으로 나아가리라

이스라엘한테 주어진 숙제가 있다면 하나님의 사랑에 합당하게 반응하는 것이다. 하나님이 이스라엘을 사랑하는 것처럼 이스라엘도 하나님을 사랑해야 한다. 한꺼번에 되지 않는다. 사람이 철이 들려면 시간이 필요한 것과 같다. 그래서 많은 날 동안 왕도 없고 지도자도 없고 제사도 없고 주상도 없고 에봇도 없고 드라빔도 없이 지내게 된다. 그 후에야 이스라엘이 그들의 하나님 여호와와 그들의 왕 다윗을 찾게 된다고 한다.

왕도 없고 지도자도 없다는 얘기는 나라가 망했다는 뜻이다. 제사도 없다는 얘기는 성전이 파괴되었다는 뜻이다. 에봇은 대제사장이 하나님의 뜻을 구할 때 입던 겉옷이다. 성전이 없으니 에봇도 소용이 없다. 정

상적인 신앙생활만 단절되는 것이 아니다. 우상도 섬기지 못하게 된다. 주상은 나무나 돌로 세워 만든 잡신이고 드라빔은 집에서 섬기던 가정 수호신이다. 양서(良書)만 없는 것이 아니라 잡서(雜書)도 없는 격이고, 먹을 만한 군것질거리만 없는 것이 아니라 불량 식품도 없는 격이다.

아우구스티누스(Augustine of Hippo, 주후 354-430)가 "우리가 죄를 짓는 것도 은혜 안에서만 가능하다"라고 했다. 죄를 범할 때마다 하나님이 바로 심판하시면 죄도 못 짓기 때문이다. 이스라엘이 우상을 섬긴 것도 하나님의 용인이 있어서 가능한 것이다. 그런데 더 이상 그럴 수 없다. 나라가 망해서 포로로 끌려가면 믿고 의지할 것이 아무것도 없게 된다. 왕도 없고 지도자도 없고 제사도 없고 주상도 없고 에봇도 없고 드라빔도 없다. 그야말로 암흑 세상이다. 하지만 암흑이 마냥 암흑으로 끝나지는 않는다.

1966년에 마오쩌둥(毛澤東, 1893-1976)이 자본주의와 봉건주의 요소를 철저히 배격해서 이상적인 사회주의 국가를 건설하자며 '문화혁명'을 제창했다. 기독교에도 대대적인 박해가 시작되었다. 사람들은 중국에서 기독교가 끝난 줄 알았다. 그런데 전혀 다른 결과가 만들어졌다. 하나는 교회가 순결해졌다. 고난이 닥치자, 가짜는 다 떨어져 나가고 진짜 성도만 지하 교회로 모였다. 또 그때까지 성행하던 미신이 청산되었다. 문화혁명 기간 동안 기독교만이 아니라 미신도 배격되었는데 결과적으로 미신은 사라지고 기독교는 더욱 정결하게 되었다. 현재 중국 기독교 인구는 약 1억 4천만 명으로 추산된다. 문화혁명이 오히려 기독교가 제대로 뿌리를 내리는 토양이 된 것이다.

이스라엘이 그렇게 될 것이다. 끊임없는 패역과 불순종으로 나라가 망한다. 자기들을 다스리는 왕이나 하나님의 뜻을 물을 에봇이 없어지는 것은 물론이고 우상도 없어진다. 그런 시기를 보낸 후에야 그들의 하나님 여호와와 그들의 왕 다윗을 찾게 된다.

다윗은 호세아보다 250년 정도 앞선 사람이다. 정말로 다윗왕을 찾는다는 얘기가 아니라 다윗왕의 후손으로 오시는 그리스도를 찾는다는 뜻이다. 왕이 없는 시기를 보내고서야 자기들의 진정한 왕이 누구인지 알게 되는 것이다.

앞에서 하나님 말씀이 계속 바뀐 것을 기억하는가? 나라를 폐한다고 했다가 다시 세운다고 했다. 내 백성이 아니라고 했다가 내 백성이라고 했고, 긍휼히 여기지 않겠다고 했다가 긍휼히 여긴다고 했다. 처음에는 아내가 아니라고 했다가 나중에는 장가들겠다고 했다. 하나님이 변덕을 부리시는 것이 아니다. 이런 일이 어떻게 가능하냐 하면, '그들의 왕 다윗'으로 말미암아 가능하다. 이 모든 일을 가능하게 하는 열쇠가 그리스도에게 있다.

수년 전에 어떤 교회 청년부 수련회 강사로 간 적이 있다. 그 교회 목사가 말했다. "설교를 좀 세게 부탁드립니다." 설교를 세게 하려면 어떻게 하면 될까? 그 목사의 말이 이어졌다. "우리 교회 청년들 대부분이 모태신앙입니다. 어릴 때부터 교회에서 닳고 닳아서 어지간한 메시지에는 눈도 꿈쩍 안 합니다. 설교를 무조건 세게 해야 합니다."

비단 그 교회에만 해당하는 얘기가 아니다. 설교 말씀을 뻔한 레퍼토리로 아는 사람이 한둘이 아니다. 십자가, 죄, 거룩, 구속, 부활, 천국, 진리, 생명이 전부 공허한 메아리에 불과하다. 예수님이 우리 대신 돌아가셨다는 말보다 더 센 말이 어디 있을까? 그런 말을 들어도 냉랭한 사람들이 무슨 말을 들으면 정신 차릴까?

고멜이 호세아를 따라오면서 무슨 생각을 했을까? 혹시 두려움에 몸을 떨지 않았을까? 공포를 느꼈을 것이라는 얘기가 아니다. '이 남자, 정말 무서운 남자구나. 도무지 이 남자 손을 벗어날 방도가 없겠구나. 난 무조건 이 남자 아내로 살아야 하는 팔자로구나'라는 생각을 했을 것이다. 외간남자와 눈이 맞아서 집을 나간 것으로도 모자라서 노예로 전락했으니 맞아 죽어도 할 말이 없다. 그런데 자기의 몸값을 치르고 다시 데려오는 남자를 무슨 수로 뿌리칠까?

그리스도 안에 있는 우리가 그렇다. 우리는 하나님을 경외할 줄 알아야 한다. 우리를 향한 하나님의 집념에 두 손, 두 발 다 들고 항복해야 한다. 우리한테는 하나님의 백성으로 사는 것 말고는 소망이 없다. 우리로 하여금 그것을 알게 하는 것이 하나님의 소망이기도 하다. 호세아서는 그 소망을 이루기 위한 하나님의 집념이 얼마나 무서운지 보여 주는 책이다. 하나님의 소망과 우리의 소망이 함께 묶여 있다는 사실이야말로 우리의 가장 큰 자랑이다.

4장
이스라엘의 현실

4:1-2　　이스라엘 자손들아 여호와의 말씀을 들으라 여호와께서 이 땅 주민과 논쟁하시

나니 이 땅에는 진실도 없고 인애도 없고 하나님을 아는 지식도 없고 오직 저주

와 속임과 살인과 도둑질과 간음뿐이요 포악하여 피가 피를 뒤이음이라

호세아서는 크게 두 부분으로 나눌 수 있다. 1-3장과 4-14장이다. 1-3
장에서는 호세아가 고멜을 아내로 맞는 내용을 통해서 이스라엘을 사랑
하는 하나님의 사랑이 어떤 사랑인지 보여 주고, 4-14장에서는 이스라
엘의 죄를 조목조목 지적한다.

가장 먼저 제사장의 죄를 지적하는데, 4장 1-3절은 4-14장의 서론
이다. 요점을 얘기하면 이스라엘에는 있어야 할 것은 없고, 없어야 할
것만 있었다. 있어야 할 것이 제대로 있으면 없어야 할 것이 있을 턱이
없다. 이스라엘에 진실과 인애, 하나님을 아는 지식이 있으면 저주, 속
임, 살인, 도둑질, 간음, 포악은 자리 잡을 틈이 없다.

창세기에 어떤 내용이 있을까? 이렇게 물으면 대부분 하나님이 천지
를 창조한 기록이 있다고 할 것이다. 창세기는 50장까지 있는데, 하나님

이 천지를 창조한 기록은 1장과 2장으로 끝이다. 창세기를 채우는 대부분의 내용은 하나님이 천지를 창조한 그다음 기록이다.

창세기 1장에서 하나님이 천지를 창조하신다. 2장에서는 사람을 창조하신다. 3장에서 사람이 죄를 범한다. 죄를 범하자마자 형이 동생을 죽이는 내용이 나온다. 급기야 홍수로 세상을 심판하시지 않으면 안 될 만큼 엉망이 되고 말았다.

홍수 이후에는 달라졌을까? 창세기를 영화로 만들면 계속 나오는 내용이 살인과 폭력, 사기, 간음이다. 동성 간의 성폭행도 빠지지 않는다. 미성년자 관람 불가도 아니고 등급 외 판정을 받을 것이다. 죄로 인해서 하나님과의 관계가 끊어지자, 모든 것이 엉망이 되고 말았다.

하나님이 이스라엘을 가나안으로 인도하면서 신신당부하신 내용이 가나안 족속을 본받지 말라는 것이었다. 그들의 우상을 부수고 그들과 연혼(蓮婚)하지 말라고 하셨다. 이스라엘이 그 말씀을 무시했다. 그래서 저주와 속임, 살인과 도둑질, 간음과 포악이 가득하게 되었다. 하나님을 떠나 살면 그렇게 될 수밖에 없다.

4:3 그러므로 이 땅이 슬퍼하며 거기 사는 자와 들짐승과 공중에 나는 새가 다 쇠잔할 것이요 바다의 고기도 없어지리라

아담과 하와가 죄를 범했을 때 땅도 저주를 받았다. 땅에서 가시덤불과 엉겅퀴가 나왔다. 사람의 범죄가 피조 세계에도 영향을 미쳤다.

이스라엘의 불순종도 마찬가지다. 이스라엘이 하나님을 떠나자, 들짐승과 공중의 새가 다 쇠잔하게 되고 바다의 고기도 없어지게 되었다.

이른바 총체적인 난국이다.

4:4   그러나 어떤 사람이든지 다투지도 말며 책망하지도 말라 네 백성들이 제사장과

다투는 자처럼 되었음이니라

요즘은 애가 셋만 있어도 다둥이 가족이라고 하는데 예전에는 달랐다. 내가 자라던 시절에는 형제가 대여섯씩 있는 집이 흔했다. 그런 집에서 아버지가 자식들을 나무라면 그다음에 어떤 광경이 벌어질까? 그다음에는 큰형이 동생들을 야단칠 차례다. 큰형이라고 해서 아무 잘못이 없었는지는 의문이다.

  이런 모습을 이스라엘로 옮겨 볼까? 하나님이 이스라엘의 죄를 지적하셨다. 그러면 제사장들이 일반 백성들을 탓할 것이다. 그래서 본문을 말하는데 "네 백성들이 제사장과 다투는 자처럼 되었음이니라"라는 표현이 어색하다. 다른 성경에는 다음과 같이 번역되어 있다.

표준새번역성경   그러나 서로 다투지 말고, 서로 비난하지도 말아라. 제사장아, 이 일로 네 백성은 너에게 불만이 크다.

공동번역성경   그렇다고 서로 탓하지는 마라. 서로 따지지도 마라. 사제야, 내 백성이 다 너희와 같은 꼴이 되었구나.

메시지성경   그러나 비난할 대상을 찾지 마라. 손가락질할 생각 마라! 너, 제사장인 네가 바로 피고다.

성경은 제사장의 죄를 먼저 책망한다. 윗물이 맑아야 아랫물이 맑은 법이다. 백성이 엉망인 이유는 제사장이 엉망이기 때문이다. 그렇다고 해서 제사장만 엉망인 것은 아니다.

4:5 너는 낮에 넘어지겠고 너와 함께 있는 선지자는 밤에 넘어지리라 내가 네 어머니를 멸하리라

제사장은 제도권 안에서 이스라엘을 하나님과 연결하는 사람이고, 선지자는 제도권 밖에서 이스라엘을 하나님과 연결하는 사람이다. 그런데 제사장은 낮에 넘어지고 선지자는 밤에 넘어지면 공교육도 무너지고 사교육도 무너진 격이다. 하나님과 이스라엘 사이의 연결 고리가 아예 없게 된다. "내가 네 어머니를 멸하리라"라는 말을 할 만하다.

이스라엘의 어머니가 따로 있는 것이 아니다. 앞에서 "너희 어머니와 논쟁하고 논쟁하라. 그는 내 아내가 아니요 나는 그의 남편이 아니라"(2:2)라는 말씀이 있었다. 호세아가 자식들한테 고멜을 송사하는 형식을 취했는데, 실상은 하나님이 이스라엘의 죄를 지적하는 내용이다. 어머니는 곧 이스라엘 전체를 말한다. 하나님과 이스라엘 사이의 연결 고리가 없으니 이스라엘을 하나님의 백성이라고 할 근거가 없다. 그래서 멸하겠다는 것이다.

하나님이 어떤 마음일까? "내가 네 어머니를 멸하리라"라고 했으니 작정하고 본때를 보여 줘야 할까? 그럴 리 없다. 일이 이 지경이 된 것을 애통하게 여기실 것이다. 자식한테 회초리를 들면 회초리로 맞는 자식보다 때리는 부모 마음이 더 아픈 법이다.

　　　내 백성이 지식이 없으므로 망하는도다 네가 지식을 버렸으니 나도 너를 버려
내 제사장이 되지 못하게 할 것이요 네가 네 하나님의 율법을 잊었으니 나도 네
자녀들을 잊어버리리라

유대인들에게 지식은 정보의 영역이 아니라 체험의 영역이다. "내 백성이 지식이 없으므로 망하는도다"라는 얘기는 이스라엘이 하나님에 대해서 들은풍월이 없어서 망한다는 뜻이 아니라 하나님과 삶을 공유하지 않아서 망한다는 뜻이다.

그렇게 된 이유가 있다. 제사장이 지식을 버렸기 때문이다. 이스라엘을 하나님과 연결하는 역할을 맡은 사람들이 제사장이다. 그런 제사장이 하나님과 관계없이 사는 마당에 이스라엘의 삶이 무슨 수로 하나님과 연결될까? 급기야 하나님이 그들을 벌하시는데, 표현이 특이하다. "네가 지식을 버렸으니 나도 너를 버려 내 제사장이 되지 못하게 할 것이요"라고 한다. "네가 나를 버렸으니 나도 너를 버려 내 제사장이 되지 못하게 할 것이요"가 아니다.

대구(對句)가 제대로 되려면 제사장이 하나님을 버렸으니 하나님도 제사장을 버린다고 해야 한다. 그런데 하나님을 버리는 것과 지식을 버리는 것을 나란히 얘기한다. 하나님을 체험하지 않으면 그것이 곧 하나님을 버리는 것이다. 그래서 제사장이 되지 못하게 한다는 것이다. 제사장이 하나님으로 하여금 이스라엘의 하나님 역할을 못하게 했으니 하나님 역시 제사장으로 제사장 노릇을 못하게 하는 것이 합리적이다.

그것이 전부가 아니다. "네가 네 하나님의 율법을 잊었으니 나도 네 자녀들을 잊어버리리라"라고 한다. 제사장들이 하나님의 율법을 잊은

것은 맞다. 그렇다고 해서 율법이 하나님의 자녀는 아니다. 제사장이 하나님의 율법을 잊은 보응이 왜 하나님이 제사장의 자녀들을 잊어버리는 것일까?

본래 제사장은 세습이다. 제사장 자식이면 역시 제사장이다. 제사장이 율법을 잊었으니 하나님도 그들의 자녀를 잊어버리는 것으로 제사장 직무가 이어지지 않게 하겠다는 것이다.

4:7   그들은 번성할수록 내게 범죄하니 내가 그들의 영화를 변하여 욕이 되게 하리라

내가 신학대학원에 입학할 때 경쟁률이 8:1이었다. 입학예배 때 총장님이 하신 말씀을 지금도 기억한다. "세계에서 제일 들어오기 힘든 신학교에 들어오신 여러분을 환영합니다. 이번에 들어오신 분 중에 가장 힘들게 들어오신 분은 여덟 번 떨어져서 아홉 번째 만에 들어오신 분이고, 가장 안타까운 분은 열 번 떨어져서 열한 번째 응시했는데 또 떨어진 분입니다."

종교가 타락한 것을 알 수 있는 지표 중의 하나가 성직자 수가 늘어나는 것이다. 티벳의 라마 불교가 타락했을 때 티벳 남자의 70%가 승려였다. 본문이 그런 내용을 말하고 있다. 제사장들이 번성할수록 하나님께 죄를 범했다. 〈표준새번역성경〉에는 "제사장이 많아지면 많아질수록, 나에게 짓는 죄도 더 많아지니, 내가 그들의 영광을 수치로 바꾸겠다"로 번역되어 있다.

설교자의 영광은 하나님의 말씀을 선포하는 것이다. 그것이 수치로 바뀌려면 어떻게 하면 될까?

주일 저녁마다 장로들이 모여서 회의를 한 다음에 목사한테 봉투를 준다. "오늘 설교 괜찮았습니다. 지난주보다 10만 원 더 넣었습니다." 그런 대접을 받으면서 목회를 하는 목사가 있다면 정말 기가 막힌 노릇이다. 하물며 자기 설교가 얼마짜리였는지 흥정하는 목사가 있으면 뭐라고 해야 할까? "오늘 설교는 70만 원으로 책정했습니다. 여기 있습니다." "무슨 얘기입니까? 설교 중에 '아멘'이 몇 번 나왔는데요? 백만 원 넣으세요." 이런 대화가 오간다면 비극일까, 희극일까?

제사장의 영화는 하나님의 속죄 사역에 직접 참여한다는 사실이다. 하나님이 그것을 욕으로 바꾸겠다고 하신다. 하나님이 그런 일을 도모하시는 것이 아니다. 제사장들이 스스로 자초한다.

4:8　　　그들이 내 백성의 속죄 제물을 먹고 그 마음을 그들의 죄악에 두는도다

속죄제는 특정의 죄 때문에 드리는 제사다. 속죄제를 드리게 되면 제물의 고기는 제사장 몫이다. 사람들이 죄를 지을수록 제사장의 소득이 많아지는 셈이다. 급기야 이상한 풍조가 나타나기 시작했다. 제사장이 사람들의 죄를 애통해하는 것이 아니라 오히려 반기는 것이다.

박태양 목사가 쓴 『눈먼 기독교』라는 책이 있다. 머리말에서 1990년대 후반에 아프리카 수단을 방문했을 때의 경험을 소개했다. 물을 구할 수 없어서 콜라를 샀다고 한다. 그런데 콜라가 희한했다. 병 모양은 코카콜라인데 뚜껑은 세븐업이고 내용물은 누런색이었다. 콜라가 왜 이러냐고 물었더니 나라가 워낙 가난한 탓에 모든 것을 재활용하기 때문이라고 하면서, 내용물은 정상이라고 했다. 병을 따고 마셨는데 콜라가 아

니라 오렌지 맛 환타였다. 가게 주인한테 따졌더니 황당한 답이 돌아왔
다. 자기네 나라에서는 병 모양이 콜라면 다 콜라라고 한다는 것이었다.

그러면 제사장은 어떨까? 제사장 가운만 입으면 무조건 제사장일까?
백성들이 죄를 지을 때마다 속으로 웃는 제사장도 제사장으로 인정해야
할까? 콜라 병에 환타가 들어 있으면 그나마 다행이다. 오물이 들어 있
으면 어떻게 할까?

성경에서 제사장 얘기가 나오면 목회자를 연상하는 경향이 있는 것
같다. "목사가 먼저 바로 서야 한다", "목사가 정신 차려야 한다"라고 하
면 얼마든지 말이 된다. 목사들끼리 그런 말을 하는 것은 상관없다. 스스
로 책임을 절감하는 말이기 때문이다. 하지만 목사가 아닌 사람이 그런
말을 하면 안 된다. 구약 시대에는 제사장이 따로 있었지만 지금은 그렇
지 않다. 신자는 누구나 왕 같은 제사장이다. 성경에서 말하는 제사장의
책임은 목사의 책임이 아니고 먼저 믿은 자의 책임이라고 해야 한다.

어떤 사람이 교회에 오면 그 사람은 예수를 만나는 것이 아니라 자기
보다 먼저 예수를 만난 사람을 만난다. 그리스도를 만나는 것이 아니라
그리스도인을 만난다. 먼저 예수를 믿은 사람은 자기보다 늦게 믿은 사
람한테 예수 믿는 것이 어떤 것인지 보여 줄 책임이 있다.

4:9-10   장차는 백성이나 제사장이나 동일함이라 내가 그들의 행실대로 벌하며 그들의
          행위대로 갚으리라 그들이 먹어도 배부르지 아니하며 음행하여도 수효가 늘지
          못하니 이는 여호와를 버리고 따르지 아니하였음이니라

군대에서 이등병은 무엇을 해도 어설프다. 총검술은 물론이고 청소나

작업도 고참이 잘한다. 그런데 교회에서는 누가 오래된 신자인지 분간이 안 된다. 3년 믿은 신자와 30년 믿은 신자 사이에 별다른 차이가 없다. "장차는 백성이나 제사장이나 동일함이라"라는 말 그대로다. 갓 믿은 신자나 오래 믿은 신자나 똑같다는 얘기다. 그 정도면 차라리 다행일 수 있다. "장차는 신자나 불신자나 동일함이라"라고 하면 뭐라고 해야 할까?

제사장한테서 제사장 모습이 안 보이면 무슨 모습이 보일까? 제사장이 백성과 동일하면 제사장으로는 낙제점이라도 일반 백성으로는 괜찮을 수 있을까?

고등학생 시절에 탁구를 곧잘 쳤다. 교내 체육대회 때는 학급 대표로 출전하기도 했다. 학교 대표 선수들이 출전을 안 한 덕에 준우승을 했다. 당시 내 탁구 실력이 대표 선수에 비할 바는 아니었지만 대표 선수들을 빼면 괜찮은 편이었다는 뜻이다. 하지만 제사장으로는 낙제점이라도 일반 백성으로는 괜찮다는 얘기는 성립하지 않는다. 하나님이 제사장으로 불렀으면 제사장으로 평가받아야 하기 때문이다. 제사장의 행실, 제사장의 행위가 심판 대상이다.

하다못해 동네 축구에서 심판을 맡아도 공정하게 판정해야 한다. 반칙을 범했는데 못 본 척 넘어가면 안 된다. 제사장이 본분을 망각했는데도 그냥 넘어간다면 하나님이 아닐 것이다. 그래서 심판하시는 내용이 10절이다. 그들은 먹어도 배부르지 않고 음행을 해도 수효가 늘지 못한다. 여호와를 버리고 따르지 않은 것에 대한 당연한 귀결이다.

제사장들이 백성의 죄를 속하는 것보다 오히려 속죄 제물에 더 마음을 뒀다. 그에 대한 심판이 먹어도 배부르지 않는 것이다. 소 한 마리를 먹으면 만족할 수 있을 줄 알았는데 만족이 없다. 두 마리를 먹어도 만족이 없고, 네 마리를 먹어도 만족이 없고, 여덟 마리를 먹어도 만족이 없다. 잘못된 욕구를 충족시킬 방법은 없다. 그것이 벌인 줄 모르고 마냥 그렇게 살아갈 것이다.

또 음행하여도 수효가 늘지 못한다고 했다. 음행이라고 해서 간음이 아니다. 정상적인 부부 관계를 음행이라고 비하한 것이다. 히브리 사회에서는 자식이 번성한 것이 상당한 복이었다. 자식이 없으면 그것이 저주였다는 뜻이다. 6b절에서 제사장들이 하나님의 율법을 잊어버린 보응으로 하나님도 그 자녀들을 잊어버리겠다고 했으니 새삼스러운 귀결이 아니다.

성경은 이렇게 된 이유를 "이는 여호와를 버리고 따르지 아니하였음이니라"라고 한다. 아버지 집을 떠난 것이 탕자의 문제인 것처럼 이스라엘의 문제는 하나님을 떠난 것이다. 진실도 없고 인애도 없고 하나님을 아는 지식도 없어서 모든 것이 엉망인 사태에 제사장이라고 해서 예외가 아니다. 제사장들이 여호와를 버리고 따르지 않았더니 그들은 먹어도 배부르지 않고 음행해도 수효가 늘지 않는 지경이 되고 말았다. 채워지지 않는 욕구를 부여안고 게걸스럽게 욕구를 충족시키려 드는 모습이 상상만 해도 추악하다. 그 정도가 아니다. 노아 홍수 직전에 하나님이 "…이는 그들이 육신이 됨이라"(창 6:3)라고 하셨다. 정상적인 사람인데도 하나님 보시기에는 고깃덩어리에 불과했다. 마찬가지로 하나님을 떠난 제사장은 정상적인 부부 관계도 암수의 교접에 불과하다.

남의 얘기로 들으면 안 된다. "한국 교회 교인들아, 여호와의 말씀을 들으라. 여호와께서 한국 교회 교인들과 논쟁하시나니 한국 교회에는 진실도 없고 인애도 없고 하나님을 아는 지식도 없도다"라고 하면 뭐라고 해야 할까? 이 모든 내용이 우리한테는 해당 사항이 없을까? 제사장한테 하는 말을 목사한테 하는 말로 여기면 안 되는 것처럼 호세아서의 내용을 그 옛날 이스라엘한테만 해당된다고 생각하는 것은 곤란하다. 성경은 지금 우리를 위해서 그때 기록된 말씀이다. 하나님이 정말로 이 세상의 주인이시고 우리가 그의 백성이라면 다른 것은 몰라도 하나님과의 관계만큼은 바로 정립해야 한다. 우리의 모든 것이 하나님으로 말미암는다. 그 사실을 제대로 아는 것에서 우리 인생의 가치가 결정된다.

4:11　　　음행과 묵은 포도주와 새 포도주가 마음을 빼앗느니라

성경에서 제사장을 지탄하는 내용이 나오면 긴장해야 한다. 자기를 제사장과 동일시하는 사람이야 어련히 긴장하겠지만 남의 애기로 듣는 사람이라면 더욱 그렇다. 성경에서 말하는 제사장은 종교 지도자다. 종교 지도자가 엉망이면 종교 지도자가 아닌 사람들은 어떨까? 엉망인 사람이 지도자 노릇을 할 정도면 다른 사람들은 더 엉망이라는 뜻이다.

　포도를 수확하면 포도주를 담근다. 새 포도주다. 그렇다고 마냥 새 포도주일 수 없다. 계절이 바뀌면 묵은 포도주가 된다. 묵은 포도주를 즐기는 사이에 다시 포도를 수확할 시기가 된다. 또 포도주를 담근다. 새 포도주가 생긴다. 묵은 포도주와 새 포도주가 마음을 빼앗는다는 애기는 풍요에 대한 채워지지 않는 갈증을 말한다. 도통 족한 줄 모른다. 즉, 이스라엘이 음행과 풍요에 마음을 빼앗겼다는 질책이다. 지금 시대는 어떨까? 기도 제목에 빠지지 않는 것이 돈과 건강이다. 호세아 시대나 지금이나 달라진 것이 없다. 돈과 건강만 있으면 이 세상을 천국으로

알 사람이 한둘이 아니다.

가나안 신화에 못(Mot)이라는 바다의 신이 나온다. 못과 바알 사이에 싸움이 벌어진다. 못이 바알을 죽여서 시체를 갈기갈기 찢어버렸다. 아스다롯이 뒤늦게 이 사실을 알았다. 못을 죽여서 원수를 갚은 다음 조각난 바알의 시체를 모아서 다시 살린다. 바알의 환생을 기뻐하는 아스다롯이 다시 살아난 바알과 공중에 올라가서 육체관계를 갖는데 그때 비가 내린다고 한다. 팔레스타인 지방은 건기와 우기가 구분되어 있다. 해마다 일정한 때에 비가 오는 것을 신화로 표현한 것이다.

가나안 예배 의식에는 바알과 아스다롯의 관계를 부추기는 요소가 있다. 신전에 남창과 여창이 있는 것이다. 매음이 풍성한 소출을 기원하는 종교 의식이었다. 인류 역사상 가장 오래된 직업이 매춘이라고 하는 데에는 이런 배경이 있다.

본래 이스라엘은 유목 민족이다. 가나안 땅에 들어간 다음부터 농사를 지었다. 풍성한 소출이 무엇보다 중요해졌는데, 바알이 농사의 신이고 풍요의 신이라는 것이다. 바알을 섬기려면 성전에서 창기와 관계를 가져야 한다.

본문은 이런 상황에서 나온 말이다. 이스라엘이 열심히 바알을 섬기는 것으로 풍요를 기원했다. "열심히 바알을 섬겨서 풍요를 누려야지"라는 것이 그들의 생각이었다. 요즘 말로 바꾸면 "열심히 돈 벌어서 행복하게 살아야지"가 된다.

4:12　　　내 백성이 나무에게 묻고 그 막대기는 그들에게 고하나니 이는 그들이 음란한
　　　　　마음에 미혹되어 하나님을 버리고 음행하였음이니라

나무한테 묻는다는 얘기는 나무로 된 우상한테 묻는다는 뜻이다. 성경 다른 곳에는 주상이나 목상으로 나온다. 그러면 그 우상이 가르침을 주는 모양이다. 어떤 답을 들었는지 궁금하게 여길 것 없다. 보나마나 자기가 듣고 싶은 답을 들었을 것이다. 그런 일을 아무나 하지 않는다. 음란한 마음에 미혹되어 하나님을 버리고 음행하는 사람들이 한다. 〈메시지성경〉에는 "하나님을 대신해 자기 음부를 숭배한다"라고, 소름 끼칠 만큼 노골적으로 번역되어 있다.

이스라엘이 우상한테 미혹되어 하나님을 떠난 것이 아니다. 마음이 하나님에게서 떠나 있어서 우상한테 미혹된 것이다. 애들을 보면 알 수 있다. 애들은 공부하기 싫어서 노는 게 아니다. 놀고 싶어서 공부를 안 한다. 노는 데 정신이 팔리면 노는 것이 기준이 되는 것처럼 우상한테 미혹되면 우상한테 물을 수밖에 없다. 우상이 자기 삶의 기준인 것을 어떻게 할까? 누가 그렇게 하는가 하면, '내 백성'이 그렇게 한다. 하나님이 그런 그들을 내 백성이라고 하신다.

요즘은 카드한테 묻는다. 돈이 모든 것의 기준이다. 전공이나 직장을 결정하고 배우자를 선택할 때 가장 중요한 기준이 돈이다. 하나님의 뜻은 궁금하지 않다. "내 백성이 나부에게 묻고 그 막대기는 그들에게 고하나니…"라는 얘기나 "크리스천이 돈에게 묻고 돈은 그들에게 고하나니…"라는 얘기나 같은 뜻이다.

4:13-14 그들이 산꼭대기에서 제사를 드리며 작은 산 위에서 분향하되 참나무와 버드나무와 상수리나무 아래에서 하니 이는 그 나무 그늘이 좋음이라 이러므로 너희 딸들은 음행하며 너희 며느리들은 간음을 행하는도다 너희 딸들이 음행하며 너

목사들이 경치 좋은 곳에 가면 으레 하는 말이 있다. "야! 여기, 기도원 지었으면 좋겠다." 산이 좋고 물이 맑으면 가장 먼저 생각나는 것이 기도원인 것 같다. 본문에도 비슷한 말이 나온다. 이스라엘은 장소만 괜찮으면 우상을 섬겼다. 음행과 묵은 포도주와 새 포도주에 마음을 빼앗겼으니 그럴 수밖에 없다.

이스라엘이 그렇게 열심히 우상을 섬겨서 어떻게 되었느냐 하면, 이스라엘의 딸들은 음행을 하고 며느리들은 간음을 하기에 이르렀다. 우상을 섬기는 의식 중의 하나가 매음이다. 여인들 역시 다산을 기원하는 마음으로 성전 남창과 관계를 가졌다. 그런데 하나님이 그들을 벌하지 않겠다고 하신다. 남자들도 창기와 함께 나가며 음부와 함께 희생을 드리니 딸이나 며느리의 음행이라고 해서 벌할 까닭이 없다.

"남자들도 창기와 함께 나가며"라고 할 때의 '나가다'에 해당하는 히브리어가 '파라드'(פרד)인데 '따로 나간다'라는 뜻이다. 창기와 함께 있기 위해서 다른 사람들과 떨어져 있는 것을 말한다. 〈공동번역성경〉에는 "으슥한 데를 찾는다"라고 번역되어 있다.

성전 매음이 제사 의식인 것은 맞다. "나도 좋아서 이러는 게 아니다. 먹고살려면 어쩔 도리가 없다. 당장 비가 와야 농사를 짓는데 어떻게 하란 말이냐?"라고 둘러댈 수도 있다. 그런데 으슥한 곳을 찾아 나서는 것을 보면 꼭 그런 것만도 아닌 모양이다.

이 모든 내용을 마치는 말이 "깨닫지 못하는 백성은 망하리라"이다.

이스라엘의 문제는 우상 숭배다. 그것이 잘못인 것만 깨달으면 망하지 않는다. 얼핏 생각하면 간단한 것 같은데 그렇지 않다. 모두가 우상을 섬기는데 그것이 잘못인 것을 무슨 수로 깨달을까? 농사를 지으려면 비가 와야 하고, 비를 오게 하려면 바알을 섬겨야 한다는데, 그렇지 않다고 하는 사람이 어디 있겠는가? 결국 단체로 망할 수밖에 없다.

그래서 15-19절에서는 이스라엘을 향한 포기 선언이 나온다.

4:15　　이스라엘아 너는 음행하여도 유다는 죄를 범하지 못하게 할 것이라 너희는 길갈로 가지 말며 벧아웬으로 올라가지 말며 여호와의 사심을 두고 맹세하지 말지어다

길갈은 '굴러간다'는 뜻이다. 하나님이 애굽의 모든 수치를 이스라엘한테서 떠나가게 했다는 뜻으로 그런 이름이 붙었다. 요단강을 건넌 이스라엘이 열두 돌을 세운 곳이고, 이스라엘이 광야 생활을 마친 후에 할례를 받은 곳이고, 처음으로 유월절을 지킨 곳이다. 나중에는 길갈에서 사울을 왕으로 옹립하기도 했고, 사무엘이 아각을 처단하기도 했다.

또 벧아웬은 벧엘의 별명이다. 본래 벧아웬은 벧엘 동쪽에 있는 성이다. 벧엘은 '하나님의 집'이라는 뜻으로, 북 왕국 이스라엘의 첫 왕인 여로보암이 금송아지 우상을 세운 곳이다. 하나님의 집에 우상을 세운 것이다. 아모스 선지자가 이를 책망하며 "벧엘은 비참하게 될 것임이라"(암 5:5)라고 했는데, 히브리어로 하면 "벧엘은 아웬이 될 것임이라"이다. 그래서 벧엘의 별명이 벧아웬이 되었다. '죄악의 집, 허무의 집, 수치의 집'이라는 뜻이다.

길갈이나 벧엘을 꾸짖는 얘기는 다른 곳에도 나온다(호 9:15, 12:11; 암 4:4, 5:5). 길갈과 벧엘이 우상 숭배의 중심지였다는 뜻이다. 오죽하면 길갈이나 벧엘에 가게 되거든 처신을 조심하라고 하는 것이 아니라 아예 가는 것 자체를 금한다. 그만큼 몹쓸 곳이었다.

또 여호와의 사심을 두고 맹세하지 말라고 한다. 성경에는 여호와의 사심을 두고 맹세하는 예가 수두룩하게 나온다. 살아 계신 하나님을 가리켜 맹세하는 것이 잘못일 수는 없다. 그런데 호세아는 그렇게 하지 말라고 한다.

당시는 바알 숭배가 만연해 있었다. 하나님을 섬기는 것과 바알을 섬기는 것을 구별하지 못했다. 하나님이 바알인지, 바알이 하나님인지 몰랐다. 바알은 죽었다가 살아나는 신이다. 그러니 하나님의 살아 계심을 두고 맹세했다가도 얼마든지 말을 바꿀 수 있다. 죽었다 살아나면 그만이기 때문이다.

이렇게 얘기하면 이스라엘이 길갈이나 벧아웬(벧엘)에 가지도 않고 여호와의 사심을 두고 맹세하는 일도 없을까? 어림도 없다. 말 한마디로 알아들을 것 같으면 이런 지경이 되지도 않았다.

4:16 이스라엘은 완강한 암소처럼 완강하니 이제 여호와께서 어린양을 넓은 들에서 먹임같이 그들을 먹이시겠느냐

우리말에 황소고집은 있어도 암소 고집은 없다. (황소고집은 붙여 쓰고 암소 고집은 띄어 쓰는 이유이기도 하다.) 그런데 이스라엘은 다른 모양이다. 황소보다 암소가 더 고집이 센 것으로 얘기한다.

남자는 교회 안 나오고 여자만 나오는 예는 흔하지만 남자 혼자 나오는 예는 드물다. 배우자를 전도하기에는 그런 경우가 더 힘들다고 한다. 남자보다 여자가 고집이 세다는 것이다. 애초에 만들어진 재료가 달라서 그렇다는 얘기를 들은 기억이 있다. 남자는 흙으로 만들어졌는데 여자는 뼈로 만들어졌다.

목자가 양을 먹이는 모습은 참으로 평화롭다. 양은 목자의 보호 아래 마음껏 자유를 누린다. 하지만 완강한 암소는 그렇게 키울 수 없다. 매사를 자기 마음대로 하니 무슨 수로 방목을 할까?

그렇다고 해서 가둬 놓고 기르겠다는 얘기도 아니다.

4:17　에브라임이 우상과 연합하였으니 버려두라

성경에서 에브라임은 두 가지로 쓰인다. 이스라엘 열두 지파 중의 한 지파일 수도 있고, 북 왕국 이스라엘의 대표일 수도 있다. 이스라엘이 남북으로 갈라질 적에 북 왕국의 맹주가 에브라임 지파였다. 본문의 에브라임은 북 왕국 전체를 말한다.

호세아서의 중심 사상은 하나님이 이스라엘의 남편이라는 사실이다. "내가 네게 장가들어 영원히 살되 공의와 정의와 은총과 긍휼히 여김으로 네게 장가들며 진실함으로 네게 장가들리니 네가 여호와를 알리라"(2:19-20)라고 했다. 이스라엘이 우상과 연합했다는 지적은 여기에 대조된다. 하나님은 이스라엘과 한 몸이고 싶어 하시는데 이스라엘은 한사코 우상과 한 몸이기를 고집했다.

여말선초(麗末鮮初)에 박위라는 사람이 있었다. 이성계를 따라 위화도

회군에 참여했고, 특히 대마도를 정벌한 것으로 이름이 높다. 당시 이홍무라고 하는 유명한 맹인 점쟁이가 있었는데, 박위가 사람을 보내서 이성계와 공양왕 중에 누가 더 신수가 좋은지 물었다. 시국이 어수선하니 어느 쪽에 줄을 서야 하는지 그만큼 고민이 컸다. 운명이 걸린 문제를 소홀하게 결정할 수는 없지 않은가?

그런데 이스라엘은 아무런 고민도 하지 않았다. 운명보다 더 중요한 것이 욕구인 것을 어떻게 할까? 하나님께 닫힌 마음이 곧 세상을 향해 열린 마음이다. 하나님께 고집 부리기로 완강한 암소 같은 것처럼 세상에 집착하는 것도 완강한 암소 같다. 내버려 둘 수밖에 없다.

4:18   그들이 마시기를 다 하고는 이어서 음행하였으며 그들은 부끄러운 일을 좋아하느니라

하나님이 사람을 만들 때 하나님의 형상으로 만드셨다고 한다. 우리한테서 하나님의 형상이 나타나야 한다. 그런데 이스라엘은 우상과 한 몸이 되었다. 하나님이 어떤 분인지는 나타나지 않고 우상을 통해서 이루고 싶은 욕구만 나타났다. 우상과 한 몸이 된 이스라엘이 할 줄 아는 일은 육신을 즐겁게 하는 일뿐이다. 어차피 우상을 섬기는 이유도 그것 때문이다.

"그들은 부끄러운 일을 좋아하느니라"가 RSV에는 "명예보다 수치를 더 사랑한다"라고 번역되어 있다. 칼국수보다 수제비를 좋아할 수도 있고, 산보다 바다를 좋아할 수도 있다. 그런 것은 문제가 안 된다. 그러나 명예보다 수치를 좋아하는 것은 다르다. 빛보다 어둠을 좋아하고, 생명

보다 사망을 좋아하고, 진리보다 거짓을 좋아하면 그다음에는 어떻게 된단 말인가? 어쩔 도리가 없다. 섬기는 신이 그런 것을 어떻게 할까? 하나님과 한 몸을 이루었으면 하나님이 어떤 신인지 나타날 텐데 우상과 한 몸이 되었으니 우상의 덧없음밖에 나타날 것이 없다.

4:19   바람이 그 날개로 그를 쌌나니 그들이 그 제물로 말미암아 부끄러운 일을 당하리라

시편 1편에서 악인을 바람에 나는 겨에 비유한다(4절). 바람이 그 날개로 그를 쌌다는 얘기가 그런 뜻이다. 아무것도 남는 것이 없다. 허무하고 공허하다. 인생을 낭비해서 허무하고 공허한 것이 아니다. 나름대로 성실하게 살았다. 바알을 섬기느라 열심히 제물을 바쳤다. 그런데 그 제물 때문에 오히려 부끄러움만 남는다. 평생 소망 없는 일에 힘썼으니 종국에는 아무런 소망도 없게 된다. 어디서 많이 듣던 말 같지 않은가? 평생 돈에 집착하며 살았더니 남는 게 없더라는 얘기다. 행복은 돈에 달려 있지 않다는 사실은 누구나 안다. 그런데도 '돈', '돈' 하고 산다. 결국 똑같이 허무한 인생이 될 것이다.

키르케고르(Søren Aabye Kierkegaard, 1813–1855)가 한 말이 있다. "죄악은 단순히 나쁜 짓을 하는 게 아니다. 신의 자리에 자기가 좋아하는 것을 갖다 놓는 것이다." 그것이 이스라엘의 문제였다. 신의 자리에 자기 욕심을 갖다 놓았다. 그 욕심을 위해 바알을 섬겼다. 그러고는 스스로 가치 없는 인생으로 전락했다.

호세아서는 우리한테 그 사실을 경계하는 책이다. "하나님은 이스라

엘을 하나님과 한 몸으로 부르셨다. 이스라엘은 한사코 우상과 한 몸이기를 고집했다. 너희는 어떻게 하겠느냐?"를 묻는 것이다. 이제 우리가 답할 차례다. 그리스도와 한 몸을 이룰지, 세상과 한 몸을 이룰지 태도를 분명히 해야 한다. 세상과 한 몸을 이루는 데는 별도의 노력이 필요하지 않다. 음행과 묵은 포도주와 새 포도주에 마음을 빼앗긴 채 살면 그만이다. 하지만 그리스도와 한 몸을 이루려면 세상을 거슬러야 하고 자기 욕구를 부인해야 한다. 남들과 다른 삶을 살아야 한다. 갈대아 우르에 발을 붙인 채 가나안에 이를 수는 없다. 하나님이 우리한테 그런 삶을 맡기셨다.

5장

죄에 대한 처방

5:1-2 제사장들아 이를 들으라 이스라엘 족속들아 깨달으라 왕족들아 귀를 기울이라 너희에게 심판이 있나니 너희가 미스바에 대하여 올무가 되며 다볼 위에 친 그물이 됨이라 패역자가 살육 죄에 깊이 빠졌으매 내가 그들을 다 벌하노라

"관료들은 들으시오. 모든 백성은 들으시오. 왕족들은 들으시오"라고 하는 것이 말이 될까? 이스라엘 족속을 얘기했으면 제사장들이나 왕족들은 따로 얘기할 필요가 없다. 어차피 이스라엘 족속에 다 포함된다.

아마 호세아는 이스라엘의 통치자들을 염두에 뒀을 것이다. "제사장들아 이를 들으라. 이스라엘 족속의 통치자들아 깨달으라. 왕족들아 귀를 기울이라"라고 하면 한결 자연스럽다. 요컨대 이스라엘의 지도자들한테 말하는 것이다.

또 '들으라', '깨달으라', '귀를 기울이라'는 점층법이다. 지금부터 하는 말을 귀담아들으라는 얘기를 점점 더 강한 어조로 반복하는 것이다. 지금부터 하는 말은 이스라엘에 심판이 있다는 말이다.

심판이 까닭 없이 있을 수 없다. 그럴 만한 사유가 있어야 한다. "너희가 미스바에 대하여 올무가 되며 다볼 위에 친 그물이 됨이라" 때문이다. 올무나 그물은 둘 다 사냥 도구다. 미스바와 다볼에서 마치 사람을 사냥하는 것 같은 일이 있었다.

하나님이 벌하시겠다는 그들은 제사장들과 통치자들, 왕족들이다. 그들을 가리켜서 살육 죄에 깊이 빠진 패역자들이라고 한다.

미스바와 다볼에서 어떤 일이 있었을까? "너희가 미스바의 올무다", "너희가 다볼 위에 친 그물이다"라는 얘기는, 그들이 실제로 미스바나 다볼에서 어떤 사냥 행위를 한 것이 아니다. 미스바와 다볼에서 있었던 일과 방불한 일을 한 것이다.

입다의 활동 무대가 미스바였다. 이스라엘 모든 지파가 베냐민 지파를 상대로 전쟁을 벌인 적이 있는데 그때도 미스바가 나온다. 사무엘도 미스바에서 활동했다.

다볼에서 일어난 일 중에 기억할 만한 일은 한 가지뿐이다. 사사 에훗이 죽은 다음에 하솔 왕 야빈이 이스라엘을 학대했다. 하솔에는 철 병거 구백 대가 있어서 이스라엘로서는 속수무책이었는데 드보라가 이들을 무찌른다. 그 전투가 있었던 곳이 다볼이다.

미스바에서도 비슷한 일이 있었다. 이스라엘이 여호수아의 인도로 가나안 정복 전쟁을 수행할 때의 일이다. 가나안 족속이 하솔 왕 야빈을 중심으로 연합해서 이스라엘에 대항한다. 이스라엘을 가나안에서 몰아내기 위한 대대적인 싸움이 벌어지는데 그 장소가 미스바였다.

여호수아와 드보라는 200년의 격차가 있다. 여호수아 때의 하솔 왕 야빈과 드보라 때의 하솔 왕 야빈이 같은 사람일 수는 없다. 애굽 왕을 바로, 블레셋 왕을 아비멜렉, 아말렉 왕을 아각이라고 하는 것처럼 하솔 왕을 야빈이라고 하는 모양이다.

가나안은 하나님이 아브라함 때부터 이스라엘한테 주기로 약속하신 땅이다. 그런데 방해 세력이 있었다. 여호수아 때는 하솔 왕 야빈이 미스바에서 그렇게 했고, 드보라 때는 하솔 왕 야빈이 다볼에서 그렇게 했다. 제사장들과 통치자들과 왕족들이 그런 일을 한다는 것이다.

당시 제사장들은 백성들이 죄를 짓는 것을 반겼다는 사실을 앞에서 확인했다. 죄가 있으면 얼른 자복해서 하나님 앞에 바로 서게 해야 하는데 도리어 죄를 부추기면 어떻게 할까? 하나님의 백성들이 죄 속에서 살게 되면 하나님이 주신 땅에서 쫓겨날 수밖에 없다. 하나님이 그런 일을 조장하는 그들을 심판하시겠다는 것이다.

일반 백성은 어떤가? 제사장들과 통치자들과 왕족들만 엉망이고 힘없는 백성들은 선량한 피해자일까? 죄는 개인의 사회적인 영향력과 무관하다. 4장에서도 먼저 제사장들의 잘못을 지적한 다음에 이스라엘 백성 전체의 죄를 지적했다.

5:3-4　에브라임은 내가 알고 이스라엘은 내게 숨기지 못하나니 에브라임아 이제 네가 음행하였고 이스라엘이 더러워졌느니라 그들의 행위가 그들로 자기 하나님에게 돌아가지 못하게 하나니 이는 음란한 마음이 그 속에 있어 여호와를 알지 못하는 까닭이라

같은 내용을 다른 말로 반복하는 것은 히브리인들이 즐겨 쓰는 수사학적 표현이다. "에브라임은 내가 알고 이스라엘은 내게 숨기지 못하나니", "에브라임아 이제 네가 음행하였고 이스라엘이 더러워졌느니라"도

그런 식의 표현이다. 하나님이 이스라엘을 안다고 하신다. 하나님을 바로 섬기고 싶은데 지도층 때문에 그렇게 하지 못하는 안타까움을 안다는 얘기였으면 얼마나 좋을까? 그런 얘기가 아니라 어느 만큼 하나님의 백성다운 면모가 없는지 안다는 얘기다.

본래 이스라엘은 하나님의 백성이다. 어떻게 하다가 이 지경이 되었을까? 4절이 그 답이다.

이스라엘한테는 하나님께로 돌아가지 못하게 하는 행위가 있었다. 행위는 행위만 따로 존재하지 않는다. 그런 행위를 유발하는 마음이 먼저 있게 마련이다. 이스라엘은 음란한 마음이 문제였다. 음란한 마음 때문에 여호와를 알지 못하고, 그래서 하나님에게로 돌아가지 못한다는 것이다.

가끔 "마음은 안 그렇다"라는 말을 듣는다. 주로 책임을 다하지 못한 것을 변명할 때 그런 표현을 쓴다. "마음에는 원이로되 육신이 약하다"라고도 한다. 그런 표현은 참 조심해야 한다. 성경 구절만 인용하면 무조건 성경적인 얘기가 되는 것이 아니다.

예수님이 제자들한테 깨어 기도하라고 했는데 제자들은 잠들어버렸다. 그때 예수님이 하신 말씀이 "마음에는 원이로되 육신이 약하도다"(마 26:41; 막 14:38)였다. 제자들의 난처한 처지를 헤아려 주신 것이다. 그러니 다른 사람의 잘못을 어루만지면서는 그런 말을 쓸 수 있을 것이다. 하지만 자기를 변명하는 쪽으로는 쓰면 안 된다. 베드로가 졸린 눈을 비비며 "예수님, 마음에는 원이로되 육신이 약한 것 아시죠?"라고 한 것이 아니다. 마음이 전혀 없지만 않으면 행위가 따라가지 못해도 괜찮다는 말은 성경에 없다.

성경은 마음과 행위를 동일시한다. 열매로 나무를 아는 법이다. 사과 나무에는 사과가 열리고 배나무에는 배가 열린다. 속에 있는 것이 밖으로 나오게 마련이다. 그래서 음란한 마음을 이스라엘이 하나님에게로 돌아가지 못하게 하는 행위에 연결한다. 마음과 행위가 분리되지 않는다. 마음은 행위의 원천이고, 행위는 마음의 외적 표현이다.

5:5 이스라엘의 교만이 그 얼굴에 드러났나니 그 죄악으로 말미암아 이스라엘과 에브라임이 넘어지고 유다도 그들과 함께 넘어지리라

링컨(Abraham Lincoln, 1809-1865)이 인사 참모가 추천한 사람을 거부한 적이 있다. 이유를 묻자, 얼굴이 마음에 들지 않는다고 했다. 참모가 "각하, 얼굴은 그 사람 책임이 아니지 않습니까? 그렇게 생긴 것을 어떻게 합니까?"라고 하자 링컨이 유명한 말을 남겼다. "나이 마흔이 넘으면 자기 얼굴에 책임을 져야 하는 법이오."

잘생겼는지 못생겼는지는 자기 책임이 아니다. 하지만 어떤 인상을 갖는지는 자기 책임이다. 얼굴의 원래 말이 '얼 꼴'이라는 얘기가 있다. 얼은 정신을 말하고 꼴은 모양을 말하니, 그 사람의 마음이 그대로 나타나서 얼굴이 되었다는 것이다. 정설은 아니지만 일리는 있다.

1972년에 〈여로〉라는 TV 드라마가 있었다. 나이 60이 넘은 사람은 다 기억할 것이다. 저녁이면 모든 사람을 TV 앞에 모이게 만든 원조 국민 드라마였다. 그 드라마에 '달중'이라는 악역이 나온다. 그 역을 맡았던 김무영 배우는 일찍 연기 생활을 접었다. 계속 악역만 맡다 보니 얼굴이 점점 험상궂어진다는 것이 그 이유였다. 계속 찡그리며 살면 찡그

린 인상이 되고, 계속 밝은 표정을 지으면 밝은 인상이 되니 얼굴이 곧 그 사람인 셈이다.

이스라엘은 교만이 그 얼굴에 드러났다고 한다. 20세기 최고의 기독교 변증가로 꼽히는 C. S. 루이스(C. S. Lewis, 1898–1963)가 그의 책『순전한 기독교』에서 교만을 가장 큰 죄로 꼽았다. 다른 악은 사람들을 맺어주는 경우도 더러 있는데 교만은 그렇지 않다는 것이다. 방종한 사람이나 음란한 사람끼리는 어울릴 수 있지만 교만한 사람끼리는 어울릴 수 없다. 다른 모든 악은 사탄이 우리의 동물적 본성을 이용하기 때문에 생기지만 교만은 지옥에서 곧장 온다고 하면서 교만을 영적인 악이라고 했다. 다른 악들보다 훨씬 교묘하고 치명적이라는 것이다. 전적으로 동의한다. 아담과 하와가 범죄한 것이 하나님처럼 되고 싶었기 때문이다. 교만이 모든 죄의 뿌리인 셈이다.

분명히 교만하기 짝이 없는 사람인데 하나님을 믿는다면서 신앙적으로 행세하면 어떻게 생각해야 할까? 그런 사람은 상상 속의 하나님을 섬기고 있을 뿐이다. 말로는 자기가 하나님 앞에 아무것도 아닌 존재라고 하지만 실제로는 그 허깨비 하나님이 자기를 다른 모든 사람보다 낫게 여기며 인정해 준다고 생각한다. 하나님께 상상 속의 겸손을 100원어치 지불하고 동료 인간을 향한 교만은 100억 원어치를 얻어내는 격이다.

이스라엘의 얼굴에 그런 교만이 나타났다고 한다. 속에 있는 것이 그런 것이면 겉으로 나타나는 것도 그런 것일 수밖에 없다. 4b절에서 "이는 음란한 마음이 그 속에 있어 여호와를 알지 못하는 까닭이라"라고 했다. 여호와를 알지 못하면 자연스럽게 나타나는 것이 교만인 모양이다. 앞에서 "내 백성이 지식이 없으므로 망하는도다. 네가 지식을 버렸으니 나도 너를 버려 내 제사장이 되지 못하게 할 것이요(4:6)"라고 했다. 지식이 없는 이유가 지식을 쌓지 않았기 때문이 아니라 지식을 버렸기 때문이라고 한다. 하나님을 모르는 이유는 하나님을 알지 않기로 작정했기 때문이다. 하나님을 의도적으로 무시하면 남는 것은 자기 자신뿐이다. 교만할 수밖에 없다.

그래서 "그 죄악으로 말미암아 이스라엘과 에브라임이 넘어지고 유다도 그들과 함께 넘어지리라"라고 한다. 교만은 행위의 문제가 아니라 마음의 문제다. 세상 법정에서는 살인은 문제 삼아도 살의는 문제 삼지 않는다. 성경은 그렇지 않다. 하나님 앞에서는 행위와 마음이 아무 차이가 없다.

그런 죄악 때문에 이스라엘과 에브라임이 넘어지고 유다도 그들과 함께 넘어진다고 한다. 이스라엘은 이미 구제 불능이라는 판단을 받은 바 있다. 거기에 유다까지 넘어지니 북 왕국, 남 왕국 할 것 없이 소망이 없다.

<table>
<tr><td>5:6</td><td>그들이 양 떼와 소 떼를 끌고 여호와를 찾으러 갈지라도 만나지 못할 것은 이미 그들에게서 떠나셨음이라</td></tr>
</table>

양 떼와 소 떼를 끌고 여호와를 찾으러 간다는 얘기는 제사를 드리러 간다는 뜻이다. 그런데 여호와를 만나지 못한다. 이미 그들을 떠나셨기 때문이다. 하나님을 만나지 못해서 제사를 드리지 못하고 그냥 돌아왔다는 얘기가 아니다. 하나님이 그들의 제사를 받지 않으신다는 뜻이다.

구약성경 마지막 책이 말라기다. 말라기를 끝으로 더 이상 하나님이 말씀을 하지 않으신다. 무려 400년의 침묵 끝에 세례 요한을 통해서 말씀하신다. 그 기간을 신구약 중간 시대라고 한다. 그런데 이상한 사실이 있다. 하나님은 침묵하시는데 아무도 불편을 느끼지 않는다. 성전에서는 제사가 드려지고 회당에서는 말씀이 선포된다. 종교 지도자들은 여전히 지도자 행세를 한다. 하나님이 등을 돌리신 것 말고는 모든 게 다 똑같았다.

본문이 그런 말을 하고 있다. 당시 이스라엘은 하나님과 바알을 구별하지 못했다. 하나님이 그런 예배를 받으실 이유가 없다. 그것도 모른 채 종교 행위는 계속 반복되었다. 양 떼와 소 떼를 예물로 드리고는 뿌듯한 마음으로 돌아갔을 것이다.

호세아 때 얘기일까, 요즘 얘기일까? 하나님은 우리가 예배를 드리기만 하면 꼼짝없이 그 예배를 받으셔야 하는 분이 아니다. 우리가 드리는 예배 중에는 하나님이 받지 않으시는 예배도 있을 것이다. 하나님이 자기 예배에 관심 없는 줄도 모르고 지극정성을 동원하는 사람이 얼마든지 있을 수 있다. 호세아 때로 얘기하면 자기가 섬기는 신이 바알인지 여호와인지 모른 채 드리는 예배는 하나님이 받지 않으신다. 요즘 말로 바꾸면 자기가 섬기는 대상이 하나님인지 세상인지 모르는 사람의 예배를 하나님이 받으실 이유가 없다.

일찍이 아우구스티누스가 "세상을 사랑하는 사람은 하나님을 이용해서 세상을 섬기고 하나님을 사랑하는 사람은 세상을 이용해서 하나님을 섬긴다"라고 했다. 그 말을 기준 삼으면 하나님이 어떤 예배를 받으시고 어떤 예배를 받지 않으시는지 분별할 수 있을 것이다.

5:7 그들이 여호와께 정조를 지키지 아니하고 사생아를 낳았으니 그러므로 새 달이 그들과 그 기업을 함께 삼키리로다

AFP통신에서 20세기 최고의 발명품을 선정한 적이 있다. 1위가 놀랍게도 피임약이었다. 피임약으로 인한 효과가 인류 역사에 나타난 가장 큰 혁명 중의 하나라는 것이다. 전에는 여성이 사회에 진출하려면 결혼을 포기해야 했는데 피임약으로 인해서 여성의 삶을 주체적으로 조절할 수 있게 되었다면서, 피임약이 전통적인 가족 구조를 해체시키고 여성의 지위를 향상시키는 데 큰 기여를 했으니 피임약이 인류 역사에 커다란 전환점이 되었다고 했다.

이런 피임약이 없던 시절, 간음의 결과는 사생아일 수밖에 없다. 임신과 출산은 가정에 허락된 가장 큰 복이다. 단, 부정한 관계에서는 그렇지 않다. 자기들의 행위의 대가를 그대로 돌려받는 것이 임신이고 출산이다. 사생아를 낳으면 남은 일은 죗값을 치르는 일뿐이다. 여호와께 정조를 지키지 않으면 그런 결과가 따르게 마련이다. 그 결과는 새 달이 그들과 그 기업을 함께 삼키는 것이다.

새 달은 월삭(月朔, 그달의 초하룻날)을 말한다. 매월 초하루는 절기로 지켰다. 첫 열매를 하나님께 드리는 것으로 모든 수확이 하나님의 것임을 고백하는 것처럼 월삭을 지키는 것으로 그달의 모든 날이 하나님께 속했음을 고백했다. 그런 날은 은혜의 통로가 되어야 할 텐데 오히려 이스라엘과 이스라엘의 기업을 삼킨다고 한다. "열심히 예배드려라. 그러면 망한다"라고 하는 셈이다. 예배를 어떻게 드려서 그럴까? 여호와께 정조를 지키지 않은 채 예배를 드렸기 때문이다. "여호와께 정조는 지키지 않았지만 월삭을 지켰으니 그것으로 됐다"라는 얘기는 성경에 없다.

신앙은 종교 행위의 문제가 아니다. 하나님은 우리 삶의 전 영역에서 하나님이다. 관심은 온통 이 세상에 뺏긴 채 일주일에 한 번 하나님을 찾는 것은 무효다. 본문을 빌려서 얘기하면 이스라엘은 하나님께 정조를 지켜야 했다. 그것을 대신할 수 있는 것은 없다. 사생아를 품에 안고 지키는 월삭은 심판만 재촉한다. 우리한테 옮기면, 세상 욕심을 품에 안고 그것을 이루기 위해서 하나님을 찾으면 안 된다. 비록 이스라엘과 에브라임이 넘어지고 유다도 함께 넘어질지라도 우리는 굳건하게 서 있어야 한다. 우리가 하나님의 백성이면 범사에 하나님의 백성으로 살아야 한다. 우리는 뼛속까지 하나님의 백성이다.

5:8-9 너희가 기브아에서 뿔 나팔을 불며 라마에서 나팔을 불며 벧아웬에서 외치기를 베냐민아 네 뒤를 쫓는다 할지어다 벌하는 날에 에브라임이 황폐할 것이라 내가 이스라엘 지파 중에서 반드시 있을 일을 보였노라

기브아는 예루살렘에서 북쪽으로 5km, 라마는 8km, 벧아웬으로 얘기하는 벧엘은 18km쯤 떨어져 있다. 전부 베냐민 지파에 속한 성읍으로 남 왕국과 북 왕국의 접경 지역이다. 그런 성읍에서 뿔 나팔을 불고 나팔을 분다. 전쟁이 일어난 것이다. 특히 기브아와 라마는 높은 지대에 있어서 전쟁을 알리기에 적합한 곳이었다. 영어로 하면 뿔 나팔은 horn이고 나팔은 trumpet이다. horn은 짐승의 뿔로 되어 있고 trumpet은 금속으로 되어 있다.

북 왕국 왕 베가가 아람 왕 르신과 연합해서 남 왕국을 침공한 적이 있다. 아하스왕 때 일이다. 다급해진 아하스가 앗수르한테 구조를 요청했다. 앗수르의 디글랏빌레셀이 이를 받아들여 군사를 일으켰다. 아람을 공격해서 다메섹을 점령하는 한편 북 왕국 이스라엘의 영토도 빼앗

았다. 아람 왕 르신이 이때 죽었다.

본문은 이런 상황을 배경으로 한다. 북 왕국이 아람과 연합해서 남 왕국을 공격하는데 뒤에서 앗수르가 군대를 일으켰다. 황급히 군사를 돌릴 수밖에 없다. 접경 지역에 있는 성읍들은 자연스럽게 남 왕국의 공격 대상이 된다.

북 왕국이 아람과 연합해서 남 왕국을 윽박지를 때만 해도 자기들 세상인 줄 알았을 것이다. 그런데 앗수르의 개입으로 전세가 역전되었다. 전쟁의 불똥이 기브아와 라마를 지나 벧아웬(벧엘)까지 이른다. 그러면 남 왕국 유다는 어떤가? 그들은 북 왕국을 심판만 하면 될까?

하나님이 이스라엘한테 가나안 땅을 주셨다. 하나님이 이스라엘을 편애해서 애꿎은 가나안 원주민들이 피해를 입은 것이 아니다. 이스라엘을 통해서 가나안을 심판하신 것이다. 그런데 가나안을 몰아내고 그 땅을 차지한 이스라엘이 가나안 원주민과 똑같이 살았다. 그들 역시 쫓겨날 수밖에 없다.

기브아에서는 뿔 나팔을 불고 라마에서는 나팔을 불라고 했다. 그런데 벧아웬에서는 "베냐민아 네 뒤를 쫓는다"라고 외치라고 한다. 알기 쉬운 말로 바꾸면 "베냐민아 다음에는 네 차례다"가 된다. 베냐민 지파는 유다 지파와 더불어 남 왕국을 이루는 지파다. 남 왕국이라고 해서 늘 북 왕국을 벌하기만 하는 것이 아니다. 남 왕국도 조만간 심판을 받게 된다. 이어지는 내용을 보면 북 왕국과 남 왕국의 죄를 번갈아 지적한다.

본문에 언급된 성읍은 기브아, 라마, 벧아웬이다. 그러면 사마리아나 세겜 같은 다른 성읍은 어떨까? 그 답이 9절이다. 기브아, 라마, 벧아웬에 닥친 일이 북 왕국 전체에 닥칠 일에 대한 예표다. 이스라엘 모든 지파, 모든 성읍이 그런 일을 겪을 것이다.

그러면 "베냐민아 다음에는 네 차례다"라는 말은 어떻게 된 까닭일까? 북 왕국이 심판을 받는 것은 하나님을 떠나 살았기 때문이다. 북 왕국을 이어 남 왕국도 심판을 받는다면 그럴 만한 사유가 있어야 한다. 북 왕국을 벌했다는 이유로 심판을 받을 수는 없다.

5:10　　유다 지도자들은 경계표를 옮기는 자 같으니 내가 나의 진노를 그들에게 물같이 부으리라

이스라엘이 가나안에 입성할 때 지파별, 가족별로 땅을 제비 뽑아서 경계표로 표시했다. 경계표를 옮긴다는 얘기는 하나님이 주신 것으로 만족하지 못하고 다른 사람 땅을 침탈한다는 뜻이다. 유다 지도자들이 그런 죄를 범했다. 구체적으로 무엇을 어떻게 했는지 몰라도 자기 이익을 위해서 백성들의 권익을 해쳤다.

'수령칠사'(首領七事)라는 것이 있다. 조선 시대 수령이 힘써야 할 일곱 가지 일을 말한다. 농상(農桑)을 진흥하고, 호구를 늘리고, 학교를 일으키고, 군정을 잘하고, 부역을 고르게 하고, 사송을 잘 처리하고, 간사하고 교활하지 않게 하는 것을 이른다. 수령이 맡은 일은 상당히 중요하다. 수령이 고을을 잘 다스리면 왕이 칭송을 받지만 제대로 다스리지 못하면 왕이 원망을 듣는다. 수령의 통치가 곧 왕의 통치다.

이스라엘로 치면 왕이나 제사장, 선지자는 백성들한테 하나님을 보여 주어야 할 책임이 있었다. 그런데 경계표를 옮기는 것과 방불한 행위

를 하면 어떻게 될까?

어떤 제사장이 있다. 누군가 속죄제를 드려야 한다며 양을 끌고 왔다. 그런데 사정을 다 들은 후에 양 한 마리로는 안 된다면서 소 열 마리를 제물로 바치라고 한다. 그러면 그 사람은 하나님을 오해하게 된다. 하나님이 "내가 나의 진노를 그들에게 물같이 부으리라"라고 하실 만하다.

니체(Friedrich Nietzsche, 1844–1900)가 신은 죽었다고 했다. 당시는 영적 능력이 없는 기독교 이념에 대한 반발이 시작될 무렵이었다. 영국의 경우, 옥스퍼드나 케임브리지 대학의 교수가 되려면 성공회의 서른아홉 개 조항을 받아들인다는 신앙고백을 해야 했다. 하지만 그것뿐이었다. 실제 윤리나 학문, 문화는 하나님과 멀리 떨어져 있었다. 니체는 그런 위선적인 시스템을 혐오했다. 급기야 신은 죽었다는 말을 했다. 니체가 그런 말을 하게 된 배경에는 신이 죽은 것처럼 처신하는 숱한 사람들이 있었다. 그 사람들은 아무런 책임이 없을까?

예전에 영화 〈밀양〉을 보고 마음이 무거웠던 기억이 있다. 유괴범한테 아들을 잃은 여주인공 신애가 기독교의 힘으로 슬픔을 이겨낸다. 신애(信愛)라는 이름도 다분히 기독교적이다. 신애가 교도소로 유괴범을 찾아갈 마음을 먹는다. 직접 용서를 전해 주겠다는 것이다. 그런데 유괴범의 얼굴이 너무도 평온했다. 하나님께 다 용서를 받았다는 것이다. 그 말에 충격을 받는다. 자기가 피해자인데 하나님이 마음대로 용서해 주면 자기는 뭐냐는 것이다.

기독교에서 말하는 용서는 그런 식이 아니다. 정말로 회개했으면 피해 당사자 앞에서 얼굴을 들지 못해야 한다. 그런데 영화에서는 그렇게 설정했다. 악의적으로 기독교를 왜곡한 것이 아니다. 기독교를 그런 종교로 알고 있는 것이다. 신자라는 사람들을 통해서 보이는 기독교가 그런 종교인 것을 어떻게 할까? 무슨 죄를 범해도 하나님이 다 용서해 주시는 편리한 종교라는 생각을 갖게 한 책임이 우리한테 있다. 우리가 하나님을 경외하지 않으니 세상 사람들이 하나님을 경외할 재간이 없다.

유다의 지도자들은 경계표를 옮기는 자 같다고 했다. 일반 백성들은 선량한 피해자일까? 앞에서 "베냐민아 다음에는 네 차례다"라고 했으니 일반 백성들한테도 잘못이 있다. 지도자들한테만 잘못이 있을 수 없다.

5:11-12 에브라임은 사람의 명령 뒤따르기를 좋아하므로 학대를 받고 재판의 압제를 받는도다 그러므로 내가 에브라임에게는 좀 같으며 유다 족속에게는 썩이는 것 같도다

12절은 '그러므로'로 시작한다. '그러므로'는 인과관계를 나타내는 접속부사다. '그러므로'를 기준으로 그 앞과 뒤가 원인과 결과로 연결되어야 한다. 하나님이 에브라임에게는 좀 같으며 유다 족속에게는 썩이는 것 같다고 하셨다. 일종의 대구법이다. 결과인 심판이 대구를 이루었으니 원인인 죄도 대구를 이루어야 한다. 11절과 10절이 별 차이가 없는 내용이어야 한다. 11절의 주어는 에브라임이지만 유다 역시 예외일 수 없다.

에브라임은 사람의 명령 뒤따르기를 좋아한다고 했다. 가치 기준이 다분히 세속적이었다. 사람들의 이목과 평판을 중요하게 생각했다. 하나님과 관계없는 삶을 살 수밖에 없다.

건강 관리를 잘못하면 어떤 벌을 받을까? 따로 벌을 받을 것이 없다. 건강 관리를 잘못한 것 자체가 벌이다. 마찬가지다. 에브라임이 사람의

명령 따르기를 좋아했다. 하나님이 따로 벌하지 않으셔도 벌이 저절로 찾아가게 마련이다.

본문이 그런 말이다. 에브라임이 열심히 세상을 좇아 살았다. 그랬더니 세상에서 행복을 누린 것이 아니라 학대를 받게 되었다. 세상 사람들이 가장 중요하게 생각하는 것이 돈이다. 그렇게 살아서 돈을 벌면 돈을 누리게 될까, 돈의 지배를 받게 될까? 돈은 가장 좋은 종일 수도 있지만 가장 나쁜 주인일 수도 있다.

또 재판의 압제를 받는다고 했다. 이 세상 질서가 근본적으로 왜곡되었음을 시사한다. 재판이 옳고 그름을 공정하게 판정하는 것이 아니라 사람을 압제하는 수단이 되기도 하는 모양이다. '유전무죄 무전유죄'(有錢無罪 無錢有罪)라는 말이 요즘만 통용되는 말은 아닐 것이다.

지난 2010년, 한 버스 기사가 400원씩 두 차례에 걸쳐 버스 요금 800원으로 자동판매기 커피를 마셨다가 해고 처분을 당했다. 액수에 상관없이 횡령은 해고 사유라는 것이 판결 이유였다. 3년이 지났다. 한 검사가 변호사로부터 85만 원 상당의 접대를 받아서 면직되었는데, 그 처분이 지나치게 가혹하다며 면직 취소 판결을 내렸다. 놀랍게도 두 판결을 내린 판사가 동일인이었다. 사회적 신분에 따라 적용 기준이 달라지는 것을 어떻게 받아들여야 할까?

요즘도 이런 판결이 있으니 호세아 시대에는 오죽했을까? 이처럼 왜곡된 세상을 하나님이 용납하실 리 없다. 가구에 좀이 슬어도 한동안은 표가 나지 않는다. 겉으로는 멀쩡하다. 하지만 종국에는 못 쓰게 된다. 하나님의 심판이 이와 같다. 하나님의 심판은 마치 좀이나 썩이는 것의 활동처럼 눈에 보이지 않지만 그 결과는 확실하고도 강렬하다.

　　에브라임이 자기의 병을 깨달으며 유다가 자기의 상처를 깨달았고 에브라임은 앗수르로 가서 야렙왕에게 사람을 보내었으나 그가 능히 너희를 고치지 못하겠고 너희 상처를 낫게 하지 못하리라

그런 하나님의 심판이 나타나면 북 왕국이나 남 왕국이 뭔가 잘못되었다는 사실을 알아차린다. 그래서 나름대로 처방을 내리는데 그 처방이 엉뚱하다.

야렙왕은 '싸움 잘하는 왕', '깡패 왕'이라는 뜻이다. 북 왕국 왕 므나헴이 앗수르 왕 디글랏빌레셀에게 은 일천 달란트를 조공으로 바친 적이 있다. 그의 아들 브가히야도 친앗수르 정책을 썼다. 남 왕국 아하스도 앗수르의 도움에 의지했다. 당시는 앗수르가 중근동의 패자(覇者)였다. 남 왕국, 북 왕국 할 것 없이 위기 상황마다 앗수르를 찾았다. 거기 야렙왕이 있었기 때문이다.

이스라엘은 신정(神政)국가다. 하나님이 친히 다스리시기 때문에 왕이 필요 없다. 그런데 사사 시대를 지나면서 왕을 요구하기에 이른다.

이스라엘이 하나님을 떠나 살 때마다 이방의 압제에 시달리게 된다. 그렇다고 해서 하나님 말씀대로 살 마음은 없다. 나름대로 궁리한 것이 왕이다. 왕을 중심으로 강력한 지배 체제를 확립하면 이방 족속을 이길 수 있을 줄 알았다.

본문도 마찬가지다. 에브라임이나 유다의 문제는 하나님을 떠나 살았기 때문이다. 하나님께 돌이키면 되는데 그게 싫어서 떠올린 것이 야렙왕이다. 그런 의도가 성공할 리 없다.

　　　내가 에브라임에게는 사자 같고 유다 족속에게는 젊은 사자 같으니 바로 내가

움켜갈지라 내가 탈취하여 갈지라도 건져낼 자가 없으리라

어린 시절에 누구나 갖는 의문이 있다. 사자와 호랑이가 싸우면 누가 이길까 하는 것이다. 사자와 호랑이를 빼면 어떻게 될까? 아마 표범이 가장 강한 맹수가 될 것이다. 재규어도 있고 퓨마도 있지만 사자와 호랑이가 싸우면 누가 이길지 궁금하게 여기는 나이에는 재규어나 퓨마를 모른다. 그 나이에는 표범이 서열 3위다. 그런 표범도 사냥을 하면 일단 사냥한 동물을 나무 위로 올린다. 그래야 안심하고 먹을 수 있다.

　사자는 그렇지 않다. 사냥한 먹이를 그 자리에서 느긋하게 먹는다. 아무도 방해하지 못한다. 하나님이 에브라임에게는 사자 같고 유다에게는 젊은 사자 같다고 한다. 사자가 먹이를 움키는 것처럼 하나님이 에브라임이나 유다를 움키고 있는데 누가 탈취할 엄두를 내겠는가?

　하나님을 사자에 비유하면 앗수르 왕은 개미 새끼에 불과하다. 그런 앗수르 왕을 의지한들 무슨 도움이 있을까? 남 왕국이나 북 왕국이나 이대로는 안 된다는 사실은 알았다. 자기들한테 문제가 있는 것도 인정했다. 그런데 해결책이 틀렸다.

　　　그들이 그 죄를 뉘우치고 내 얼굴을 구하기까지 내가 내 곳으로 돌아가리라 그

들이 고난받을 때에 나를 간절히 구하리라

탕자가 자기 몫의 재산을 챙겨서 집을 나갔다. 먼 나라에 가서 허랑방탕하여 재산을 다 낭비했다. 마침 그 나라에 크게 흉년이 들었다. 궁핍한

그가 호구지책으로 돼지 치는 일을 맡았다. 그것으로 문제가 해결될까? 어림도 없다. 조만간 돼지가 먹는 쥐엄 열매조차 없어서 못 먹는 신세가 된다. 그 지경이 되어서야 비로소 아버지 집으로 돌아갈 생각을 한다. 본문이 그런 얘기다.

사자가 사냥을 끝내면 자기 처소로 돌아가는 것처럼 하나님도 하나님의 곳으로 돌아가신다. 앞에서 "그들이 양 떼와 소 떼를 끌고 여호와를 찾으러 갈지라도 만나지 못할 것은 이미 그들에게서 떠나셨음이라"(6절)라고 했다. 하나님이 외면하시면 북 왕국이나 남 왕국이나 파멸할 수밖에 없다. 북 왕국은 앗수르한테 망하고 남 왕국은 바벨론한테 망한다. 하나님이 주신 가나안 땅에서 더 이상 살 수 없게 된다. 그런 고통을 겪고서야 하나님을 찾을 것이다.

하나님이 자기 백성을 징계하시는 이유가 여기에 있다. "꼴 보기 싫다. 나가 죽어라!"가 아니다. "제발 철 좀 들어라"이다. 죄의 대가를 치르게 하는 것에 목적이 있지 않고 그들을 고치는 것에 목적이 있다. 이것이 하나님의 백성 된 특권이다. 하나님의 백성은 하나님이 포기하지 않으신다.

구약을 읽을 때마다 이스라엘이 그렇게 한심할 수가 없다. 애굽에서 노예로 신음하는 그들을 하나님이 구해 주셨다. 친히 홍해를 가르시고 구름 기둥, 불 기둥으로 인도하셨다. 하늘에서 만나를 내리시고 반석에서는 물이 나오게 하셨다. 그런데도 그들은 단 한 순간도 하나님의 백성다웠던 적이 없다. 가나안에 들어간 다음에도 마찬가지다. 늘 하나님을 떠나 살았다. 그때마다 하나님이 징계하신다. 그래도 끝까지 고집을 부렸다. 급기야 북 왕국은 앗수르한테 망해서 나라가 없어져버렸고, 남 왕국은 바벨론한테 망해서 포로로 끌려갔다. 하나님이 그들을 심판하기 위해서 메시아를 보내셔도 할 말이 없는 상황이다. 그런데 구원하기 위해서 메시아를 보내신다. 하나님의 백성을 하나님의 백성으로 만들고야 말겠다는 하나님의 거룩한 고집이다.

고집과 고집이 충돌하면 고집 센 쪽이 이긴다. 하나님의 백성으로 살기 싫다는 고집과 하나님의 백성으로 만들고 말겠다는 고집이 충돌해도 마찬가지다. 고집을 오래 부리는 쪽이 이기는데, 사람은 아무리 고집을 부려도 100년을 못 넘기지만 하나님은 한번 고집을 부렸다 하면 영원하신 하나님이다. 그 고집을 누가 당할까? 빨리 항복할수록 지혜 있는 사람이다.

6장

피상적인 회개

6:1-2　　　오라 우리가 여호와께로 돌아가자 여호와께서 우리를 찢으셨으나 도로 낫게 하

실 것이요 우리를 치셨으나 싸매어 주실 것임이라 여호와께서 이틀 후에 우리

를 살리시며 셋째 날에 우리를 일으키시리니 우리가 그의 앞에서 살리라

드디어 이스라엘이 회개하는 것 같다. 자기들이 여호와께로 돌아가면 여호와께서 싸매어 주실 것이라고 한다. 탕자가 집으로 돌아갈 결심을 하는 것처럼 이스라엘도 정신을 차리는 모양이다. 본문은 성경을 읽으면서 색연필로 밑줄이라도 그을 만한 구절이다.

하나님이 뭐라고 하셔야 할까? "그래, 장하다. 너희는 과연 내 백성이다"라고 하셔야 하는 것 아닐까? 그런데 오히려 책망하신다. 이어지는 4절에 "에브라임아 내가 네게 어떻게 하랴. 유다야 내가 네게 어떻게 하랴. 너희의 인애가 아침 구름이나 쉬 없어지는 이슬 같도다"라고 되어 있다.

탕자가 돌아왔을 때는 아버지가 잔치를 베풀었다. 아버지는 하나님을 보여 준다. 그런데 탕자를 대하는 아버지와 이스라엘을 대하는 하나님이 다르다. 그러면 탕자와 이스라엘도 달라야 한다. 탕자는 돌아왔지

만 이스라엘은 돌아오지 않았다는 뜻이다.

어떻게 된 영문일까? 내용 자체에는 아무 이상 없다. 그들의 얘기는 다 옳다. 그들은 당연히 여호와께로 돌아가야 한다. 야렙왕한테 가면 안 된다. 그런데 너무 쉽게 생각했다. 하나님을 찾는 그들의 마음이 잠깐 있다 사라지는 아침 구름이나 이슬에 지나지 않았다.

이스라엘은 징계 중에 있다. 하나님이 앙갚음을 하시는 것이 아니다. "여호와께서 우리를 찢으셨으나 도로 낫게 하실 것이요 우리를 치셨으나 싸매어 주실 것임이라"라는 말씀은 하나님의 성품에 부합한다. 이스라엘을 치유할 수 있는 분은 하나님뿐이기도 하다.

"여호와께서 이틀 후에 우리를 살리시며 셋째 날에 우리를 일으키시리니"라는 말은 어떤가? 이틀 후는 모레고 셋째 날은 글피가 아니다. 둘이 같은 날이다. 이틀 후가 셋째 날이다. 하나님이 자기들을 회복시키는 데는 긴 시간이 필요하지 않다는 뜻이다. NLT에는 "In just a short time he will restore us"로 번역되어 있다. 자기들이 비록 징계 중에 있지만 하나님께 돌아가기만 하면 받아 주실 것이라고 한다.

탕자가 집으로 돌아갈 마음을 먹었을 때 "여기서는 못 살겠다. 집으로 가자. 집에 가기만 하면 아버지가 반겨 주실 거다. 누가 뭐라고 해도 나는 아버지 아들이다"라고 하지 않았다. 그런데 이스라엘은 너무 당당하다. 마치 하나님께 맡겨 놓은 은혜라도 있는 것 같다. 설마 하나님이 동전을 넣으면 커피가 나오는 자동판매기 같은 분일까?

6:3 그러므로 우리가 여호와를 알자 힘써 여호와를 알자 그의 나타나심은 새벽빛같이 어김없나니 비와 같이, 땅을 적시는 늦은 비와 같이 우리에게 임하시리라 하니라

이스라엘이 하나님을 알아야 하는 것은 맞다. 하지만 굳이 하나님을 알자고 할 이유가 없는 것 같다. "그의 나타나심은 새벽빛같이 어김없나니 비와 같이, 땅을 적시는 늦은 비와 같이 우리에게 임하시리라 하니라"라고, 자기들끼리 이미 결론을 내렸다.

우리나라에서는 비가 오면 궂은 날씨라고 하지만 팔레스타인 지방에서는 안 그렇다. 비는 항상 반가운 존재다. 비가 내리는 시기가 일 년에 두 번 있는데, 10-11월에 내리는 비를 '이른 비'라고 하고, 3-4월에 내리는 비를 '늦은 비'라고 한다. 하나님을 그런 비에 빗대어 얘기한다. 밤이 지나면 어김없이 아침이 오는 것처럼 하나님은 항상 자기들을 풍요롭게 해 주시는 분이라는 것이다.

이른 비와 늦은 비가 바뀐 것처럼 보이는 이유는 농사와 관계된 이름이기 때문이다. 땅을 갈아서 파종을 하려면 10-11월에 비가 내려야 하고, 곡식이 제대로 자라려면 수확하기 전인 3-4월에 비가 내려야 한다. 씨를 뿌리는 일이 곡식이 자라는 일보다 먼저 있으니 10-11월에 내리는 비를 이른 비라고 하고, 3-4월에 내리는 비를 늦은 비라고 한다. 이른 비가 내리지 않으면 건기를 보내면서 딱딱하게 굳은 땅을 갈 수가 없고, 늦은 비가 내리지 않으면 곡식이 제대로 자라지 않아서 수확량이 급감한다.

그러면 "여호와를 알자. 힘써 여호와를 알자"라는 말은 왜 한 것일까? 정말로 하나님을 알 마음이 있으면 하나님이 자기들의 죄를 얼마나 싫어하시는지도 알아야 한다. 자기들을 보는 하나님의 마음이 어떤지도 알아야 하고, 하나님이 자기들한테 무엇을 기대하는지도 알아야 한다. "괜찮아, 하나님이 지금은 심기가 불편하시지만 회개만 하면 금방 풀릴 거야. 하나님은 어차피 우리한테 복 주시기를 기뻐하는 분이거든. 하나님, 별 거 없어"라고 하는 것 같아서 듣기 거북하다.

6:4-5   에브라임아 내가 네게 어떻게 하랴 유다야 내가 네게 어떻게 하랴 너희의 인애가 아침 구름이나 쉬 없어지는 이슬 같도다 그러므로 내가 선지자들로 그들을 치고 내 입의 말로 그들을 죽였노니 내 심판은 빛처럼 나오느니라

거지는 찬밥, 더운밥 가리지 않는다. 하지만 하나님은 그런 분이 아니다. 우리가 예배를 드리기만 하면 그것으로 감지덕지하지도 않는다. 아침 구름이나 이슬처럼 잠깐 있다 사라지는 인애는 하나님께 칭찬받을 근거가 아니라 오히려 심판 대상이다.

3절에서 이스라엘은 하나님의 나타나심이 새벽빛같이 어김없다고 했다. 새벽빛같이 어김없는 하나님이 땅을 적시는 비처럼 자기들한테 임한다는 것이다. 하나님 말씀은 다르다. 하나님의 심판이 빛처럼 나온다고 했다. 이스라엘이 기대하는 것과 하나님이 예비하신 것이 전혀 딴판이다.

그 이유가 6절이다.

6:6   나는 인애를 원하고 제사를 원하지 아니하며 번제보다 하나님을 아는 것을 원하노라

이스라엘이 스스로 합격이라고 생각한 것은 제사를 드렸기 때문이다. 그런데 하나님은 불합격이라고 하신다. 제사나 번제가 소용없다는 얘기가 아니다. 신자의 책임은 그 정도가 아니라는 뜻이다.

인애는 히브리어 '헤세드'(חֶסֶד)를 번역한 말이다. 헤세드는 인애 외에도 긍휼이나 자비, 아름다움처럼 다양하게 번역된다. 본문에서는 앞뒤 문맥을 감안하면 "사람 사이의 도리에 충실함"이나 "하나님에 대한 신자의 책임에 충실함"으로 번역할 수 있다. 하나님이 그런 헤세드를 원하신다. 우리한테 종교 행위를 했는지 하지 않았는지를 묻지 않으시고 매사에 신자다운지 물으신다.

로마 황제 율리아누스(Julian the Apostate, 주후 331−363)가 쓴 〈황제들의 경연〉이라는 우화가 있다. 로마를 건설한 로물루스가 올림푸스의 신들과 역대 로마 황제들을 위한 잔치를 베풀었다. 잔치가 끝나자 메르쿠리우스가 유피테르의 소식을 전한다. 가장 훌륭한 업적을 남긴 사람한테 천상의 왕관을 내리겠다는 것이다. 메르쿠리우스는 로마 신화에 나오는 사자(使者)의 신으로 그리스 신화의 헤르메스에 해당하고, 유피테르는 그리스 신화의 제우스에 해당한다.

카이사르, 아우구스투스, 트라야누스, 마르쿠스 아우렐리우스가 유력 후보로 물망에 올랐다. 콘스탄티누스도 후보의 한 명이었고, 알렉산드로스도 로마의 영웅들과 영광스러운 상을 겨루기 위해 초대되었다. 후보자들이 저마다 자신의 위업을 자랑했다. 하지만 신들의 판정은 깐깐했다. 그들이 남긴 업적만 보지 않고 업적을 남기게 된 동기를 확인했다. 결국 알렉산드로스나 카이사르, 아우구스투스, 트라야누스, 콘스탄티누스는 명성이나 쾌락, 권력이 자기들의 목표였음을 인정할 수밖에 없었다. 스토아 철학자로 겸손하게 침묵을 지킨 마르쿠스 아우렐리우스가 신들한테 인정을 받았다.

행위가 전부가 아니라 동기가 중요하다는 사실은 율리아누스도 알았

다. 그런데 이스라엘은 몰랐다. 제사도 지내고 번제도 지내고, 자기들은
할 일 다 했으니까 하나님이 복 주시는 일만 남았다고 생각했다.

6:7   그들은 아담처럼 언약을 어기고 거기에서 나를 반역하였느니라

본문은 ‘그러나’나 ‘그런데’로 번역되는 ‘브’(i)로 시작하는데 우리말 성경에
는 번역이 안 되어 있다. KJV이나 NLT에는 ‘But’이 있고 〈표준새번역성경〉
에는 ‘그런데’가 있다. 하나님은 제사보다 인애를 원하고 번제보다 하나님
을 아는 것을 원하시는 분이지만 이스라엘은 그렇지 않았다는 뜻이다.

　하나님이 아담한테 “동산 각종 나무의 열매는 네가 임의로 먹되 선악
을 알게 하는 나무의 열매는 먹지 말라. 네가 먹는 날에는 반드시 죽으
리라”(창 2:16-17)라고 하셨다. 먹으면 죽는다고 했으니까 먹지 않으면
산다는 뜻이다. 하나님과 사람 사이에 맺은 최초의 언약이다. 그런데 그
언약을 어겼다.

　이스라엘의 행위가 그와 같다고 한다. 하나님 말씀에 순종해서 사는
것보다 하나님 말씀에 불순종해서 죽는 쪽을 택했다. 그런 사람들이 사
는 세상은 엉망일 수밖에 없다.

6:8-9   길르앗은 악을 행하는 자의 고을이라 피 발자국으로 가득 찼도다 강도떼가 사
        람을 기다림같이 제사장의 무리가 세겜 길에서 살인하니 그들이 사악을 행하였
        느니라

이스라엘이 요단강 가까이에 이르렀다. 이제 강을 건너면 하나님이 주

신다고 한 가나안 땅이다. 그런데 르우벤 지파와 갓 지파, 므낫세 반 지
파는 생각이 달랐다. 자기들한테는 가축이 많은데 그곳 목초지가 마음
에 든다며 요단강 동편 땅을 차지했다. 하나님의 약속이 있는 땅보다 자
기들 입맛에 맞는 땅이 더 좋은 것을 어떻게 할까?

그 요단강 동편 땅을 길르앗이라고 한다. 고을 이름이 아니라 지역 이
름이다. 그런데 악을 행하는 자의 고을이라고 한다. 길르앗 전체가 행악
자들의 소굴이 된 모양이다.

길르앗 땅은 시작부터 이상했다. 행악자의 고을이 될 만하다. 그렇다
고 해서 요단강을 건넌 사람들은 전부 하나님 말씀에 순종하며 살았느
냐 하면 그렇지 않다.

카이사르(Julius Caesar, 주전 100-44)가 젊은 시절에 해적들한테 납치당
했다가 몸값을 주고 풀려난 적이 있다. 헤롯(Herod the Great, 주전 73-4)은
시리아 일대의 강도를 소탕해서 신망을 얻었다. 예수님이 말씀하신 선
한 사마리아인 이야기에도 강도가 나온다. 당시에는 강도한테 봉변당하
는 일이 드물지 않았는데 제사장들이 그런 일을 한다는 것이다.

세겜은 도피성이다. 의도적으로 살인을 범한 사람은 하나님의 단에
서라도 끌어내려 처형하게 되어 있지만 실수로 살인을 범한 경우에는
도피성으로 피하는 것이 해결책이었다. 제사장의 임무 중에는 도피성에
이르는 길을 정비하는 일도 있었다. 사람들이 도피성으로 피하는 데 장
애가 없게 해야 한다. 그런데 오히려 도피성에 이르는 길에서 살인을 한
다는 것이다.

지난 2001년 크리스마스에 강원도의 한 지방에서 작은 화재 사고가
있었다. 겨울철에 불이 나는 것은 특이한 일이 아닐 수 있지만 그 화재

사고는 특이했다. 불이 난 장소가 소방서였기 때문이다.

제사장의 무리가 세겜 길에서 살인한다는 얘기가 그런 격이다. 모름지기 제사장이면 사람들을 하나님께로 이끄는 일을 해야 한다. 도피성으로 피하는 사람한테는 제사장의 도움이 절실하다. 그런데 오히려 거침돌로 작용해서 하나님의 은혜를 입지 못하게 하는 것을 살인에 비유한 것이다.

6:10   내가 이스라엘 집에서 가증한 일을 보았나니 거기서 에브라임은 음행하였고 이스라엘은 더럽혀졌느니라

콘스탄티누스 황제(Constantine the Great, 주후 272-337)의 어머니 헬레나(Saint Helena, 주후 246(?)-330(?))가 예수님 무덤이 있던 자리에 기념 교회를 세웠다. 그때부터 순례객의 발길이 끊이지 않았다. 예루살렘의 성직자들은 방문객을 늘리는 데 힘썼다. 방문객이 늘어날수록 교회의 권위가 올라가고 수입도 많아지기 때문이다. 예수님이 십자가에 달릴 때 사용되었다는 도구들이 하나씩 전시되기 시작했다. 예수님의 손과 발에 박혔다는 못, 옆구리를 뚫었다는 창, 머리에 씌워졌다는 가시 면류관, 채찍질당할 때 묶였다는 기둥, 예수님이 달렸다는 십자가 같은 것들이다. 이미 300년이 지났는데 보존 상태가 왜 그렇게 양호하고, 어떻게 때맞춰 발견되었는지 아무도 궁금하게 여기지 않았다. 예수님의 십자가는 작은 조각으로 쪼개어 팔기도 했다. 계속 팔다 보면 언젠가 소진된다. 그래서 십자가는 계속 자라는 신비한 힘이 있어서 아무리 쪼개도 줄어들지 않고 원래 모습 그대로라는 말을 만들어냈다.

성직자는 사람들을 하나님께 인도하는 일을 해야 한다. 한 사람이라도 더 신앙생활을 제대로 할 수 있게 권면해야 한다. 점쟁이가 부적을 파는 것처럼 예수님이 달리셨던 십자가를 이쑤시개 크기로 잘라서 파는 것은 말이 안 된다. 그러면 그것을 사는 사람은 어떤 사람일까? 그래서 "내가 이스라엘 집에서 가증한 일을 보았나니 거기서 에브라임은 음행하였고 이스라엘은 더럽혀졌느니라"라고 한다. 제사장만 문제가 아니라 백성도 문제였다. "가증한 일을 보았다", "에브라임은 음행했다", "이스라엘은 더럽혀졌다" 같은 표현은 우상 숭배를 연상시킨다. 우상 숭배가 당시의 만연한 풍조이기도 했다.

제사장은 엉망이었고 백성은 우상 숭배에 빠졌다. 그러면 제사장이 어떻게 엉망이었는지 짐작할 수 있다. 하나님을 바로 섬기도록 인도하는 것이 아니라 오히려 우상 숭배를 부추겼다. 그리고 백성들은 거기에 호응했다. 백성들 역시 하나님을 바로 섬기는 것보다 우상을 섬기는 것을 더 좋게 여겼다. 수요가 있어야 공급이 있는 법이다. 예루살렘 성직자들이 올바른 신앙을 전파하는 대신 십자가 장사를 할 수 있었던 배경도 이와 흡사하다. 오래 참고 겸손하고 자기를 부인하고 일흔 번씩 일곱 번 용서하는 것보다 십자가에서 떼어 낸 나무 조각을 갖고 다니는 것이 훨씬 쉽다.

이 모든 내용이 북 왕국에만 해당될까?

6:11   또한 유다여 내가 내 백성의 사로잡힘을 돌이킬 때에 네게도 추수할 일을 정하였느니라

내 백성의 사로잡힘을 돌이킨다고 해서 바벨론 포로에서 돌아오는 것을 연상하면 안 된다. 여기에서 말하는 '내 백성'은 북 왕국 이스라엘이다. 북 왕국 이스라엘은 앗수르한테 망해서 나라가 없어져 버렸지, 포로에서 돌아오지 않았다. "내 백성의 사로잡힘을 돌이킬 때"는 북 왕국을 압제하시는 하나님의 손길이 거두어질 때를 말한다. 그런 날이 이르면 남 왕국에 대한 심판이 시행된다고 한다. 하나님은 모두한테 똑같이 공의의 하나님이다. 하나님의 심판은 절대 강 건너 불구경일 수 없다.

호세아를 '사랑의 선지자'라고 한다. 하나님의 사랑을 가장 잘 보여 준다는 것이다. 하지만 호세아서를 읽으면서는 그런 사랑에 감격하기 전에 먼저 무서워야 한다. 하나님의 사랑은 무조건 감싸 주는 사랑이 아니다. 죄를 추호도 용납하지 않는 사랑이다.

"나는 인애를 원하고 제사를 원하지 아니하며 번제보다 하나님을 아는 것을 원하노라"(6절)가 무슨 뜻일까? 우리 생각과 하나님 생각이 다르다. 우리 생각에는 이만하면 된 것 같은데 하나님은 어림도 없다고 하신다. 예배 안 빼먹고 십일조 하고 틈틈이 기도하고 성경 읽으면 됐지, 뭘 더 하라는 말씀일까?

하나님은 우리한테 하나님의 마음을 알라고 하신다. 하나님의 사람이 되라고 하신다. 그런 기준으로 북 왕국을 심판하시고 남 왕국을 심판하신다. 종국에는 우리를 심판하실 것이다. 하나님은 우리가 하나님의 기대 수준에 이를 때까지 절대 만족하지 않으신다. 그것이 우리를 향한 하나님의 사랑이다. 우리의 복이고 소망이다.

7장

에브라임아 에브라임아

7:1   내가 이스라엘을 치료하려 할 때에 에브라임의 죄와 사마리아의 악이 드러나도

다 그들은 거짓을 행하며 안으로 들어가 도둑질하고 밖으로 떼 지어 노략질하며

성경에서 돈 얘기는 상당히 자주 나온다. 기도나 전도, 성경 읽기보다 훨씬 빈번하게 언급된다. 돈이 이 세상 가치의 척도이기 때문이다. 그 사람의 가치관을 가장 잘 보여 주는 것이 돈 씀씀이다. 그런데 대부분의 설교자는 헌금 설교를 꺼린다. 교인들이 싫어하기 때문이다.

성경에 근거한 헌금 설교를 싫어하는 이유가 무엇 때문일까? 그런 사람은 헌금에 후할까, 인색할까?

사람들이 여간해서는 자기 잘못을 인정하지 않는다. 자기는 항상 정상인 줄 안다. 자기가 하나님께 인색한 줄 모르고 헌금 얘기를 하는 목사한테 문제가 있다고 생각한다. 실제로 설교 때 헌금 얘기를 한다는 이유로 교회를 옮기는 경우도 있다.

사람들이 스데반의 설교를 듣고 찔렸다. 급기야 스데반을 돌로 쳐서 죽이고 말았다. 죄보다 더 심각한 것이 죄에 대한 태도다. 죄를 지적받

으면 죄를 고치면 된다. 그런데 고칠 마음이 없으면 죄를 합리화하게 마련이다. 죄를 버리기 위해서 애쓰는 것이 아니라 죄를 정당화하기 위해서 애쓴다.

"내가 이스라엘을 치료하려 할 때에 에브라임의 죄와 사마리아의 악이 드러나도다"가 그런 말이다. 에브라임은 북 왕국을 대표하는 지파이고 사마리아는 북 왕국의 수도다. 둘 다 이스라엘을 의미한다. 하나님이 이스라엘을 치료하려고 했는데 그 과정에서 오히려 이스라엘의 악이 노출되었다.

이스라엘이 하나님을 떠나 살 때마다 하나님이 징계하신다. 가장 일반적인 징계가 이방 민족의 압제 아래 신음하게 하는 것이다. 그런 징계를 통해서 "하나님을 떠나 살면 우리한테 화가 있구나. 하나님께 의지하는 것이 살길이로구나"를 깨달아야 했다.

그런데 엉뚱하게 반응했다. 왕을 달라고 요구한 것이다. 왕만 있으면 이방 민족과 맞서 싸울 수 있다고 생각했다. 어떻게 해서든지 하나님께 순종하지 않으려는 고집을 무슨 수로 말릴까?

동물을 치료하려면 먼저 마취를 해야 한다. 마음대로 움직이면 치료를 못한다. 이스라엘은 어떻게 된 영문일까? 하나님이 이스라엘을 치료하려 했는데 이스라엘은 거짓을 행하며 안으로 들어가 도둑질하고 밖으로 떼 지어 노략질했다. 치료받을 의사가 도무지 없었다.

실제로 이스라엘 모든 백성이 입만 열면 거짓말을 하고 절도와 강도를 일삼았다는 뜻이 아니다. 이스라엘의 죄를 그렇게 말한 것이다. 성경은 사탄을 '거짓의 아비'라고 한다(요 8:44). 또 안으로 들어가 도둑질하고 밖으로 떼 지어 노략질한다는 얘기는 자기한테 주어진 분복을 모르고 탐내면 안 되는 것을 탐낸다는 얘기다. 사탄에 미혹되어서 자기 욕심대로 살아가는 모습을 도둑질과 노략질에 빗댄 것이다.

7:2   내가 모든 악을 기억하였음을 그들이 마음에 생각하지 아니하거니와 이제 그들의 행위가 그들을 에워싸고 내 얼굴 앞에 있도다

안하무인(眼下無人)인 사람은 참 꼴불견이다. 안하무신(眼下無神)인 사람은 어떨까? 안하무인일 수 있으려면 자기가 남보다 잘난 줄 알면 된다. 안하무신이려면 어떻게 하면 할까? 자기가 신보다 잘났다고 생각할 수는 없다. 양심에 화인 맞아야 한다. 같은 잘못을 꾸준히 반복해서 양심이 무뎌지면 된다.

『정글북』으로 유명한 키플링(Rudyard Kipling, 1865–1936)이 쓴 〈숲길〉이라는 시가 있다.

칠십 년 전,
사람들은 이 숲길을 폐쇄했다네.
그 후 비바람이 그 길을 다시 망쳐 놓아
이제는 아무도 모른다네,
숲속에 길이 있었다는 사실을.

이스라엘이 그랬다. 꾸준히 하나님 없는 삶을 살았다. 나중에는 하나님을 의식하지 않게 되었다.

어떤 사람이 술을 마시고 술병을 아무 데나 버린다. 평생 그렇게 살았

다. 그 사람 주변에는 온통 빈 술병이다. 하나님이 그 모습을 내려다보시는데 술병이 하나님 얼굴 앞까지 쌓였다. "이제 그들의 행위가 그들을 에워싸고 내 얼굴 앞에 있도다"가 그런 얘기다. 하나님 없이 산 이스라엘의 행위가 누적되고 누적되어서 하나님 얼굴 앞까지 쌓였다.

7:3   그들이 그 악으로 왕을, 그 거짓말로 지도자들을 기쁘게 하도다

이스라엘은 하나님께는 관심 없고 왕이나 지도자를 기쁘게 하는 데에만 관심이 있었다. 왕이나 지도자를 기쁘게 하는 방법이 한심하다. 악이나 거짓말로 기쁘게 한다. 정신이 제대로 박힌 왕이나 지도자가 아니라는 뜻이다.

먼저 호세아가 활동할 당시의 상황을 알 필요가 있다. 호세아는 여로보암 2세 때부터 북 왕국 이스라엘이 망할 때까지 활동했다. 그 기간 동안 북 왕국 왕은 여로보암 2세, 스가랴, 살룸, 므나헴, 브가히야, 베가, 호세아로 바뀌었다. 사십 년 남짓한 기간 동안 왕위에 앉았던 사람이 일곱 명이다. 누구든지 힘 있는 사람이 왕이 되던 시기였다.

정변을 일으키는 이유는 권력욕 때문이다. 그를 지지하는 사람들도 권력에 욕심이 있기는 매일반이다. 자기가 지지하는 사람을 왕으로 만들어야 자기한테 한자리 떨어진다. 본문은 그런 상황을 배경으로 한다.

이스라엘에 왕정이 시작된 이유가 불신앙 때문이다. 그런데 그렇게 해서 세운 왕마저 자기들 입맛대로 고르는 지경이 되었다. 누가 왕이 되는 것이 자기한테 콩고물이 많이 떨어지는지가 중요했다. 그 일을 위해서 기꺼이 악과 거짓을 동원했다. 머릿속에 꽉 찬 것이 그런 생각이었다.

7:4　　　그들은 다 간음하는 자라 과자 만드는 자에 의해 달궈진 화덕과 같도다 그가 반

죽을 뭉침으로 발효되기까지만 불 일으키기를 그칠 뿐이니라

성경에서 말하는 간음은 영적인 경우가 많다. 하나님과 부부 사이인 이스라엘이 하나님보다 세상을 더 사랑하면 그것이 곧 간음이다. 하나님이 이스라엘의 왕인데도 엉뚱한 왕과 지도자를 찾았으니 간음한 것이 맞다. 그런 이스라엘을 달궈진 화덕에 비유한다.

나무를 연료로 쓰려면 아궁이에 불씨를 간직해야 한다. 음식을 만들 때는 그 불씨를 살려서 불을 피운다. 이스라엘도 마찬가지다. 화덕에 항상 불씨가 있었다. 빵을 구울 때는 불을 피우는데, 밀가루를 반죽해서 바로 굽지 않는다. 먼저 발효를 시킨다. 화덕은 늘 달궈진 상태로 있다가 반죽이 발효되면 불을 일으킨다.

이스라엘을 화덕에 비유한 것이 그런 얘기다. 화덕이 항상 불 피울 준비를 하고 있는 것처럼 이스라엘은 항상 간음할 준비를 하고 있다는 것이다. 기회는 기다리는 자에게 온다고 한다. 늘 세상에 잘 보일 생각으로 골똘하면 그런 기회가 오게 마련이다. 그런 기회를 붙잡는 것을 능력으로 치부할 것이다.

7:5　　　우리 왕의 날에 지도자들은 술의 뜨거움으로 병이 나며 왕은 오만한 자들과 더

불어 악수하는도다

'왕의 날'이 어떤 날일까? 왕의 생일일 수도 있고 왕이 즉위하는 날일 수도 있다. 하지만 문맥을 감안하면 새로운 왕을 옹립하려고 거사하는

D-Day로 봐야 한다. 술의 뜨거움으로 병이 났다는 얘기는 독한 술을 마시고 곯아떨어진 모습일 수도 있고, 혹은 독이 든 술을 마시고 신음하는 모습일 수도 있다. 왕이 오만한 자들과 더불어 악수한다는 얘기는 품에 무기를 감춘 자의 거짓 제스처에 속았다는 뜻이다.

사마천이 쓴 『사기』의 '자객열전' 편에 전제라는 사람이 나온다. 합려를 왕위에 올리기 위해서 오왕 요를 암살한 사람이다. 합려는 와신상담(臥薪嘗膽)에서 와신(臥薪)의 주인공인 부차의 아버지다. 부차가 월나라에 대한 복수 의지를 불태우며 장작 위에서 잠을 잤다.

합려가 연회를 베풀고는 오왕 요를 초대했다. 요를 암살할 심산이었다. 아무나 왕 가까이 갈 수는 없다. 왕한테 음식을 바치려면 먼저 소지품 검사를 받아야 한다. 전제가 생선 요리 속에 칼을 감추었다가 그것으로 살해했다.

고대 정치 세계에서는 연회를 빙자해서 상대방을 암살하는 사례가 더러 있었다. 압살롬이 암논을 죽일 때도 그랬다. 당시는 살룸, 므나헴, 베가, 호세아가 차례로 정변을 통해서 왕위에 오르던 시기였다. 구체적으로 어떻게 정변을 일으켰는지 모르지만 누군가는 연회 자리를 거사 장소로 이용했을 것이다.

7:6-7   그들이 가까이 올 때에 그들의 마음은 간교하여 화덕 같으니 그들의 분노는 밤새도록 자고 아침에 피우는 불꽃 같도다 그들이 다 화덕같이 뜨거워져서 그 재판장들을 삼키며 그들의 왕들을 다 엎드러지게 하며 그들 중에는 내게 부르짖는 자가 하나도 없도다

6절이 〈표준새번역성경〉에는 "새 왕을 세우려는 자들의 마음은 빵 굽는 화덕처럼 달아오르고, 그들은 음모를 품고 왕에게 접근한다. 밤새 그들의 열정을 부풀리고 있다가 아침에 맹렬하게 불꽃을 피워 올린다"로 번역되어 있다.

이방원은 두 차례 왕자의 난을 통해서 집권했다. 첫 번째 왕자의 난으로 이복동생 방번과 방석을 시해하고, 두 번째 왕자의 난으로 형 방간을 제거했다. 그때 그를 도운 숱한 가신이 있었다. 그들이 얼마나 비장했을까? 성공하면 부귀영화(富貴榮華)가 주어지지만 실패하면 멸문지화(滅門之禍)를 당한다.

본문은 그런 풍조를 개탄한다. 모두가 자기한테 유리한 왕을 세우는 데 혈안이라는 것이다. "그들이 다 화덕같이 뜨거워져서 그 재판장들을 삼키며 그들의 왕들을 다 엎드러지게 하며 그들 중에는 내게 부르짖는 자가 하나도 없도다"가 호세아를 통한 하나님의 탄식이다.

화덕같이 뜨거워졌다는 얘기는 식지 않는 열심이 있다는 뜻이다. 그 열심으로 무엇을 했느냐 하면, 재판장들을 삼키고 왕들을 엎드러지게 했다. 성경에는 재판 얘기가 참 자주 나온다. 하나님이 어떤 것을 옳다 하고, 어떤 것을 그르다 하시는지를 생활 속에 나타내는 것이 재판이다. 하나님 보시기에 옳은 자에게 상을 주고, 하나님 보시기에 그른 자에게 벌을 주어야 한다.

솔로몬이 일천 번제(一千燔祭)를 드렸다. 간혹 일천 번제 헌금이라는 명목으로 천 일 동안 매일 헌금을 하기도 하는데, 솔로몬이 드린 것은 一千番祭가 아니고 一千燔祭다. 番(차례 번)은 차례를 나타내고, 燔(구울 번)은 불로 태운다는 뜻이다. 심지어 "소원이 있으면 일천 번제를 드려라"라는 말을 들은 적도 있는데, 그런 식의 적용은 곤란하다. 하나님이 솔로몬한테 "소원이 있느냐? 그러면 먼저 일천 번제를 드려라"라고 하신 적도 없거니와, 우리가 믿는 기독교가 한낱 우리 소원이나 들어주는 종교가 아니기 때문이다. 기독교는 우리 구원을 위한 종교다. "구원은 이미 얻었으니 그다음에는 세상을 사는 것이 중요하지 않습니까?"라고 하지는 말자. 구원을 얻었으면 그다음에는 구원 얻은 삶을 살아야 한다. 영혼만 구원 얻으면 되는 것이 아니라 삶도 구원을 얻어야 한다.

각설하고, 솔로몬이 일천 번제를 드리자 하나님이 소원을 물으셨다. 그때 솔로몬은 지혜를 구했다. 그냥 지혜가 아니다. 백성들을 재판할 수 있는 지혜다. 하나님이 자기를 이스라엘 왕으로 삼으셨으니 자기는 이스라엘을 하나님 뜻에 맞게 다스려야 한다. 그 일을 제대로 할 수 있는 능력인 지혜를 구한 것이다. 하나님이 자기한테 맡긴 일을 제대로 수행하는 것이 솔로몬의 소원이었다.

그런데 호세아 시대는 재판장을 삼키는 시대였다. 무엇이 옳고 무엇이 그른지에 대한 말을 듣는 것 자체를 거부했다. 자기들이 하고 싶은 대로 하면 된다는 것이다.

수년 전에 상영된 영화 〈노아〉에 두발가인이라는 인물이 나온다. 그는 철저하게 하나님께 등을 돌리고 살아가는 사람이다. 두발가인이 "원하는 것을 하는데 뭐가 잘못인가?"라는 말을 하는데 영화에 그 대사가 두 번 반복된다. 재판장을 삼킨다는 얘기가 그렇다. 무엇이든지 원하는 대로 한다. 자기 욕구를 이루는 일이 가장 중요하다. 자기가 원하는 일을 했는데 뭐가 문제란 말인가?

또 왕들을 다 엎드러지게 한다. 새로운 왕을 세우기 위해서 기존의 왕

을 죽여 없앤다. 왕조 국가에서는 왕이 국가의 주인이지만 이스라엘 왕
은 다르다. 하나님의 뜻대로 이스라엘을 다스려야 한다. 이스라엘에 하
나님의 통치를 실현할 책임이 있다. 백성은 무엇을 해야 할까? 그들은
왕을 통해서 하나님을 섬겨야 한다. 하지만 이스라엘은 그런 쪽으로는
관심이 없었다. 자기 이익을 대변할 왕을 옹립하는 것에만 혈안이었다.

7절이 "그들 중에는 내게 부르짖는 자가 하나도 없도다"라는 탄식으
로 끝난다. 그럴 수밖에 없다. 우리는 마음을 다하고 성품을 다하고 힘
을 다하여 하나님을 사랑해야 하는 사람들이다. 그런데 이스라엘은 세
상을 사랑하는 데 마음을 다 써서 하나님을 사랑할 마음이 남아 있지 않
았다. 재판장들을 삼키고 왕들을 엎드러지게 하는 일에 마음이 뜨거워
서 하나님이 안중에 없었다.

요즘의 경우로 바꾸면 어떻게 될까? 앞에 나온 "나는 인애를 원하고
제사를 원하지 아니하며 번제보다 하나님을 아는 것을 원하노라"(6:6)라
는 말씀이 힌트가 될 것이다. 재판장들을 삼키고 왕들을 엎드러지게 하
는 사람들이 어떤 사람들인가 하면, 제사도 드리고 번제도 드린 사람들
이다. 하나님은 안중에 없이 세상 욕심에 팔려 지내는 사람이 어떤 사람
들인가 하면, 주일마다 예배드리는 사람들이라는 뜻이다. 몸은 교회에
있지만 하나님 눈치는 안 보고 세상 눈치만 본다. 행여 세상에서 남한테
뒤질세라 하나님의 뜻을 생각할 겨를이 없다.

얼마 전에 책에서 읽은 내용이다. 어떤 사람이 정신병원에 방문했다.
그런데 아무도 미친 사람 같지 않았다. 전부 분별력이 있어 보였다. 의
사한테 그 말을 했더니 의사가 답했다. "아닙니다. 저들은 미쳤습니다.
저들이 분별력을 가지고 얘기하는 것은 사실입니다. 그런데 전부 자기

애기뿐입니다. 아침에도, 점심에도, 저녁에도 모든 관심이 자기한테만 있습니다. 죄다 자기한테 미쳤습니다."

성경은 우리한테 하나님 사랑과 이웃 사랑을 애기하는데 우리는 모든 관심이 자기한테만 있다. 호세아 때가 그런 시대였고 지금도 마찬가지다. 호세아 때는 자기를 위해서 누구를 왕으로 세워야 하는지에 골똘했다. 그 문제로 화덕같이 뜨거웠다. 요즘이라고 다를까? 진학하고 취직하고 펀드 가입하고 결혼하고 이사하고 집을 사고 차를 사는 모든 이유가 자기를 위한 것이다. 설령 하나님을 찾아도 자기를 위해서 찾는다. 하나님께 바라는 소원이 있다면 자기 화덕에 불을 일으켜 주는 것이다.

호세아 시대 사람들이 자기 욕심을 좇아 스가랴를 폐하고 살룸을 왕으로 세웠다. 살룸을 폐하고 므나헴을 왕으로 세웠고, 브가히야를 폐하고 베가를 왕으로 세웠고, 베가를 폐하고 호세아를 왕으로 세웠다. 그렇게 하더니 결국 나라가 망했다. 무슨 뜻일까? 우리의 왕은 그리스도다. 자기 욕심에 팔려 그리스도가 아닌 다른 왕을 세우면 망한다는 뜻이다. 북 왕국 이스라엘이 그렇게 해서 망했다. 성경이 그 내용을 우리한테 전한다. "너희 마음은 누구를 왕으로 섬기려고 화덕같이 뜨거우냐?"라고 묻는 것이다.

우리가 정말로 그리스도를 왕으로 섬기고 있을까? 우리 마음에 그리스도만 가득해서 다른 것이 자리할 틈이 없다면 그렇다는 대답이 나올 것이다. 망설일 이유가 없다. 우리한테 있는 뜨거움은 오직 그리스도를 위한 것이어야 한다.

7:8   에브라임이 여러 민족 가운데에 혼합되니 그는 곧 뒤집지 않은 전병이로다

전병을 뒤집지 않으면 한쪽은 시커멓게 타고 한쪽은 밀가루 반죽 그대로라서 먹을 수 없게 된다. 시커멓게 탄 쪽은 세상을 향한 열심을 보여 주고, 밀가루 반죽 그대로인 쪽은 하나님에 대한 태도를 보여 준다. 세상에 속한 일에는 과욕을 부려서 탈인데, 하나님을 섬기는 쪽으로는 맹탕이다.

그렇게 된 이유가 있다. 여러 민족 가운데에 혼합되었기 때문이다. 하나님의 백성인데도 이방 족속과 어울려 살았더니 이방 족속과 구별이 없게 되었다.

인디언들은 말을 타고 달리다가도 가끔 말에서 내려서 자기가 달려온 길을 돌아보았다고 한다. 말을 쉬게 하려는 것이 아니다. 행여 영혼이 따라오지 못할까봐서 기다리는 것이다. 영혼이 곁에 왔다 싶은 생각이 들어야 다시 달린다.

"거봐, 인디언들은 그렇게 살아서 망했지"라고 할 사람은 없을 것이다. 그런데 나타나는 현실은 그렇지 않다. 돈 벌 시간은 있어도 경건에 힘쓸 시간은 없는 사람이 수두룩하다. 하나님 영광 가리는 일은 어쩔 수 없다고 하면서 자기 자존심 상하는 일은 못 참는 사람 명단을 작성하면 전화번호부로 한 권이다.

어쩌다 이렇게 되었을까? 성경은 세상 사람들과 어울려 살았기 때문이라고 한다. 교제의 폭을 말하는 것이 아니다. 가치관을 말하는 것이다. 왜 불신자와 삶을 공유하느냐는 얘기다. 모든 소망을 이 세상에 두고 사는 것만 불신자와 구별이 안 되는 것이 아니라 신앙에 관심 없기도 불신자와 구별이 안 된다.

이스라엘은 어떻게 생각했을까? "우리는 본래 하나님의 백성이다.

어쩌다 이 지경이 되었단 말인가?"라고 생각했을까? 아마 자기들이 정 상인 줄 알았을 것이다. "신앙생활은 고지식하게 하면 안 된다. 자기 앞 가림은 자기가 해야 한다"라고 생각했을 것이다.

7:9-10   이방인들이 그의 힘을 삼켰으나 알지 못하고 백발이 무성할지라도 알지 못하는 도다 이스라엘의 교만은 그 얼굴에 드러났나니 그들이 이 모든 일을 당하여도 그들의 하나님 여호와께로 돌아오지 아니하며 구하지 아니하도다

이스라엘이 작정하고 "앞으로 이방 족속과 어울려 살자. 하나님의 계명 따위에 신경 쓰지 말자"라고 한 것이 아니다. 단지 이방 족속을 통해서 얻을 수 있는 유익을 취한다고 생각했을 것이다. 그런데 어느 사이엔가 이방 족속의 밥이 되었다. 더 한심한 것은 자기들이 그런 처지로 전락한 것을 백발이 무성하도록 몰랐다.

'백발'에서 두 가지 이미지가 떠오른다. 하나는 오랜 시간이고, 다른 하나는 지혜다. 이스라엘이 이방인들한테 삼켜진 채 보낸 시간이 너무 짧아서 알아차리지 못한 것이 아니다. 충분히 오랜 시간이 지났는데도 몰랐다. 머리가 희어지면 그만큼 지혜도 생기게 마련이다. 그런데도 몰 랐다. 그들한테 있는 지혜는 하나님과 연결된 지혜가 아니었다.

당시 이스라엘은 외세에 의존하는 정책을 썼다. 므나헴은 앗수르에 의존했다. 베가는 애굽, 아람과 연대해서 반(反)앗수르 정책을 폈다. 북 왕국의 마지막 왕 호세아는 처음에는 친(親)앗수르였다가 나중에 친(親) 애굽으로 돌아섰다. 므나헴이나 베가, 호세아 모두 자기들이 외세를 이 용한다고 생각했을 것이다.

중학생 때 말이 상당히 험한 선생님이 있었다. 걸핏하면 "대가리에 똥만 들어 있는 놈"이라고 했다. 이스라엘 머릿속에는 무엇이 들어 있을까? "이스라엘의 교만은 그 얼굴에 드러났나니 그들이 이 모든 일을 당하여도 그들의 하나님 여호와께로 돌아오지 아니하며 구하지 아니하도다"라고 했다. 무엇이 들어 있는지 몰라도 하나님이 들어 있지 않은 것은 분명하다.

이스라엘은 얼굴에 교만이 드러날 만큼 교만했다고 한다. 그런 교만을 설명하는 내용이 특이하다. 이스라엘의 교만이 단적으로 나타난 예가, 이방인들한테 삼켜져서 나라가 망할 지경이 되었는데도 하나님을 찾지 않는 것이라고 한다. 앗수르한테 살려 달라고 하고, 애굽한테 도와 달라고 할지언정 하나님께 아쉬운 소리는 하지 않았다.

교만이 사람과 사람 사이에서는 상대방을 무시하는 것으로 나타난다. 교만이 심하면 윗사람도 무시할 수 있다. 그런 교만이 하나님께 나타나면 어떻게 될까? 하나님을 무시하는 것이야말로 교만의 최고 경지가 될 것이다. 이스라엘이 그랬다.

7:11   에브라임은 어리석은 비둘기같이 지혜가 없어서 애굽을 향하여 부르짖으며 앗

수르로 가는도다

여호와를 경외하는 것이 지혜의 근본이다. 그러면 하나님을 무시하는 것은 어리석음의 원천이다. 그래서 성경은 에브라임을 어리석다고 한다. 〈메시지성경〉에는 훨씬 더 실감나게 "에브라임은 새대가리다"라고 번역되어 있다.

왜 하필 비둘기에 비유했을까? 비둘기가 성경에 46번 등장하는데 한 번도 어리석음과 연관해서 등장한 적이 없다. 비둘기가 다른 새에 비해서 지능이 떨어진다고 할 만한 근거는 성경에도 없고 조류도감에도 없다.

한 가지 짚이는 점이 있다. 제사 때 제물로 쓰이는 짐승이 소, 양, 염소, 비둘기였다. 하나님이 비둘기밖에 드릴 형편이 안 되는 사람한테 소를 요구하지는 않으신다. 이때 비둘기는 집비둘기와 산비둘기가 다 가능했다. 집비둘기도 드릴 형편이 안 되면 산비둘기를 잡아 오면 된다. 산비둘기를 잡는 것이 그리 어려운 일이 아니었던 모양이다. 설마 석 달 열흘을 고생해야 겨우 잡을 수 있는 것을 제물로 요구하지는 않으셨을 것이다. 조금만 노력하면 얼마든지 잡을 수 있는 새가 산비둘기였을 것이다. 사람들이 산비둘기를 잡을 때마다 멍청하다고 흉을 봤을 것도 같다.

새대가리인 에브라임한테 지혜가 있을 수 없다. 그들이 할 줄 아는 일은 애굽을 향하여 부르짖으며, 앗수르로 가는 일뿐이었다. 자기들이 살 길을 찾아 애굽에 기대기도 하고, 앗수르에 기대기도 한다. 그 일을 위해서 열심히 머리를 굴렸을 것이다. 하나님은 그들이 그렇게 하는 이유가 지혜가 없기 때문이라고 하신다.

7:12   그들이 갈 때에 내가 나의 그물을 그 위에 쳐서 공중의 새처럼 떨어뜨리고 전에 그 회중에 들려 준 대로 그들을 징계하리라

에브라임이 애굽으로 가고, 앗수르로 간다고 해서 그들 뜻대로 되는 것이 아니다. 하나님이 친 그물이 있기 때문이다. 그들은 이내 그물에 걸린 새처럼 떨어지는 신세가 된다. 그것으로 끝나지 않는다. 징계가 뒤따

른다. "전에 그 회중에 들려 준 대로 그들을 징계하리라"라고 했다. 그렇게 하면 징계한다고 경고했는데도 그런 일을 행했다.

대체 무슨 정신으로 그랬을까? 그러니 새대가리가 맞다. 뒤집지 않은 전병처럼 애굽이나 앗수르와 가깝게 지내는 일에는 과도한 열심을 부리면서 하나님에게는 관심이 없었다.

7:13-14 　화 있을진저 그들이 나를 떠나 그릇 갔음이니라 패망할진저 그들이 내게 범죄하였음이니라 내가 그들을 건져 주려 하나 그들이 나를 거슬러 거짓을 말하고 성심으로 나를 부르지 아니하였으며 오직 침상에서 슬피 부르짖으며 곡식과 새 포도주로 말미암아 모이며 나를 거역하는도다

이스라엘은 도무지 구제 불능이었다. 그렇다고 해서 하나님이 "너희가 벌받을 짓을 했으니 벌을 받아야 한다"라고 하시지 않았다. 어떻게 해서든지 이스라엘이 벌받을 자리에 있지 않게 하려고 했다. 그런데 하나님의 손길을 끝끝내 거부했다. 그런 안타까움이 담긴 말이 "내가 그들을 건져 주려 하나 그들이 나를 거슬러 거짓을 말하고"이다.

거짓을 말한다는 얘기는 만우절과 만우절 아닌 날을 분별하지 못한다는 얘기가 아니다. 진리이신 하나님의 반대편에 있다는 뜻이다. 하나님께 속하지 않은 사람들이 하나님께 제대로 반응할 리 없다. 하나님이 아무리 불러도 그들은 하나님을 찾지 않는다.

이스라엘은 성심으로 하나님을 부르지 않았다. 오직 침상에서 슬피 부르짖을 뿐이었다. 무엇 때문에 부르짖었는지 몰라도 하나님을 부르지 않았다고 했으니 하나님께 기도를 한 것은 아니다. 어쩌면 자기들의 처

지를 한탄했는지도 모른다. 침상에 누울 때마다 암담한 현실이 떠오르면 그럴 수 있다.

또 곡식과 새 포도주로 말미암아 모인다는 얘기는 기복신앙을 말한다. 거기에 대해서 하나님은 "그래, 그렇게라도 모여라"라고 하지 않으시고 "나를 거역하는도다"라고 하신다. 이 세상 욕심에 따라 하나님을 섬기는 것은 하나님을 섬기는 것이 아니라 자기 욕심을 섬기는 것이기 때문이다.

특히 "곡식과 새 포도주로 말미암아 모이며"라고 할 때의 '모이며'는 히브리어 '구르'(גוּר)를 번역한 말인데 '베다'라는 뜻으로 해석하기도 한다. 그러면 곡식과 새 포도주 때문에 자기 몸을 상하게 한다는 얘기가 된다. 엘리야의 갈멜산 전투를 생각나게 한다. 그때 바알 선지자들이 칼과 창으로 피가 흐르기까지 자기 몸을 상하게 했다. 결국 "곡식과 새 포도주로 말미암아 모인다"라는 말은 하나님 섬기는 것과 바알 섬기는 것을 구별하지 못한다는 뜻이다. 어차피 섬기는 대상이 자기 욕심이기 때문이다. 〈표준새번역성경〉에는 "그들이 나에게 부르짖으나, 거기에 진실이 없다. 오히려 침상에 엎드려 통곡한다. 곡식과 포도주를 달라고 빌 때에도 몸을 찢어 상처를 내면서 빌고 있으니, 이것은 나를 거역하는 짓이다"라고 번역되어 있다.

흥사단(興土團) 투명사회운동본부에서 우리나라 청소년들의 정직성에 대한 조사를 한 적이 있다. "십억 원이 생긴다면 죄를 짓고 일 년 정도 감옥에 가도 괜찮다고 생각한다"라는 항목에 초등학생의 16%가 동의했다. 중학생은 33%, 고등학생은 47%가 동의했다. 나이를 먹을수록 동의하는 비율이 높다. 세상 가치관이 점점 악해진다는 뜻이다. 정신 바짝

차려야 한다. 자칫하면 "십억 원이 생긴다면 신앙을 포기해도 괜찮다고 생각한다"라는 항목에 자기도 모르는 사이에 고개를 주억거릴 수 있다.

어떤 바람둥이가 로마를 여행하다 길에서 젊은 여자를 유혹했다. 하룻밤 같이 지내면 백만 불을 준다고 했더니 여자가 잠시 망설이는 시늉을 하다 승낙했다. 남자가 값을 깎기 시작했다. 백만 불은 너무 많다며 오십만 불만 하자고 했다. 여자도 그 정도는 괜찮다고 생각했는지 그러자고 했다. 그런데 계속 깎는 것이었다. 오십만 불에서 삼십만 불, 십만 불, 오만 불, 삼만 불…. 여자가 화가 났다. "이봐요! 사람을 어떻게 보고 그래요?" 남자가 태연히 대답했다. "어떤 사람인지는 아까 결정되었고, 가격 좀 흥정하자는데 왜 그래요?"

백만 불에 몸을 파나 백 불에 몸을 파나 몸을 파는 것은 마찬가지다. 자기가 지켜야 할 신앙 원칙을 아파트 한 채에 팔아먹으나 점심 한 끼에 팔아먹으나 달라지는 것은 없다. 이스라엘이 바알을 의지한다면 그렇게 해서 구하는 것이 어떤 것인지에 관계없이 하나님을 거역하는 것이다.

7:15 　　내가 그들 팔을 연습시켜 힘 있게 하였으나 그들은 내게 대하여 악을 꾀하는도다

성경 내내 반복되는 얘기가 하나님을 잘 섬기라는 얘기다. 그렇다고 해서 하나님이 이스라엘을 모아 놓고 "너희는 내 백성이다. 무조건 내 말만 들어라"라고 하신 것이 아니다. 먼저 하나님이 주시는 복을 알게 하셨다.

여로보암 2세 때의 이스라엘 영토는 하맛 어귀부터 아라바 바다까지 이르렀다. 북 왕국 이스라엘이 가장 강성했던 시기다. 전적으로 하나님

은혜다. 하지만 이스라엘은 그것을 몰랐다. 도리어 우상을 숭배하고 다른 나라에 의지했다.

본문이 "내가 그들 팔을 연습시켜 힘 있게 하였으니…"였으면 얼마나 좋을까? 그런데 "내가 그들 팔을 연습시켜 힘 있게 하였으나…"라고 했다. 이어지는 말은 "그들은 내게 대하여 악을 꾀하는도다"이다. 〈메시지 성경〉에는 "그들에게 똑똑한 머리와 건장한 신체를 주었건만, 내게 돌아온 것은 무엇인가? 사악한 음모뿐이다."라고 번역되어 있다. 하나님이 은혜를 주셨는데 그 은혜를 누리느라 하나님께 등을 돌렸다. 별로 멀리 있는 얘기가 아니다. 대학생이 된 다음에 교회에서 멀어지고, 취직한 다음에 신앙을 저버리는 경우가 허다하다.

어떤 사람이 사업을 시작했다. 있는 돈, 없는 돈 끌어 모아서 투자했다. 사업이 점차 자리를 잡았다. 언젠가부터 주일을 범하기 시작했다. 너무 바쁘다는 것이었다. 사업을 하려면 다 그런 것이라며 술집에 드나들기도 하고, 계약을 성사시키는 데 필요하다며 공무원에게 뒷돈을 찔러주기도 했다. 나중에는 자기가 본래 예수를 믿는 사람이었는지조차 모르게 된다. 한 발 더 나아가면 자기한테 있는 얄팍한 신앙 양심이 사업에 방해된다고 생각할 수도 있다. 그것이 이스라엘의 형편이었다.

7:16   그들은 돌아오나 높으신 자에게로 돌아오지 아니하니 속이는 활과 같으며 그들
        의 지도자들은 그 혀의 거친 말로 말미암아 칼에 엎드러지리니 이것이 애굽 땅
        에서 조롱거리가 되리라

이스라엘이 여기 기웃거리고 저기 기웃거리고, 사방을 기웃거리지만 하

나님께 돌아오지는 않았다. 하나님께 돌아가는 것만 빼면 어디에 가든지 상관없다고 생각했을 수도 있다. 그런 이스라엘을 속이는 활로 얘기한다. 화살이 굽으면 겨냥을 제대로 해도 똑바로 날아가지 않는다. 활을 쏘는 사람만 답답하다. 화살이 말을 하면 뭐라고 할까? "내 인생에 간섭하지 마. 난 내 맘대로 살 거야"라고 할까?

돼지가 먹는 쥐엄 열매도 없어서 못 먹게 된 탕자가 고민을 한다. "이 상태로는 안 돼. 여기서는 더 이상 살 수 없어" 하고, 짐을 챙겨서 길을 떠난다. 그 모습을 연극으로 보는 관객이 있다면 "그렇지, 이제 탕자가 아버지 집으로 가는구나"라는 생각을 할 것이다. 그런데 옆 마을에 가서 취직자리를 알아본다. 관객들은 전부 허탈할 것이다. 거기서 잠시 지내던 탕자가 다시 길을 떠난다. 이번에는 정말로 아버지 집으로 가겠거니 했는데, 건너편 마을에서 취직자리를 알아본다. 모든 마을을 다 기웃거리면서도 집으로 돌아갈 생각은 하지 않는다. 한곳에서 다른 곳으로 갈 때마다 관객들은 해피엔딩을 기대하다가 이내 허탈한 표정을 짓는다. 그들은 돌아오나 높으신 자에게로 돌아오지 아니하니 속이는 활과 같다는 얘기가 그런 격이다.

또 이스라엘의 지도자들은 그 혀의 거친 말로 말미암아 칼에 엎드러진다고 한다. 폭언을 일삼다 칼 맞아 죽는다는 얘기가 아니다. 그들은 하나님을 버리고 이방 족속에게 도움을 청했다. 그 과정에서 하나님을 부정하는 말을 했을 것이다.

이스라엘의 외교 사절이 앗수르로 가서 머리를 조아린다. 앗수르 왕이 "너희 나라 신은 어떻게 하고 우리한테 도움을 구하느냐?"라고 물으면 뭐라고 해야 할까? "아닙니다. 그것은 옛날이야기입니다. 저희도 이제 힘 있고 능 있는 신을 섬기기로 했습니다"라고 했을 것이다. 그런 말이 거친 말이다. 그 죗값으로 칼에 엎드러진다는 것이다.

급기야 애굽 땅에서 조롱거리가 된다. 이스라엘이 애굽에서 노예 생활을 하다가 홍해를 건너서 가나안에 갔다. 그런데 가나안에서 그 꼴이 되었으니 애굽 사람들이 무슨 말을 하겠는가? "저 인간들 봐라. 저렇게 망하려고 그처럼 요란법석을 떨었어? 대체 우리나라에서 왜 나간 거야?"라고 할 것이다. 요즘 말로 바꾸면 "저 사람도 예수 믿어? 왜 믿어? 저렇게 살려고?"가 될 것이다. 하나님께 책망받는 것도 낯 뜨거운 일인데 불신자한테 조롱을 받는 것은 무슨 경우일까?

이 모든 일이 "에브라임이 여러 민족 가운데에 혼합되니 그는 곧 뒤집지 않은 전병이로다"(8절)에서 시작되었다. 이방 족속과 어울리면 그들의 장점을 흡수할 수 있을 줄 알았는데 오히려 조롱거리로 전락했다.

군인은 군인다워야 한다. 군인이 민간인다우면 안 된다. 목사가 승려다워도 안 되고, 농부가 장사꾼다워도 안 된다. 마찬가지다. 신자는 신자다워야 한다. 신자가 불신자다우면 큰일 난다. 우리는 불신자한테 조롱을 받을 시간이 있을 만큼 한가한 사람들이 아니다. 하나님께 칭찬을 받기에도 바쁜 사람들이다. 불신자와 구별되는 것이 우리의 정체성이다.

8장

거짓 신, 거짓 백성

8:1   나팔을 네 입에 댈지어다 원수가 독수리처럼 여호와의 집에 덮치리니 이는 그들
이 내 언약을 어기며 내 율법을 범함이로다

하나님이 호세아한테 나팔을 입에 대라고 하신다. 경보를 울려야 할 만
큼 급박한 상황이다. 원수가 독수리처럼 여호와의 집을 덮칠 것이기 때
문이다. 이 말을 듣는 북 왕국 사람들은 경악했을 것이다.

이스라엘이 홍해를 건넌 다음에 하나님이 "내가 어떻게 독수리 날개
로 너희를 업어 내게로 인도하였음을 너희가 보았느니라"(출 19:4b)라고
하셨다. 또 광야에서 이스라엘을 보호한 것을 독수리가 날개로 새끼를
보호하는 것에 비유하기도 했다(신 32:11). 독수리가 하나님의 보호를 상
징한다. 하지만 항상 그런 것은 아니다. 이스라엘이 하나님을 떠나 살면
멀리 있는 이방 민족이 독수리처럼 날아와서 이스라엘을 친다고도 했다
(신 28:49). 이스라엘이 하나님을 떠나면 하나님의 보호를 상징하는 독수
리가 오히려 심판을 비유하게 된다.

그런 일이 일어나는 이유가 있다. "이는 그들이 내 언약을 어기며 내

율법을 범함이로다" 때문이다.

우선 여호와의 집이 어디인지 따져 볼 필요가 있다. 당연히 예루살렘 성전 아닌가 싶지만 그렇지 않다. 본문은 북 왕국을 꾸짖는 내용이다. 하나님의 심판이 북 왕국의 특정 장소에 국한해서 나타날 리가 없다. 그런데 왜 여호와의 집이라는 표현을 썼을까? 원수가 독수리처럼 너희에게 덮친다고 해도 되는데, 굳이 여호와의 집에 덮친다고 했다. 그들의 종교적인 허영심을 지적하는 것이다.

아마 이스라엘은 "어떻게 원수가 감히 여호와의 집을 덮친단 말인가?"라고 할 것이다. 하지만 정작 흥분할 일이 따로 있다. 어떻게 하나님의 백성이 하나님의 언약을 어기고 율법을 범한단 말인가? 그런 일은 절대 일어나면 안 된다. 그런데 일어나고 말았다. 그러니 원수가 여호와의 집을 덮치는 일도 일어나는 것이다.

이스라엘도 그렇게 생각할까?

8:2-3　그들이 장차 내게 부르짖기를 나의 하나님이여 우리 이스라엘이 주를 아나이다 하리라 이스라엘이 이미 선을 버렸으니 원수가 그를 따를 것이라

하나님이 이스라엘을 징계하면 이스라엘이 철이 들어서 하나님께 자기들이 하나님을 안다고 부르짖게 된다는 뜻으로 오해할 수 있다. 하지만 이스라엘이 이미 선을 버렸다고 했으니 그런 뜻일 수는 없다. 2절은 히브리 문법으로 미완료형이다. 종결되지 않은 상태의 지속을 말한다. 이스라엘이 원수가 독수리처럼 여호와의 집을 덮치는 일을 당하면 자기들이 하나님을 아는데 왜 이런 일이 있느냐고 계속 부르짖을 것이다. 회개

를 하는 것이 아니라 아우성을 부린다. "하나님! 저희는 하나님의 백성입니다. 저희한테 왜 이러십니까?"라고 한다는 뜻이다.

현대 심리학의 창시자 알프레드 아들러(Alfred Adler, 1870-1937)가 건강한 성격을 기르려면 자신을 바라보는 자기의 시각과 자기를 보는 남들의 시각이 일치해야 한다고 했다. 스스로는 원칙에 충실하다고 생각하는데 남들은 원칙이 없다고 하면 성격이 건강하지 못한 것이다. 신앙에 대해서도 그대로 적용된다. 자기는 신앙적으로 산다고 생각하는데 다른 사람은 그렇게 생각하지 않는다면 신앙이 건강하지 못하다는 뜻이다. 더군다나 하나님과 생각이 다르다면 그야말로 큰일이다.

어떤 책에서 입국 심사를 거절당해서 죽은 사람 이야기를 읽은 적이 있다. 인도에서 한국으로 오는 사람이 있었다. 누군가 그 사람을 마중하기 위해 공항에 나갔다. 그런데 나오지 않았다. 입국 심사 서류가 제대로 준비되지 않았던 탓에 입국을 거부당한 것이다. 친척들한테서 십시일반으로 경비를 도움받아 코리안 드림을 안고 왔는데 입국을 거절당했으니 얼마나 충격이 컸을까? 그만 심장마비로 죽고 말았다. 시신은 화장하고 유골만 인도로 보내졌다. 이와 유사한 일이 천국 심사대에서도 벌어질 수 있다고 한다. 자기는 신자인 줄 알았는데 하나님이 아니라고 하면 어떻게 하느냐는 것이다.

독일 뤼백교회 벽에 〈주는 우리에게 말씀하신다〉라는 시가 새겨진 돌판이 붙어 있다고 한다.

너희는 나를 주라 부르며 따르지 않고,

너희는 나를 빛이라 부르면서 우러러보지 않고,

너희는 나를 길이라 부르면서 따라 걷지 않고,

너희는 나를 삶이라 부르면서 의지하지 않고,

너희는 나를 존귀하다 하면서 섬기지 않고,

너희는 나를 강하다 하면서 존경하지 않고,

너희는 나를 의롭다 하면서 두려워하지 않으니,

그런즉 너희를 꾸짖을 때에 나를 탓하지 말라.

이스라엘은 하나님을 주라 불렀다. 하나님을 빛이라 불렀고 길이라 불렀고 삶이라 불렀다. 하나님을 존귀하다고 했고 강하다고 했고 의롭다고 했다. 그것으로 자기들은 하나님의 백성인 줄 알았다. 자기들이 하나님과 아무 관계가 없는 줄 꿈에도 몰랐다. 이스라엘은 하나님을 안다고 하는데 하나님은 "이스라엘이 이미 선을 버렸으니 원수가 그를 따를 것이라"라고 하신다.

원수는 아무나 따르지 않는다. 선을 버린 사람만 따른다. 선을 버렸으면 남는 것은 악뿐이다. 선을 버렸지만 악을 택한 것은 아니라는 말은 성립하지 않는다.

불신자들은 자기가 죄인이라는 사실을 인정하지 않는다. 성인군자처럼 살지는 않지만 그래도 악하게 살지는 않았다고 한다. 우리는 그런 말에 동의하지 않는다. 사람은 의에 속하지 않으면 죄에 속하게 마련이다. 빛과 어두움 사이의 중립은 없다. 놀이터에서 수평을 유지하고 있는 시소를 본 적이 있는가? 시소는 늘 어느 한쪽으로 기울게 마련이다. 아주 미세한 차이의 무게일 텐데도 그것이 확연하게 드러난다.

하물며 신앙생활에 중립이 있을까? 자기가 힘써 하나님을 편들고 있

지는 않지만 세상을 편들고 있지도 않다고 생각하는 것은 혼자만의 착
각이다. 선을 버리면 자연히 악이 남는 것처럼 신앙을 택하지 않으면 그
때마다 불신앙을 택하게 된다.

8:4 　그들이 왕들을 세웠으나 내게서 난 것이 아니며 그들이 지도자들을 세웠으나
　내가 모르는 바이며 그들이 또 그 은, 금으로 자기를 위하여 우상을 만들었나니
　결국은 파괴되고 말리라

이스라엘이 어떤 잘못을 했을까? 하나님의 언약을 어기고 율법을 범한
내용이 어떤 것일까? 본문에 답이 있다. 하나는 하나님과 관계없는 왕
과 지도자를 세운 것이고, 다른 하나는 우상을 만든 것이다.

　호세아가 활동할 당시는 정국이 무척 어수선했다. 여로보암 2세가 죽
고 스가랴가 왕이 된 지 육 개월 만에 정변이 일어난다. 살룸이 스가랴
를 죽이고 스스로 왕이 되었다. 살룸은 한 달 만에 므나헴한테 암살당한
다. 므나헴에 이어 왕이 된 브가히야는 이 년 만에 베가한테 축출당한
다. 베가는 다시 호세아한테 죽임을 당한다.

　누구든지 힘이 있으면 왕이 되었고, 출세하려면 줄을 잘 서야 했다.
그런 세태를 가리켜서 "그들이 왕을 세웠으나 내게서 난 것이 아니며 그
들이 지도자들을 세웠으나 내가 모르는 바이며"라고 한다. 요즘 상황으
로 바꾸면, 아무개 집사 아들이 S대에 들어갔지만 하나님에게서 난 것이
아니고, 아무개 권사가 의사 사위를 얻었다고 자랑하지만 하나님이 모
르는 일이라는 얘기가 된다. 그런데도 왜 그렇게 아우성인가 하면, 거기
에 인생을 걸었기 때문이다.

스가랴 치세에서 소외된 어떤 사람이 있다고 하자. 돌아가는 정국을 보니 가만히 있다가는 낙동강 오리알 신세가 될 것 같다. 은밀히 살룸을 부추긴다. 살룸을 왕으로 옹립하면 자기 인생에 봄날이 온다. 그 일을 위해서 하나님께 기도도 할 것이다. 마침내 살룸이 왕이 되었다. 자기 기도가 응답되었다며 감사헌금을 할 수도 있다. 같은 시각, 한쪽 구석에서 칼을 가는 사람이 있다. 므나헴의 측근이다. 그는 무슨 수를 써서라도 므나헴을 왕위에 올려놓기로 마음먹는다.

하나님이 누구 편을 들어야 할까? 어떤 사람은 살룸이 왕이 되는 것이 하나님의 뜻인 양 얘기하고, 또 어떤 사람은 므나헴이 왕이 되는 것이 하나님의 뜻인 양 얘기하겠지만 하나님은 관심 없으시다. 하나님이 관심 없는 일에 관심을 가질수록 불신앙만 깊어진다.

이스라엘의 잘못이 한 가지 더 있다. 은, 금으로 자기를 위하여 우상을 만든 것이다. 구약성경에서 가장 자주 거론되는 죄가 우상 숭배다. 그런데 본문은 왕을 세우는 일과 우상을 만드는 일을 나란히 언급한다. 둘의 속성이 같다는 뜻이다.

이스라엘이 하나님과 관계없는 왕을 세운 이유는 자기 욕심 때문이다. 우상을 섬기는 이유도 마찬가지다. 말로는 우상을 섬긴다고 하지만 사실은 자기 욕심을 섬기는 것이다. 그들이 섬기는 대상이 결국 자기 욕심이었다. 그들의 인생 계획에는 하나님이 없었다.

"하나님은 당신에게 누구입니까?"라는 질문에는 누구나 부담 없이 답할 수 있다. "하나님은 나를 위해 그 아들 예수를 보내신 분입니다. 내가 기도하면 들으시는 분이고, 나보다 더 나를 사랑하는 분입니다"라고 답하는 것은 별로 어려운 일이 아니다. 그러면 "당신은 하나님께 누구입니까?"라는 질문으로 바꿔 보자. 첫 번째 질문에는 얼마든지 자기중심적인 답을 할 수 있다. 자기 인생의 주인은 자신이고 하나님은 자기를 돕는 분으로 충분하다. 하지만 두 번째 질문에는 하나님 중심의 답을 해야 한다. 하나님을 중심에 모시고 살지 않는 사람은 답할 재간이 없을 것이다.

살룸이나 므나헴 측근한테 이 질문을 하면 뭐라고 답할까? 첫 번째 질문에는 쉽게 답할 수 있다. "하나님은 참 좋으신 분입니다. 제 인생을 활짝 열어 주시는 분입니다"라고 할 것이다. 두 번째 질문에는 뭐라고 할까? 대답할 말을 찾지 못해서 쩔쩔매지 않을까? 하나님이 자기한테 어떤 것을 해 주셨으면 좋겠다는 생각은 많이 해 봤지만 자기가 하나님께 어떤 사람이어야 한다는 생각은 해 본 적이 없기 때문이다. 그들이 쩔쩔매는 동안 하나님이 말씀하실 것이다. "난 너 몰라. 너, 누구야?"

특히 본문에는 "그들이 또 그 은, 금으로 자기를 위하여 우상을 만들었나니 결국은 파괴되고 말리라"라고 되어 있다. 파괴되어야 할 것은 우상이 아니라 우상을 통해서 이루려는 욕심이다. 하지만 욕심이 파괴되는 것은 눈에 보이지 않는다. 그래서 우상이 파괴되는 것으로 형상화한 것이다.

8:5-6   사마리아여 네 송아지는 버려졌느니라 내 진노가 무리를 향하여 타오르나니 그들이 어느 때에야 무죄하겠느냐 이것은 이스라엘에서 나고 장인이 만든 것이라 참 신이 아니니 사마리아의 송아지가 산산조각이 나리라

우상이 파괴되는 이유가 있다. "사마리아여 네 송아지는 버려졌느니라"가 그 답이다. 버려졌으면 파괴되는 것이 정상이다.

이스라엘이 남북으로 갈라졌을 때, 북 왕국을 세운 여로보암이 단과 벧엘에 금송아지 우상을 만들었다. 이스라엘은 유월절, 맥추절, 수장절마다 예루살렘에 모여야 했는데 그것을 막기 위한 것이다. "앞으로는 예루살렘에 갈 필요 없다. 단이나 벧엘에서 금송아지를 섬기면 절기를 지킨 것과 마찬가지다"라고 했다.

그 금송아지 우상이 버려졌다. 누가 버렸을까? 당연히 하나님이 버리셨다. 하나님이 버리신 것을 악착같이 붙들려는 사람은 어떤 사람일까? 그래서 "내 진노가 무리를 향하여 타오르나니 그들이 어느 때에야 무죄하겠느냐"로 이어진다. 하나님이 사랑하시는 것을 사랑하는 것이 신앙인 것처럼 하나님이 미워하시는 것을 미워하는 것도 신앙이다. 하나님이 버리신 것을 한사코 붙들면 하나님의 진노를 살 수밖에 없다. 그들이 무죄하려면 죗값을 치러야 하는데 어느 세월에 그것이 가능할까? 1,000조를 빚진 사람이 빚쟁이 소리를 면하려면 빚을 다 갚는 수밖에 없는데 그것이 가능하겠느냐는 얘기다.

우리가 죄인일까, 의인일까? 교회에서는 늘 죄인 타령을 하지만 수준으로만 그렇다. 예수님이 우리 죗값을 다 치렀으니 우리는 의인이다. 예수님이 우리 죄를 위해 돌아가셨는데 우리가 여전히 죄인이면 말이 안 된다. 우리는 모든 죄를 사함 받았다. 비록 수준은 죄인일지라도 신분만큼은 어엿한 의인이다. 불신자들한테는 해당 사항이 없는 얘기다. 그들한테는 죄가 있다. 그 죄를 없애려면 직접 죗값을 치러야 한다. 그것이 언제면 가능할까?

하나님이 북 왕국 이스라엘에 진노하시면 그들은 나름대로 변명을 할 것이다. "하나님, 저희가 사는 곳이 가나안 땅입니다. 가나안 사람들은 다 그렇게 살아갑니다. 그래서 그렇게 해도 되는 줄 알았습니다"라고 할 만하다.

그런데 이어지는 내용을 보면 그렇지 않다. "이것은 이스라엘에서 나고 장인이 만든 것이라. 참 신이 아니니 사마리아의 송아지가 산산조각이 나리라"라고 했다. 사마리아의 송아지가 이방 문화의 산물이 아니라 이스라엘에서 난 것이다. 우상을 섬긴 것이 외부 영향 때문이 아니라 자발적인 소행이었다. 결국 그 송아지는 산산조각날 수밖에 없다. 참 신이 아니기 때문이다.

이 말을 뒤집으면 어떻게 될까? 하나님은 참 신이다. 산산조각 나지 않는다. 하나님을 통해서 얻어지는 것 역시 산산조각 나지 않는다. 우리한테는 하나님과 연결된 것만 가치가 있다.

8:7 그들이 바람을 심고 광풍을 거둘 것이라 심은 것이 줄기가 없으며 이삭은 열매를 맺지 못할 것이요 혹시 맺을지라도 이방 사람이 삼키리라

씨앗을 심으면 30배, 60배, 100배로 결실하게 된다. 쭉정이라고 해서 다를까? 좋은 것을 심으면 좋은 것을 30배, 60배, 100배로 거두는 것처럼 나쁜 것을 심으면 나쁜 것을 30배, 60배, 100배로 거두게 된다. 바람을 심고 광풍을 거둔다는 얘기가 그렇다. 부질없는 것을 심으면 무지무지 엄청나게 부질없는 것을 거둘 수밖에 없다.

그런 헛수고를 표현하는 말이 "심은 것이 줄기가 없으며 이삭은 열매를 맺지 못할 것이요 혹시 맺을지라도 이방 사람이 삼키리라"이다. 열심히 심었는데 줄기가 없으니 헛수고만 한 셈이다. 간혹 이삭이 패는 것이

있어도 열매를 맺지 못한다. 어쩌다 맺은 열매도 자기 차지가 되는 것이 아니라 이방인의 배만 불릴 뿐이다. 이중, 삼중으로 일이 꼬이기만 하고 제대로 되는 것이 없다.

어쩌다 이런 지경이 되었을까? 하나님과 관계없는 왕과 지도자를 세우고 은, 금으로 만든 우상을 섬기다 보니 그렇게 되었다. 그렇게 한 이유가 무엇일까? 세상을 열심히 사느라고 그렇게 했다. 행여 남한테 뒤질세라 악착같이 살았다. 그랬는데 남는 것이 없었다.

로마 황제를 지낸 세베루스(Septimius Severus, 주후 145–211)가 죽을 때 한 말이 있다. "나는 모든 것을 이루었다. 원로원 의원도 했고 변호사도 했다. 집정관도 했고 대대장도 했다. 장군도 했다. 그리고 황제도 했다. 국가 요직을 모두 거쳤고 임무를 충실히 해냈다고 자부한다. 하지만 이제 와서 생각해 보니 그 모든 것이 다 헛된 것 같구나."

사람들이 죽음을 앞두고 가장 많이 떠올리는 낱말이 '허무'다. 평생 방탕하게 산 사람이 허무를 말하는 것이 아니다. 남들이 부러워할 만한 지위에 올라서 모든 것을 누린 사람도 허무를 말한다. 나름대로 열심히 산다고 했는데 잘못 산 것을 알았고, 돌이킬 시간이 없기 때문이다. 자기보다 큰 것에 인생을 걸어야 하는데 자기보다 작은 것에 인생을 걸면 그럴 수밖에 없다. 영원하지 않은 것에 인생을 소모한 사람의 결국이 그렇다.

그래서 하나님이 호세아한테 나팔을 입에 대라고 하셨다. 위기 상황이다. 이대로 가면 조만간 망한다. 얼른 돌이켜야 한다. 그 옛날 이스라엘 사람들한테 하는 말이 아니라 우리한테 하는 말이다. 우리가 무엇을 위해서 살고 있을까? 우리한테는 원수가 독수리처럼 덮치는 일이 일어나면 안 된다. 하나님의 은총이 독수리 날개처럼 우리를 덮어야 한다.

우리는 하나님을 아는 사람들이다.

8:8   이스라엘은 이미 삼켜졌은즉 이제 여러 나라 가운데에 있는 것이 즐겨 쓰지 아
      니하는 그릇 같도다

지구상에 전부 몇 나라나 있을까? 세계은행에는 189개국이 가입해 있
고, UN에는 193개국, FIFA에는 211개국, IOC에는 206개국이 가입해
있다. 호세아 시대에는 몇 나라나 있었을까? 이스라엘도 그중의 한 나
라인 것이 분명하다. 그런데 본문은 이미 삼켜진 이스라엘의 형편을 설
명하면서 여러 나라 가운데에 있는 것이 즐겨 쓰지 아니하는 그릇 같다
고 한다. 원래 이스라엘은 여러 나라 가운데 있는 나라가 아니라는 뜻
이다.

> 내가 바위 위에서 그들을 보며 작은 산에서 그들을 바라보니 이
> 백성은 홀로 살 것이라 그를 여러 민족 중의 하나로 여기지 않으
> 리로다(민 23:9)

출애굽한 이스라엘이 모압 평지에 이르렀다. 모압 왕 발락이 이스라엘
을 저주하기 위해서 술사 발람을 부른다. 그런데 하나님이 발람한테 축
복의 말씀만 주셨다. 그때 주신 말씀 중의 하나가 이스라엘은 홀로 산
다는 것이다. 하나님은 이스라엘을 여러 민족 중의 하나로 여기지 않으
신다.

유치원 발표회에 간 부모 눈에는 자기 아이만 보이는 법이다. 아무리

많은 아이가 있어도 자기 아이는 특별하다. 하나님이 보시는 이스라엘이 그렇다. 이스라엘은 one of them이 아니라 only one이다.

하지만 지나간 이야기다. 이제는 여러 나라 가운데 있다. 이스라엘이나 이방 족속이나 별반 차이가 없는 것이 마치 즐겨 쓰지 않는 그릇 같다.

즐겨 쓰지 않는 그릇 같다는 얘기를 원문 그대로 옮기면 "기쁨이 없는 그릇처럼 되었다"이다. 예레미야에 하나님과 이스라엘을 토기장이와 그릇에 비유한 내용이 나온다. 토기장이가 그릇을 기뻐하지 않으면 그 그릇은 깨지게 마련이다. 마음에 드는 그릇이 만들어질 때까지 계속 깨뜨린다. 이스라엘 신세가 그렇다. 하나님 마음에 들지 않기로는 이스라엘이나 이방이나 차이가 없다.

원인 없는 결과는 없다. 하나님 앞에 only one이었던 이스라엘이 one of them이 되어 이방 족속들과 마찬가지로 즐겨 쓰지 않는 그릇으로 전락한 데에도 이유가 있을 것이다.

8:9 그들이 홀로 떨어진 들나귀처럼 앗수르로 갔고 에브라임이 값 주고 사랑하는
    자들을 얻었도다

들나귀는 주로 '곤고한 신세'나 '길들여지기를 거부하는 고집불통'을 비유한다(욥 24:5, 39:7). 특히 들암나귀는 욕정이 강한 짐승으로 등장한다(렘 2:24). 이스라엘이 하나님과 동행하기를 거부하고 강대국에 의지하는 것을 "홀로 떨어진 들나귀처럼 앗수르로 갔다"라고 한다. 그것이 이스라엘이 즐겨 쓰지 않는 그릇 신세가 된 이유이다.

들나귀의 삶은 처량하고 고달프다. 해결책은 야생성을 버리고 집나

귀가 되는 것이다. 그러면 거친 광야에서 살지 않아도 된다. 그런데 자기 인생은 자기가 알아서 살겠다고 한사코 고집을 부린다. 그렇게 해서 택한 것이 앗수르다.

또 에브라임이 값 주고 사랑하는 자를 얻었다. 사랑을 돈 주고 사는 것이 가능할까? 북 왕국이 그랬다고 한다. 우상 숭배를 간음으로 표현한 것처럼 열방과의 동맹을 연애로 표현한 것이다. 연애의 대가는 조공이다. 평화를 구걸하려면 그 대가를 치러야 한다.

이스라엘이 홀로 떨어진 들나귀처럼 앗수르로 갔다는 얘기나 에브라임이 값 주고 사랑하는 자들을 얻었다는 얘기나 같은 뜻이다. 그렇게 해서 얻을 수 있는 것이 무엇일까? 동화에서는 왕자와 공주가 결혼해서 행복하게 살았다고 하지만 이스라엘이 앗수르와 결혼해서 행복하게 사는 법은 없다.

8:10 그들이 여러 나라에게 값을 주었을지라도 이제 내가 그들을 모으리니 그들은 지도자의 임금이 지워 준 짐으로 말미암아 쇠하기 시작하리라

'그들'이라는 말이 세 번 나온다. 처음과 세 번째 나오는 그들은 이스라엘이고, 두 번째 나오는 그들은 이스라엘과 동맹을 맺은 강대국을 말한다. 이스라엘이 하나님을 떠나 살면 하나님은 이스라엘을 징계하신다. 그러나 이스라엘은 하나님께 돌아오지 않고 오히려 값을 주고 평화를 구걸한다. 그래서 하나님이 그들을 모으겠다고 하신다. 이스라엘이 열방에 의지하니 그 열방을 통해서 이스라엘을 심판하시겠다는 뜻이다.

아하스가 에돔의 침략 때문에 앗수르에게 도움을 구했다. 디글랏빌

레셀이 군사를 몰고 와서 도리어 아하스를 공격했다. 아하스는 여호와의 전과 왕궁과 방백들의 집에서 재물을 가져다가 앗수르 왕한테 주었지만 아무 유익이 없었다(대하 28:16-21).

므나헴 때 앗수르에 은 일천 달란트를 조공으로 바친 적이 있다. 그렇게 많은 액수를 마련하려면 백성들한테 강탈하는 수밖에 없다. 각 사람에게 50세겔씩 내게 했다. 신약 시대로 치면 1세겔이 4데나리온이고, 1데나리온은 노동자의 하루 품삯이다. 노동자의 하루 품삯을 10만 원으로 잡으면 2,000만 원에 해당한다. 어느 날 갑자기 2,000만 원을 내라는 세금 고지서가 날아온 격이다. "그들은 지도자의 임금이 지워 준 짐으로 말미암아 쇠하기 시작하리라"가 그런 얘기다.

8:11 에브라임은 죄를 위하여 제단을 많이 만들더니 그 제단이 그에게 범죄하게 하는 것이 되었도다

므나헴이 앗수르에 조공을 바치기 위해서 백성을 쥐어짰다고 하면 사람들은 므나헴을 욕할 것이다. 그런데 성경은 므나헴의 죄를 말하고 있지 않다. 이스라엘의 죄를 지적하는 중이다. 하나님 대신 이방을 의지하는 것이 므나헴 혼자만의 문제가 아니라 이스라엘 전체의 수준이었다. 그런 이스라엘의 수준을 보여 주는 말이 본문이다.

교회에 다닐수록 죄를 짓는다는 것이 말이 될까? 당시 북 왕국이 그랬다. 제단은 많이 만들었는데 그로 인해서 오히려 죄를 지었다.

앞에서 이스라엘이 곡식과 새 포도주로 말미암아 모였다는 지적이 있었다. 그러면 하나님은 곡식과 새 포도주를 얻게 해 주는 수단이 된

다. 아닌 게 아니라 곡식과 새 포도주를 위해 비는 모습이 갈멜산에서 바알한테 비는 바알 선지자의 모습과 흡사했다. 바알을 섬기듯 하나님을 섬겼다. 곡식과 새 포도주에 대한 욕심이 많을수록 제단도 많이 만들었을 것이다. 하나님께 원하는 것은 많았는데 그 모든 것이 자기 욕심을 이루는 것이었다.

멀리 갈 것 없다. 우리의 기도 제목이 다 이루어진다고 가정해 보자. 그러면 이 땅에 하나님 나라가 더 잘 이루어질까? 혹시 하나님 나라와 상관없이 자기 욕심만 이루어지는 것은 아닐까?

모태신앙으로 자란 고3 학생이 있다고 하자. 대학 진학을 위해서 열심히 기도했고, 원하는 대학에 진학했다. 대학만 가면 그것이 전부인 줄 알았는데 취직하는 것은 더 큰 문제였다. 자기의 취업 문제를 놓고 또 열심히 기도했고, 취업도 했다. 결혼 문제를 놓고 또 열심히 기도했고, 결혼도 했다. 결혼한 지 5년이 되도록 아이가 생기지 않자, 아이를 위해서 열심히 기도했다. 하나님이 아이를 주셨다. 아파트를 분양 받기 위해서 또 열심히 기도했고, 아파트도 분양 받았다. 아이가 커서 학교에 가니까 기도할 일이 한두 가지가 아니었다. 아이 뒷바라지 하느라 또 열심히 기도했다. 나이가 드니까 고혈압, 관절염, 디스크 등등 여기저기 탈이 나기 시작했다. 그때마다 기도했다. 그리고 죽었다. 이 사람이 평생 기도에 힘쓴 사람이 맞을까?

어떤 사람은 이런 제목으로 하루에 30분씩 기도하고, 다른 사람은 하루에 한 시간씩 기도하면 하루에 한 시간씩 기도한 사람이 하루에 30분씩 기도한 사람에 비해서 하나님의 나라를 위해서 두 배 더 열심 낸 사람일까?

우루과이의 한 성당에 주기도문을 지적하는 글이 있다고 한다.

'하늘에 계신'이라고 하지 마라

세상일에만 빠져 있으면서

'우리'라고 하지 마라

늘 혼자만을 생각하면서

'아버지'라고 하지 마라

아들딸로 산 적도 없으면서

'아버지의 이름이 거룩히 빛나시며'라고 하지 마라

늘 자기 이름을 빛내기 위해 안간힘을 쓰면서

'아버지의 나라가 오게 하시며'라고 하지 마라

이 세상 나라만을 추구하면서

'아버지의 뜻이 하늘에서와 같이 땅에서도 이루어지소서'라고

하지 마라

늘 자기 뜻이 이루어지기를 바라면서

'오늘 저희에게 일용할 양식을 주시고'라고 하지 마라

가난한 이들을 본 체 만 체 하면서

'저희에게 잘못한 이를 저희가 용서하오니'라고 하지 마라

아직도 누군가에게 앙심을 품고 있으면서

'저희를 시험에 빠지지 않게 하시며'라고 하지 마라

죄 지을 기회만 쫓아다니면서

'악에서 구하소서'라고 하지 마라

악을 보고도 아무런 양심의 가책도 느끼지 않으면서

'아멘'이라고 하지 마라

주님의 기도를 진정 나의 기도로 바친 적도 없으면서

11절에서 제단을 많이 만들었다고 했으니 그만큼 하나님께 구하는 것이 많았을 것이다. 하나님도 이스라엘에 하실 말씀이 많았다. 이스라엘을 위하여 율법을 만 가지로 기록했다. 그런데 이스라엘이 이상한 것으로 여겼다. 제단을 많이 만들었다는 얘기와 율법을 만 가지로 기록했다는 얘기가 대조를 이룬다. 이스라엘은 하나님을 자기들 쪽으로 끌어당기기 위해서 열심히 제단을 만들었고, 하나님은 이스라엘을 하나님 쪽으로 인도하기 위해 율법을 만 가지로 기록했다.

율법을 만 가지로 기록했다고 하면 그렇게 많은 항목을 어떻게 다 지키느냐고 질겁할 것도 같은데 그렇지 않다. 대학 다닐 적에 과외를 한 적이 있다. 이차방정식을 가르치면서 식으로 설명해서 못 알아들으면 그래프를 그려서 설명하곤 했다. 같은 내용이라도 얼마든지 다르게 설명할 수 있다. 어차피 모든 율법은 하나님 사랑, 이웃 사랑에 대한 설명이다.

성경에는 "…하라"라는 계명이 248가지, "…하지 말라"라는 계명이 365가지, 모두 613가지의 계명이 있는데 이 모두가 하나님 사랑, 이웃 사랑을 지향한다. 그런데 이스라엘은 들을 마음이 없었다. 하나님이 기록하신 율법을 이상한 것으로 여겼다. 원문의 의미를 살리면 이방의 것으로 여겼다는 뜻이다.

이슬람에서는 하루에 다섯 번 예배를 드린다. 해 뜰 때와 정오, 늦은 오후와 저녁, 밤이다. 예배를 시작하고 마칠 때마다 "아슈하두 안 라 일

라하 일라 알라 와 아슈하두 안 무함마단 라술룰라흐”라고 한다. “알라
는 유일한 신이다. 마호메트는 알라의 예언자이다”라는 뜻이다. 전에 튀
르키예에 갔을 적에 그 소리를 몇 번이나 들었는지 모른다. 그때마다 우
리 일행이 서로 말은 안 했지만 “이슬람에서 예배드리는 소리로구나”라
는 생각을 했을 것이다. 그 소리를 듣고 옷깃을 여민 사람은 아무도 없
었다. 어차피 우리와 상관없는 소리이기 때문이다.

이스라엘이 율법을 그렇게 여겼다. 그 내용이 성경에 기록되어 있다. 이
스라엘을 흉보라는 얘기가 아니다. 우리한테 그런 폐단이 있다는 뜻이다.

혹시 주변에서 “내가 목사도 아닌데 그렇게까지 해야 해?”, “에이, 그
거야 성경에서나 그렇지, 실제로야 어디 그래?”라는 말을 들어 본 적이
없는가? 성경 말씀을 자기한테 주시는 말씀으로 받아들이지 않는다. 대
부분의 신자는 성경 말씀과 상관없이 살아도 무방하고 몇몇 특별한 신
자만 성경 말씀대로 살면 되는 것처럼 생각한다. 바울이 “내가 달려갈
길과 주 예수께 받은 사명 곧 하나님의 은혜의 복음을 증언하는 일을 마
치려 함에는 나의 생명조차 조금도 귀한 것으로 여기지 아니하노라”(행
20:24)라고 했다. 이런 말씀을 보면서 “바울은 역시 다르구나” 하고, 남의
일로 생각하면 율법을 이상한 것으로 여기는 것이다. “생명이 아무리 귀
하다고 해도 생명보다 사명이 훨씬 귀하구나. 생명을 위해서 살 것이 아
니라 사명을 위해서 살아야 하는구나”라는 생각을 해야 정상이다.

8:13   그들이 내게 고기를 제물로 드리고 먹을지라도 여호와는 그것을 기뻐하지 아니
하고 이제 그들의 죄악을 기억하여 그 죄를 벌하리니 그들은 애굽으로 다시 가
리라

하나님 말씀에 관심이 없는 사람이 있다고 하자. 그 사람이 드리는 예배가 무슨 의미가 있을까? 이스라엘은 하나님이 기록한 율법을 이방의 것으로 여겼다. 그러면 하나님께 제물을 드린다고 한들 그것이 무슨 소용이 있을까?

레위기에 번제, 소제, 속죄제, 속건제, 화목제의 5대 제사가 나온다. 고기를 제물로 드리고 먹는다는 얘기는 화목제에 해당한다. 화목제는 하나님께 서원하는 것이 있거나 감사한 일이 있을 때 드리는 제사다. 자식과 부모의 경우로 바꿔서 생각해 보자. 환갑 때 해외여행을 보내드리겠다고 하든지, 그동안 키워 주신 은혜에 감사한다는 얘기를 하면 어느 부모나 기뻐할 것이다. 그런데 하나님은 이스라엘의 화목제를 기뻐하지 않겠다고 하신다. 대체 서운한 것이 얼마나 많으면 그럴까?

이어지는 얘기가 이상하다. "이제 그들의 죄악을 기억하여 그 죄를 벌하리니"라고 했다. 죄 때문에 드리는 제사는 속죄제다. 제물의 일부는 불태우고 일부는 제사장이 먹는다. 화목제는 자기한테 돌아오는 몫이 있지만 속죄제는 없다. 그러면 고약한 상상이 가능하다. 속죄제를 드려야 하는데 화목제로 바꿔서 드린 것이다. "그 죄를 벌하리니"라는 말이 나올 수밖에 없다.

예전에 황당한 말을 들은 적이 있다. 혹시 교회 다니게 되면 새벽예배를 드리겠다는 것이었다. 이왕 믿을 바에는 열심히 믿겠다는 뜻이 아니다. 일요일에 교회 가면 교회에서 보내는 시간이 너무 많아서 부담될 것 같다면서, 새벽에 잠깐 다녀오는 것이 편하겠다는 것이었다. 그런 식으로 드리는 예배도 하나님이 받으셔야 할까? 그나마 다행인 것은, 지금 그렇게 하고 있다는 얘기가 아니라 이다음에 교회에 다니게 될 경우를 가정해서 한 얘기였다. 그런데 이스라엘은 하나님의 백성이라고 하면서 자기들 편한 대로 하나님을 섬겼다.

그래서 "그들은 애굽으로 다시 가리라"라는 말로 끝난다. 출애굽 이전 상태로 돌아간다는 뜻이다. 이스라엘이 끝까지 하나님과 관계없는 삶을 고집하면 하나님과의 관계가 끊어질 수밖에 없다. 아닌 게 아니라 이스라엘은 나중에 앗수르한테 망한다. 정말로 역(逆) 출애굽이 일어난 것이다.

8:14 이스라엘은 자기를 지으신 이를 잊어버리고 왕궁들을 세웠으며 유다는 견고한 성읍을 많이 쌓았으나 내가 그 성읍들에 불을 보내어 그 성들을 삼키게 하리라

'잊어버리다'는 히브리어 '솨카흐'(חכש)를 번역한 말로, 잘못 놓았다는 뜻이다. 영어로 하면 misplace다. 하나님을 알던 사람이 지식의 차원에서 하나님을 잊어버리는 것은 불가능하다. 하지만 하나님이 없는 것처럼 사는 것은 얼마든지 가능하다. 우리 의식 속에서 하나님을 지울 수는 없다. 지울 수 있는 영역은 행위뿐이다. 행위에서 하나님이 나타나지 않으면 하나님을 잊어버린 사람이다.

2절에서 "그들이 장차 내게 부르짖기를 나의 하나님이여 우리 이스라엘이 주를 아나이다 하리라"라고 했다. 이스라엘 생각에 자기들은 하나님을 안다. 그런데 하나님은 이스라엘이 하나님을 잊어버렸다고 하신다. "이스라엘은 자기를 지으신 이를 잊어버리고 왕궁들을 세웠으며 유다는 견고한 성읍을 많이 쌓았으나"라는 얘기는 "너희들이 정말 나를 안다는 말이냐? 그러면서 왕궁을 세우고 성읍을 쌓았느냐? 그것이 나를

아는 사람들이 할 소행이냐?"라는 뜻이다.

지금까지 계속 북 왕국의 죄를 지적했는데 마치 부록처럼 남 왕국 얘기가 딸려 나온다. 호세아의 사역 무대는 북 왕국이었지만 남 왕국이라고 해서 예외가 아니었다. 하나님 없이 행하기는 마찬가지였다. 그런 소행에 대한 하나님의 심판이 "내가 그 성읍들에 불을 보내어 그 성들을 삼키게 하리라"이다. 아마 그때서야 하나님을 알게 될 것이다.

8절에서 "이스라엘은 이미 삼켜졌은즉"이라고 했다. 그런데 삼킨다는 말이 또 나온다. 무엇을 삼킨다는 뜻일까? 이스라엘이 아니다. 이스라엘의 죄다. 이스라엘이 할 일은 얼른 죄와 자기들을 분리하는 일이다. 한사코 죄를 붙들면 죄와 함께 삼켜질 수밖에 없다.

앞에서 이스라엘은 하나님을 안다고 했다. 그런데 하나님은 그것을 인정하지 않으신다. 정말로 하나님을 안다고 할 수 있으려면 우선 하나님이 죄를 얼마나 미워하는지 알아야 한다. 죄와 더불어 하나님의 백성으로 사는 수는 없다.

우리는 하나님의 사랑이 얼마나 무서운지 알아야 한다. '사랑'이라는 명사와 '무섭다'라는 형용사가 어울리지 않지만 하나님의 사랑은 무서운 것이 맞다. 죄를 추호도 용납하지 않는 사랑이기 때문이다. 우리한테 단 한 점의 죄도 없을 때까지 우리를 고치시는 사랑이 하나님의 사랑이다. 그 사랑이 우리를 이 자리까지 인도하셨다.

9장

죄와 벌

9:1-2   이스라엘아 너는 이방 사람처럼 기뻐 뛰놀지 말라 네가 음행하여 네 하나님을

떠나고 각 타작마당에서 음행의 값을 좋아하였느니라 타작마당이나 술틀이 그

들을 기르지 못할 것이며 새 포도주도 떨어질 것이요

어떤 여자가 남편한테 목걸이를 선물 받았다. 다른 여자는 외간남자한테 목걸이를 선물 받았다. 둘 다 똑같이 기뻐한다. 하지만 같은 기쁨이 아니다. 기쁨의 가치는 기쁨의 이유에서 결정된다.

하나님이 이스라엘에게 이방 사람처럼 기뻐 뛰놀지 말라고 하신다. 기뻐하는 이유가 바람직하지 않다는 뜻이다. 아닌 게 아니라 "네가 음행하여 네 하나님을 떠나고 각 타작마당에서 음행의 값을 좋아하였느니라"라는 말이 이어진다. 타작마당에 쌓인 풍성한 수확이 음행의 값이라는 것이다.

음행은 우상 숭배를 말하는데 대표적인 우상이 바알이다. 이스라엘이 하나님을 버리고 바알을 섬긴 것이 아니다. 하나님과 바알을 같이 섬겼다. 하나님이 그것을 음행이라고 하신다. 하지만 이스라엘은 자기들

한테 무슨 문제가 있는지 모른다. 하나님께 절기를 지킨답시고 타작마당에서 기뻐 뛰논다.

미국 대통령 프랭클린 피어스(Franklin Pierce, 1804–1869)가 인디언 수콰미시(Suquamish)족의 세알트(Seattle, 1786(?)–1866) 추장한테 땅을 팔라고 했다. 적당히 값을 쳐줄 테니 다른 곳에 가서 살라는 뜻이다. 1854년의 일이다. 세알트 추장이 말한다. "그런 생각은 우리한테 참 낯선 것이다. 어떻게 당신들은 하늘이나 대지의 따스함을 사고팔 수 있다고 생각하는가? 공기의 신선함과 반짝이는 물을 우리가 소유하고 있지도 않은데 어떻게 판단 말인가? …우리는 땅의 한 부분이고 땅은 우리의 한 부분이다. 향기로운 꽃은 우리의 자매이고 사슴과 말, 독수리는 우리의 형제들이다. …우리는 대지가 사람한테 속한 것이 아니라 사람이 대지한테 속해 있다는 것을 알고 있다."

시애틀이라는 도시 이름이 세알트 추장의 이름에서 유래했다. 백인들이 땅을 빼앗은 다음에 세알트 추장의 정신을 기린다면서 그런 이름을 지었다. 그러면 백인들은 어떤 사람일까? 땅에 욕심이 있는 사람일까, 자연을 사랑하는 사람일까? 땅을 빼앗았으면 땅 이름을 시애틀이라고 짓지 말든지, 땅 이름을 시애틀로 지었으면 땅을 빼앗지 말든지 둘 중의 하나만 해야 하는 것 아닐까?

비슷한 폐단을 여러 번 봤다. 살기는 자기 욕심대로 살면서 원하는 것을 얻으면 그것을 하나님의 은혜라고 한다. 돈 많은 불신자한테 딸을 시집보내면서 하나님께서 좋은 사위를 예비하셨다고 기뻐하는 권사도 봤고, 자기가 억지를 부려놓고 하나님께서 인도하셨다고 자랑하는 집사도 봤다. 세상과 타협한 음행의 값을 마치 믿음의 선물인 양 떠벌리는 예가 얼마든지 있다.

이스라엘이 그런 격이다. 그들은 각 타작마당에서 음행의 값을 좋아했다. 바알을 숭배해서 얻은 수확을 놓고 하나님 은혜라며 절기를 지켰다. 그래서 "타작마당이나 술틀이 그들을 기르지 못할 것이며 새 포도주도 떨어질 것이요"라는 말로 이어진다. 이스라엘이 기뻐 뛰노는 이유는 곡식과 포도주 때문이다. 그러니 그것이 전부가 아닌 것을 알게 해야 한다.

타작마당과 술틀에 곡식과 포도주만 가득하면 그것으로 만족할 수 있다고 하자. 하나님을 통해서 얻든지, 바알을 통해서 얻든지 곡식과 포도주만 넉넉하면 된다. 하나님이 곡식과 포도주를 위한 수단인 셈이다.

맹자(孟子, 주전 372-289)가 민이식위천(民以食爲天)이라고 했다. "백성은 먹는 것으로 하늘을 삼는다"라는 뜻이다. 클린턴(Bill Clinton, 1946-)이 대선에 도전했을 때 내건 "It's economy, stupid!"(문제는 경제야, 바보야!)라는 슬로건과 같은 맥락이다. 클린턴은 이 슬로건으로 걸프전 승리를 업적으로 내세운 조지 부시(George W. Bush, 1946-)를 누르고 대통령이 되었다. 맹자가 살던 시대나 작금이나 별로 달라진 것이 없다.

사람들의 관심은 언제나 현실 생활의 만족이다. 본문으로 얘기하면 타작마당과 술틀에 곡식과 포도주를 가득 채우는 일이 무엇보다 중요하다. 만일 사람이 떡으로만 살 수 있다면 곡식과 포도주를 많이 얻는 것이 가장 중요하다. 하나님만 섬기느냐, 바알을 겸하여 섬기느냐 하는 것은 별로 문제가 되지 않는다. 하지만 사람은 떡으로만 살 수 없다. 한사코 떡으로만 살기를 고집하면 조만간 "타작마당이나 술틀이 그들을 기르지 못할 것이며 새 포도주도 떨어질 것이요"라는 상황에 직면하게 된다.

이스라엘은 타작마당과 술틀에 곡식과 포도주를 비축하는 것에 인생의
의미를 두었다. 그로 인해서 기뻐 뛰놀았다. 그런데 타작마당과 술틀이
그들을 기르지 못한다. 새 포도주도 떨어졌다. 그러면 "이것이 아니구
나!"라는 사실을 깨닫는 것으로 끝나지 않는다. 더 이상 여호와의 땅에
거주하지 못하게 된다.

　이 세상 모든 땅이 여호와의 땅이다. 굳이 '여호와의 땅'이라고 하는
것은 가나안이 바알의 땅이 아니라는 뜻이다. 바알을 땅의 주인으로 알
아서 바알을 섬긴 것에 대한 지적이다. 그러니 여호와의 땅에 거주하지
못하게 된다는 얘기가 새삼스러울 것이 없다. 지금까지도 여호와의 백
성으로 살지 않았다. 바알의 백성이 여호와의 땅에 사는 것은 말이 안
된다. 그래서 "에브라임은 애굽으로 다시 가고 앗수르에서 더러운 것을
먹을 것이니라"라고 한다.

　애굽으로 다시 간다는 얘기는 출애굽 이전으로 돌아간다는 뜻이다.
다시 노예가 된다. 아닌 게 아니라 이스라엘은 주전 722년에 앗수르한
테 망한다. 애굽으로 다시 간다는 얘기가 심판에 대한 상징이라면 앗수
르에서 더러운 것을 먹는다는 얘기는 조만간 닥칠 현실이다.

　앗수르는 강제 혼혈 정책을 썼다. 피지배 민족을 여기저기로 이주시
킨 것이다. 그러면 더 이상 가나안 땅에 살지 못하게 된다. 사는 장소만
바뀌는 것이 아니다. 레위기에 먹을 수 있는 것과 먹을 수 없는 것에 대
한 규정이 나온다. 하나님의 백성은 매사에 하나님의 백성으로 살아야

한다. 먹는 것 하나도 자기 입맛이 기준이 아니라 하나님의 뜻이 기준이다. 그런데 앗수르에 망하면 얘기가 달라진다. 지금까지 부정하다고 안 먹던 것을 먹을 수밖에 없는 형편이 된다. 얼마 전까지만 해도 그런 것을 먹는 이방 족속을 개, 돼지 보듯 했을 텐데 같은 처지로 전락한다.

신자가 불신자와 구별이 없어지는 것은 참 자존심 상하는 일이다. 하지만 자기가 왜 불신자와 같은 대접을 받아야 하는지 따지기 전에 자기가 왜 불신자처럼 살았는지 생각해야 한다. 가나안에서 가나안 원주민처럼 사는 것이나 이방 땅에서 이방 족속처럼 사는 것이나 아무 차이가 없다.

하나님이 이스라엘을 가나안으로 인도하면서 순종했을 때 받을 복과 불순종했을 때 받을 벌을 누차 말씀하셨다. 이스라엘이 하나님을 떠나 살면 기근이 닥치게 된다. 그래도 불순종하면 이방의 압제에 놓이게 된다. 그래도 불순종하면 자식의 고기를 먹게 된다. 나중에는 다른 나라에 포로로 끌려가게 된다.

〈선조실록〉에 "기근이 심해서 사람 고기를 먹기에 이르렀다", "길바닥에 굶어 죽은 사람의 시신에는 살이 붙어 있는 것이 없었다", "부자나 형제간에도 서로 잡아먹는 일이 있었다" 등의 기록이 있다. 임진왜란으로 인한 참상이 그 정도로 끔찍했다. 어쩌면 사람이 겪을 수 있는 가장 비참한 일일 수 있다. 그런데 하나님이 경고하신 최고의 징벌은 부모가 자식의 고기를 먹는 것이 아니다. 다른 나라에 끌려가는 것을 더 큰 벌로 얘기한다.

가나안은 하나님이 주신 땅이다. 다른 나라에 포로로 끌려가면 하나님 주신 땅에서 살 수 없게 된다. 하나님의 백성이라는 지위를 박탈당한다. 더 이상 하나님과 관계가 없게 되는 것이다.

어린 시절에 부모님께 야단을 맞아 본 경험이 있을 것이다. 말로 꾸중을 듣는 것보다 회초리로 맞는 것이 더 무섭다. 하지만 더 무서운 일이 있다. "너 같은 자식 필요 없어. 당장 나가!"라는 말을 듣는 것이다. 집을 나가면 더 이상 매를 맞지는 않는다. 그래도 매를 맞는 것이 낫지, 집을 나가면 어떻게 된단 말인가?

9:4 그들은 여호와께 포도주를 부어 드리지 못하며 여호와께서 기뻐하시는 바도 되지 못할 것이라 그들의 제물은 애곡하는 자의 떡과 같아서 그것을 먹는 자는 더러워지나니 그들의 떡은 자기의 먹기에만 소용될 뿐이라 여호와의 집에 드릴 것이 아님이니라

이스라엘이 앗수르에 가서 더러운 것을 먹는 것은 참 비참한 일이다. 그보다 더한 낭패가 있다. 하나님과 남남으로 지내야 한다는 사실이다. 그 내용을 "그들은 여호와께 포도주를 부어 드리지 못하며 여호와께서 기뻐하시는 바도 되지 못할 것이라"라고 한다.

포도주를 부어 드리지 못한다는 얘기는 전제(奠祭)를 드리지 못한다는 뜻이다. 전제는 포도주를 부어 드리는 것으로 자기의 모든 것을 하나님께 부어 드리는 것을 상징화한 제사다. 앗수르로 끌려가면 당장 문제가 되는 것이 자신을 하나님께 드리지 못하는 것이라고 한다.

신앙에 게으른 어떤 사람이 있다고 하자. 밥 먹듯이 주일예배를 범한다. 삶에서 신자 된 모습이 보이지 않는 것은 물론이다. 그러던 어느 날, 무슨 바람이 불었는지 혼자 교회를 찾았다. 그런데 교회가 없어지고 그

자리에 술집이 들어서 있었다. 그러면 상당한 충격일 것이다. 자기가 아무리 교회를 멀리했다고 해도 교회가 없어진 것은 얘기가 다르다. 지금까지 교회를 멀리할 수 있었던 이유도 교회는 아무 때나 가도 된다는 생각 때문이었을 수 있다. 이스라엘이라고 다를까? 자기들이 하나님을 섬기지 못하게 되는 날이 있을 줄 꿈에도 몰랐을 것이다.

또 여호와께서 기뻐하시는 바도 되지 못한다고 한다. 여호와께서 기뻐하시지 않으면 그다음에 어떻게 된다는 얘기일까? 토기장이가 그릇을 기뻐하지 않으면 다음 순서는 뻔하다. 그런 절망적인 형편을 설명하는 말이 "그들의 제물은 애곡하는 자의 떡과 같아서 그것을 먹는 자는 더러워지나니 그들의 떡은 자기의 먹기에만 소용될 뿐이라. 여호와의 집에 드릴 것이 아님이니라"이다.

율법에 의하면 시신은 부정하다. 시신을 만진 사람도 부정하고, 시신이 있는 집에 드나든 사람도 부정하고, 그곳에 있는 그릇을 만진 사람도 부정하다. 부정을 씻으려면 칠 일 후에 정결예식을 행해야 한다.

문상을 가는 경우를 생각해 보자. 칠 일 후에 정결예식을 행해야 하는 것을 알고 가는 것이다. 그 집에서 떡을 먹을 수는 있다. 사람도 부정하고 떡도 부정하니 상관없다. 단, 그 떡을 제물로 드릴 수는 없다. 이스라엘의 형편이 그와 같다. 자기들끼리 부정하게 지내기만 할 뿐, 하나님과의 연결 고리는 없다.

9:5-6 너희는 명절날과 여호와의 절기의 날에 무엇을 하겠느냐 보라 그들이 멸망을 피하여 갈지라도 애굽은 그들을 모으고 놉은 그들을 장사하리니 그들의 은은 귀한 것이나 찔레가 덮을 것이요 그들의 장막 안에는 가시덩굴이 퍼지리라

하나님께 드릴 수 있는 것이 없으니 절기가 되어도 할 수 있는 일이 없다. 흰옷을 입어야 천국 잔치에 들어가는데 흰옷이 없는 것과 같은 형국이다. 세상을 사는 동안에는 흰옷이 없어도 불편하지 않다. 하지만 잔칫날이 되면 어떻게 할까?

흰옷이 없는 사람을 위해서 예비된 것은 멸망뿐이다. 그렇다고 해서 대책 없이 멸망을 기다릴 수는 없다. 나름대로 살길을 찾아 도망간다. 하지만 뛰어봐야 벼룩이고, 날아봐야 하루살이다. "그들이 멸망을 피하여 갈지라도 애굽은 그들을 모으고 놉은 그들을 장사하리니"라는 말 그대로다.

놉은 고대 애굽의 수도인 멤피스를 말한다. 야곱이나 요셉은 애굽에서 오랜 세월을 살았어도 가나안 땅에 묻혔는데 이스라엘은 가나안 땅에 살다가도 애굽에 묻힌다. 그들의 삶이 부정했던 것처럼 시신 또한 그렇다. 살아 있는 동안만 부정한 것이 아니라 죽은 다음에도 부정하게 된다.

"그들의 은은 귀한 것이나 찔레가 덮을 것이요 그들의 장막 안에는 가시덩굴이 퍼지리라"라는 말이 그들의 실상을 보여 준다. 그들은 은으로 만든 우상을 무척 귀하게 여겼을 것이다. 그 우상이 자기들에게 복을 주기를 기대했을 것이다. 그런데 찔레가 덮인다. 지금까지 그런 것을 의지하며 살았다. 또 장막 안에는 가시덩굴이 퍼진다. 밖에서는 고단해도 집에서는 평안할 수 있어야 할 텐데 집에서도 시달린다. 아무나 애굽에 묻히지 않는다. 애굽에 묻힐 만한 삶을 산 사람이 애굽에 묻힌다.

9:7   형벌의 날이 이르렀고 보응의 날이 온 것을 이스라엘이 알지라 선지자가 어리석었고 신에 감동하는 자가 미쳤나니 이는 네 죄악이 많고 네 원한이 큼이니라

이스라엘은 도무지 멸망을 피할 수 없다. 능력이 없어서 피하지 못하는 것이 아니다. 그만큼 죄와 결부되어 있기 때문이다. 죄와 한 몸을 이루어 살면 죄에게 임하는 심판을 같이 받게 마련이다. 오죽하면 "선지자가 어리석었고 신에 감동하는 자가 미쳤나니 이는 네 죄악이 많고 네 원한이 큼이니라"라고 한다.

이 문장은 두 가지로 해석할 수 있다. 하나는 우리말 성경에서 보는 것처럼 선지자가 어리석었고 하나님의 영에 감동했다고 하는 사람마저 미쳤다고 하는 것이다. 그러면 이스라엘에는 절망밖에 남지 않는다. "저 교회 목사는 마태복음이 신약인지 구약인지도 모른다"라고 하면 목사를 흉보는 것일까, 교인들을 흉보는 것일까? 다른 하나는 인용문으로 보는 것이다. 이스라엘이 선지자를 어리석다고 하고 하나님의 영에 감동된 사람을 미쳤다고 한다고 해석할 수도 있다. 〈표준새번역성경〉이나 〈공동번역성경〉에는 이렇게 되어 있다. 원문으로는 둘 다 가능한데 문맥을 보면 후자가 자연스럽다. 본문은 이스라엘 지도층의 책임을 묻는 내용이 아니라 이스라엘 전체를 지적하는 내용이다.

당시 이스라엘은 선지자를 어리석다고 하고 하나님의 영에 감동된 사람을 미쳤다고 할 만큼 엉망이었다. 신앙을 위한 열심이 미친 것으로 보일 만큼 죄와 한통속이었다. 죄를 지적받으면 회개하는 것이 아니라 죄를 지적하는 사람을 문제 삼았다. 자기 죄를 미워하는 것이 아니라 죄를 지적하는 사람을 미워했다.

예레미야는 스마야한테 미쳤다는 소리를 들었고, 바울은 베스도한테 미쳤다는 소리를 들었다. 사람은 늘 자기를 기준으로 생각하기 때문에 자기가 정상이고 다른 사람이 비정상인 줄 안다. 예수를 믿으면 미쳤다는 말을 듣는 것이 정상이다. 친구가 결혼하는데 주일예배 때문에 불참하는 것을 누가 이해할까? 불신 가정에서 자란 청년이 취직해서 꼬박꼬박 십일조를 하는 것을 부모가 이해할까? 예수를 믿으면서도 미쳤다는 말을 들어 보지 않았으면 제대로 믿지 않기 때문일 수 있다.

예전에 MBC에서 〈영웅시대〉라는 드라마를 방영한 적이 있다. 우리나라 경제 성장의 주역들의 삶을 재조명한 드라마다. 현대그룹을 일으킨 정주영 회장이 천태산이라는 이름으로 나온다. 드라마에서 천태산이 말한다. "무슨 일이든지 제대로 하려면 미친 놈 소리는 들어야지!" 불광불급(不狂不及)이라고 했다. 미치지 않으면 미치지 못한다.

9:8   에브라임은 나의 하나님과 함께한 파수꾼이며 선지자는 모든 길에 친 새 잡는 자의 그물과 같고 그의 하나님의 전에는 원한이 있도다

본문은 해석이 어렵다. 〈표준새번역성경〉에는 "하나님은 나를 예언자로 임명하셔서 에브라임을 지키는 파수꾼이 되게 하셨다. 그러나 너희는 예언자가 가는 길목마다 덫을 놓았다. 하나님이 계신 집에서마저, 너희는 예언자에게 원한을 품었다"라고 번역되어 있다.

하나님이 호세아를 이스라엘의 파수꾼으로 세우셨다. 하지만 이스라엘은 호세아가 가는 곳마다 덫을 놓았다. 호세아 때문에 마음대로 죄를 짓지 못하는 것이 불편했기 때문이다. 호세아를 자기들의 거침돌로 여겼다. 심지어 하나님의 전에서도 호세아를 적대했다.

이스라엘이 그만큼 엉망이었다. 마치 멸망하기로 작정한 사람들 같았다.

기브아의 시대가 어떤 시대일까? 성경은 두 가지 일로 기브아를 거론한다. 하나는 사사기에 나오는데 어떤 레위인의 첩이 기브아에서 윤간을 당해서 죽고 그로 인해 이스라엘에 내전이 일어난다는 내용이다. 또 하나는 사울의 고향이 기브아다.

호세아 시대를 레위인의 첩이 윤간당해서 죽은 사사기 시대처럼 악한 시대라고 할 수 있다. 이스라엘이 그 정도로 엉망이었던 것은 맞다. 그런데 문맥이 자연스럽지 않다. 앞에서 이스라엘이 선지자를 거부할 만큼 악하다고 했다. 스스로 하나님과 관계를 끊은 것이다. 그러니 이스라엘의 첫 임금 사울이 기브아 출신이라는 사실에 주목할 필요가 있다. 당시 이스라엘에는 사무엘이 있었지만 백성들이 사무엘을 거부하고 왕을 요구했다. 하나님과 관계없이 살고 싶어 했다. 그런 죄의 뿌리가 호세아 시대까지 이어졌다. 그래서 결론이 "여호와께서 그 악을 기억하시고 그 죄를 벌하시리라"이다.

지난 2014년에 상영한 영화 〈Son of God〉에서 빌라도의 아내가 빌라도한테 예수님은 죄가 없다면서 무죄 판결을 내려야 한다고 말하는 장면이 나온다. 그러나 빌라도는 유대인의 압력에 굴복해서 사형을 언도하고 말았다. 빌라도의 아내가 대체 왜 그랬느냐고 걱정스러운 어조로 말하자, 빌라도가 답한다. "걱정 말아요. 일주일이면 다 잊어버릴 테니까…."

누가 잊어버린다는 소리일까? 빌라도는 사람들만 생각했다. 하나님은 잊어버리지 않으신다. 모든 악을 기억하시고 모든 죄를 벌하신다.

　　옛적에 내가 이스라엘을 만나기를 광야에서 포도를 만남같이 하였으며 너희 조상들을 보기를 무화과나무에서 처음 맺힌 첫 열매를 봄같이 하였거늘 그들이 바알브올에 가서 부끄러운 우상에게 몸을 드림으로 저희가 사랑하는 우상같이 가증하여졌도다

옛날이 좋았다는 얘기는 주변에서 쉽게 들을 수 있다. 군대 있을 때가 좋았다고도 하고, 학생 때가 좋았다고도 하고, 혼자 살 때가 좋았다고도 한다. 죄다 푸념에 불과하다. 인생을 다 걸어서라도 그때로 돌아가고 싶으냐고 물으면 웃어넘길 것이다.

결별한 애인을 그리워하는 경우는 어떨까? 카페만 봐도 애인 생각이 나고, 공원 벤치만 봐도 애인 생각이 난다. 그때로 돌아갈 수만 있다면 못 할 일이 없을 것 같다. 하지만 애인 마음은 이미 떠났다.

9절에서 이스라엘이 기브아의 시대처럼 심히 부패했다는 얘기를 했다. 본문은 거기에서 이어지는 내용이다. 이를테면 하나님의 옛날 생각이다. 옛날에 내가 너희를 얼마나 예뻐했는데 어떻게 해서 지금은 기브아의 시대처럼 부패했느냐는 것이다.

광야에서는 잡초만 봐도 반가운 법이다. 하물며 포도나무를 보면 얼마나 반가울까? 특히 무화과나무에서 처음 익은 열매는 가장 좋은 것을 비유한다. 옛적에는 하나님이 이스라엘을 그렇게 보았다. 이스라엘의 출애굽 직후를 말한다.

이스라엘이 애굽에 있을 적에는 하나님의 백성으로 살 여지가 없었다. 홍해를 건넌 다음부터 비로소 하나님의 백성으로 사는 것이 가능하게 되었다. 그런 이스라엘을 하나님은 광야에서 만난 포도나 무화과의

첫 열매처럼 여기셨다. 어쩌면 이스라엘과의 행복한 신접살림을 꿈꾸었을 수도 있다.

그러나 지금은 기브아의 시대처럼 부패해 버렸다. 한동안 깨가 쏟아졌는데 갑자기 돌변한 것이 아니다. "그들이 바알브올에 가서 부끄러운 우상에게 몸을 드림으로 저희가 사랑하는 우상같이 가증하여졌도다"라고 한 것처럼 부패의 뿌리가 상당히 깊다.

바알브올은 민수기에 나온다. 출애굽한 이스라엘이 싯딤에서 음행한 적이 있다. 이 일로 하나님의 진노를 사서 2만 4천 명이 죽는다. 하나님은 이스라엘을 광야에서 만난 포도나 무화과의 첫 열매처럼 여기셨는데 이스라엘은 바알브올에 가서 부끄러운 우상에게 몸을 드렸다.

여자가 남자한테 몸을 허락하면 서로 한 몸이 된다. 상대방이 더 이상 남이 아니라 또 다른 자기 자신이다. 우리를 그리스도의 신부라고 하는 것이 그만큼 놀라운 얘기다. 그런데 이스라엘은 바알브올에 가서 부끄러운 우상에게 몸을 드렸다. 하나님을 섬기느냐, 우상을 섬기느냐 하는 얘기는 하나님과 한 몸을 이루느냐, 우상과 한 몸을 이루느냐에 대한 얘기다. 원래 이스라엘은 하나님과 한 몸이어야 하는데 우상과 한 몸이 되는 쪽을 택했다.

9:11-12　에브라임의 영광이 새같이 날아가리니 해산하는 것이나 아이 배는 것이나 임신하는 것이 없으리라 혹 그들이 자식을 기를지라도 내가 그 자식을 없이하여 한 사람도 남기지 아니할 것이라 내가 그들을 떠나는 때에는 그들에게 화가 미치리로다

될성부른 나무는 떡잎부터 알아보는 법이다. 이스라엘은 애초부터 싹수가 없었으니 기브아의 시대처럼 부패했다고 해서 이상할 것이 없다. 하나님이 그런 이스라엘을 여태 그냥 두셨다는 사실이 오히려 신기하다. 그렇다고 해서 마냥 그럴 수는 없다. 하나님은 절대 죄를 묵과하시는 분이 아니다.

어렸을 때 할아버지 댁에 고양이가 있었다. 마당에 참새가 앉아 있으면 낮은 자세로 살금살금 다가간다. 하지만 사냥에 성공하는 것은 한 번도 보지 못했다. 제대로 다가가기 전에 참새가 날아가 버리곤 했다. 그 자리에는 아무것도 남지 않는다. 에브라임의 영광이 그처럼 날아간다고 한다. 에브라임의 영광이 무엇이기에 그럴까?

서로마가 멸망한 것이 주후 476년이고, 동로마가 멸망한 것이 주후 1453년이다. 누군가 로마의 멸망을 말하면서 "로마의 영광이 떠났다"라고 할 수 있다. 하지만 에브라임의 영광이 새같이 날아간다는 얘기는 다르다. 이스라엘은 늘 약소국이었다. 로마가 누린 것 같은 영광을 누린 적이 없다. 게다가 에브라임의 영광이 새같이 날아간다고 했다. 어떤 나라든지 갑자기 멸망하는 수는 없다. 상당 기간 동안 쇠퇴기를 거쳐서 멸망하는 법이다. 그런데 이스라엘의 영광은 홀연히 사라진다.

엘리 제사장 때 이스라엘이 블레셋과의 싸움에서 법궤를 빼앗긴 적이 있다. 법궤를 모시고 있던 엘리의 두 아들 홉니와 비느하스도 죽었다. 그 소식을 들은 엘리 제사장도 죽는다. 마침 비느하스의 아내는 만삭이었다. 아이를 낳은 다음 이름을 이가봇이라고 지었다. '영광이 이스라엘에서 떠났다'는 뜻이다. 법궤를 빼앗긴 것을 영광이 떠난 것으로 얘기했다.

에브라임의 영광은 곧 하나님을 말한다. 사실 이스라엘에 하나님이 아닌 다른 영광이 있으면 말이 안 된다. 에브라임의 영광이 새같이 날아간다고 했으니 하나님이 홀연히 이스라엘을 떠나신다는 뜻이다. 그러면 가장 먼저 나타나는 현상이 후손이 이어지지 않는 것이라고 한다.

이스라엘의 문제는 언제나 우상 숭배였고, 대표적인 우상이 바알이었다. 바알한테 기원한 것은 풍요만이 아니다. 다산도 기원했다. 고대 사회에서는 자손이 번성한 것을 큰 복으로 여겼다. 여자가 아이를 낳지 못하면 그것이 가장 큰 수치였다.

이스라엘이 다산을 기원하며 바알을 섬겼는데 다산은 고사하고 오히려 엉망이 되고 만다. 해산하는 것도 없고 아이 배는 것도 없고 임신하는 것도 없다. 어쩌다 태어난 아이가 있어도 하나님이 없애 버리겠다고 하신다. 바알을 섬기다 폭삭 망했다.

11a절에서는 에브라임의 영광이 새같이 날아간다고 했고, 12b절에서는 하나님이 이스라엘을 떠나면 이스라엘에 화가 있다고 했다. 둘이 같은 말이다. 그 사이에 있는 11b-12a절은 하나님이 이스라엘을 떠나서 나타나는 재앙, 즉 후손 멸절이다. 결국 본문은 "내가 너희를 떠나겠다. 그러면 너희는 몰락할 것이다. 내가 떠나면 그렇게 된다"라는 얘기다.

불신자의 가장 큰 문제가 신앙이 없는 것이라면, 신자의 가장 큰 문제는 신앙에 열심이 없는 것이다. 모든 신자가 하나님과의 동행을 열망하지는 않는다. 신자라고 하면서도 하나님과 관계없이 사는 것을 더 좋아할 수 있다. 신앙을 오히려 짐으로 여기기도 한다. 하나님이 자기를 떠나는 것이 얼마나 큰 재앙인지 모르고 스스로 하나님을 떠나고 싶어 한다. 이스라엘이 그런 경우다. 틈만 나면 하나님과 관계없이 살고 싶어

하더니 정말로 하나님과 관계없이 살게 되었다. 그래서 화가 미쳤다.

9:13-14 　내가 보건대 에브라임은 아름다운 곳에 심긴 두로와 같으나 그 자식들을 살인
하는 자에게로 끌어내리로다 여호와여 그들에게 주소서 무엇을 주시려 하나이
까 아이 배지 못하는 태와 젖 없는 유방을 주시옵소서

아담과 하와가 죄를 범했다. 무엇이 부족해서 죄를 범했을까? 그들이
있는 곳은 에덴동산이었다. 부족한 것이 아무것도 없는데 죄를 범했다.
이스라엘도 그렇다. 부족한 것이 있어서 하나님을 떠난 것이 아니다. 모
든 조건이 완벽했다. 그런데도 하나님을 떠났으니 죄가 더욱 중할 수밖
에 없다.

두로는 무역이 발달해서 상당히 부유한 도시였는데 두 부분으로 되
어 있다. 하나는 지중해 연안에 있는 성채이고, 다른 하나는 연안에서
800m 떨어진 곳에 있는 요새화된 섬이다. 앗수르의 산헤립이 5년간 공
격했지만 함락시키지 못했다. 바벨론의 느부갓네살은 13년 동안 공격해
서 겨우 내지에 있는 성채를 정복했는데 두로 백성이 전부 섬으로 피신
한 상태라서 별 소득이 없었다. 그런 난공불락(難攻不落)의 도시다.

이스라엘이 아름다운 곳에 심긴 두로 같다고 한다. 어떤 여학생이 공
부 잘하고 착한데 예쁘기까지 한 격이다. 부는 넘쳐나는데 아무도 빼앗
을 수 없고, 아름답기까지 하다. 누릴 수 있는 복이 완벽하게 보장된 셈
이다. 그런데도 하나님을 떠났다. 그 결과로 자식들을 살인하는 자에게
로 끌어내는 형편이 된다. 직역하면 "에브라임은 그의 자녀를 도살자에
게 데리고 나와야 한다"가 된다. 자식을 도살자에게 데리고 나오는 부모

가 어떤 부모일까?

중학생 때 한 선생님이 숙제 안 한 학생들을 때릴 때마다 "매를 벌어라. 이놈아!"라고 했다. 본래 숙제를 안 한 것은 수동적인 잘못이다. 그런데 매를 번다고 하면 능동적인 잘못이 된다. 마치 돈을 벌기 위해 애쓰는 것처럼 매를 맞기 위해 애썼다는 것이다.

이스라엘은 주전 722년에 앗수르한테 망했다. 포로로 끌려간 사람도 많지만 죽은 사람도 많았다. 앗수르는 피정복 민족을 무척 가혹하게 다뤘다. 노동력이 없는 어린아이는 무참하게 죽였다. 이스라엘이 하나님을 떠나서 벌어진 참극이다. 성경은 그것을 이스라엘이 자녀를 도살자한테 넘겨준 것으로 묘사한다.

호세아가 이런 메시지를 전한 것이 주전 735년경이다. 호세아 눈에는 민족의 비극이 보인다. 아마 피를 토하는 심정이었을 것이다. 그런 호세아의 애통이 "여호와여 그들에게 주소서. 무엇을 주시려 하나이까? 아이 배지 못하는 태와 젖 없는 유방을 주시옵소서"라는 간구로 나타난다. 차라리 자식을 낳지 않게 해 달라는 것이다.

예수님이 십자가를 지고 갈 적에 슬피 울며 따라오는 여자들이 있었다. 예수님이 "예루살렘의 딸들아 나를 위하여 울지 말고 너희와 너희 자녀를 위하여 울라"(눅 23:28)라고 하셨다. 이어서 "보라 날이 이르면 사람이 말하기를 잉태하지 못하는 이와 해산하지 못한 배와 먹이지 못한 젖이 복이 있다 하리라"(눅 23:29)라고 하셨다. 호세아가 같은 말을 한다. 이제 곧 나라가 망해 없어질 것을 생각하면 차라리 태어나지 않는 것이 낫다. 이스라엘을 향한 하나님의 심판이 그만큼 임박했다. 되돌릴 가능성이 보이지 않는다.

　　그들의 모든 악이 길갈에 있으므로 내가 거기에서 그들을 미워하였노라 그들의 행위가 악하므로 내 집에서 그들을 쫓아내고 다시는 사랑하지 아니하리라 그들의 지도자들은 다 반역한 자니라

이스라엘은 아름다운 곳에 심긴 두로와 같았다. 애초에 하나님이 이스라엘을 만났을 적에는 광야에서 포도를 만난 것 같았고, 무화과나무에서 처음 맺힌 열매를 보는 것 같았다. 그런데 지금은 하나님의 심판이 작정된 상태다.

대체 길갈에서 무슨 일이 있었을까? 길갈은 '굴러간다'라는 뜻이다. 하나님이 애굽의 수치를 이스라엘에게서 떠나게 했다는 뜻으로 그런 이름이 붙었다. 하필이면 이스라엘이 사울을 왕으로 세운 곳도 길갈이다. 길갈은 이스라엘을 향한 하나님의 은혜가 선포된 장소다. 그런 곳에서 하나님께 등을 돌렸다. 기브아의 시대가 길갈에서 열매를 맺었다.

"그들의 행위가 악하므로 내 집에서 그들을 쫓아내고 다시는 사랑하지 아니하리라. 그들의 지도자들은 다 반역한 자니라"라고 할 만하다. 이스라엘 생각으로는 자기들이 하나님을 떠났다. 자기들은 앞으로 하나님의 간섭을 받지 않아도 된다. 하지만 거기에 담긴 뜻은 하나님이 이스라엘을 쫓아낸 것이다. 하나님이 이스라엘을 쫓아내고 다시는 사랑하지 않겠다고 하신다.

하나님은 속성이 사랑인 분이다. 그런데도 사랑하지 않겠다고 하신다. 이스라엘 중에 하나님이 없으니 하나님의 속성도 자리할 수 없다. 그들의 지도자들은 다 반역한 자들이다. 반역한 자들이 세웠으니 반역한 지도자일 수밖에 없다. 그들을 무슨 수로 사랑할까?

　　에브라임은 매를 맞아 그 뿌리가 말라 열매를 맺지 못하나니 비록 아이를 낳을지라도 내가 그 사랑하는 태의 열매를 죽이리라 그들이 듣지 아니하므로 내 하나님이 그들을 버리시리니 그들이 여러 나라 가운데에 떠도는 자가 되리라

하나님의 사랑이 떠난 이스라엘의 형편을 후손 멸절로 설명한다. 임신하는 것도 없고 해산하는 것도 없고, 어쩌다 태어난 아이는 하나님이 죽인다고 하신다.

호세아가 고멜을 아내로 맞았다. 자녀 이름을 이스르엘, 로루하마, 로암미로 지었다. 이스라엘에 대한 심판을 예표한 것이다. 그런 내용에 이어서 "그러나 이스라엘 자손의 수가 바닷가의 모래같이 되어서 헤아릴 수도 없고 셀 수도 없을 것이며"(1:10)라고 했다. 이스라엘의 회복을 사람이 많아지는 것으로 묘사한 것이다. 하나님과 이스라엘의 관계가 회복되어서 제일 처음 나타나는 현상이 사람이 많아지는 것이면 하나님이 이스라엘을 떠났을 때 제일 먼저 나타나는 현상은 사람이 없어지는 것일 수밖에 없다.

출산율이 0%면 그다음에는 어떻게 될까? 현재 살아 있는 사람들의 수명이 다하면 나라가 없어진다는 얘기다. 하나님이 이스라엘을 인정하지 않겠다는 뜻이다. "그들이 듣지 아니하므로 내 하나님이 그들을 버리시리니 그들이 여러 나라 가운데에 떠도는 자가 되리라"라고 하실 만하다.

예수를 믿는다는 말이 무슨 뜻일까? 예수와 어떤 관계를 유지하는 것이 예수를 믿는 것일까? 요즘은 예수를 믿는다는 말이 다분히 바겐세일된 경향이 없지 않다. 교회에 등록되어 있으면 예수를 믿는 것으로 간주한다. 심지어 "교회에는 안 다녀도 믿음은 있다"라는 황당한 말도 한다.

믿음은 마음의 상태에 대한 얘기가 아니다. 믿음에 해당하는 히브리어 '에무나'(אמונה)는 '아멘'(אמן)과 어원이 같다. 모세가 기도할 때 아론과 훌이 양쪽에서 모세의 손을 붙들어 손이 내려오지 않게 한 적이 있다. 그때 모세의 팔이 내려오지 않은 것이 '에무나'이다. 믿음은 꾸준한 행동을 수반한다. 믿는다고 말하는 사람이 믿음 있는 사람이 아니고 끝까지 버티는 사람이 믿음 있는 사람이다. '아멘'을 생각하면 된다. 설교자가 "우리 모두 전도에 힘씁시다"라고 했을 때 '아멘'으로 화답했으면 정말로 전도에 힘써야 한다. 말로만 하는 '아멘'은 무효다.

듣는다는 말도 마찬가지다. '듣다'는 히브리어 '쉐마'(שמע)를 번역한 말이다. 우리한테는 듣는 것이 청각 작용에 대한 얘기다. 하지만 '쉐마'는 들은 다음에 그에 따른 행동까지 포함한다. 들어서 이해하고 유념해서 순종하는 일련의 과정이 '쉐마'다. 예수님이 "귀 있는 자는 들으라"라고 하신 것이 바로 '쉐마'의 개념이다. 구약성경에서는 주로 '순종하다'로 번역되었다. 그런데 이스라엘은 듣지 않았다. 쉐마하지 않았다. 그래서 하나님이 이스라엘을 버릴 것이라고 하신다. 하나님은 아무나 버리시지 않는다. 스스로 하나님을 떠난 사람들을 버리신다. 하나님에 대해서 '쉐마'하지 않기로 작정한 사람들이 그런 사람들이다. 그들은 여러 나라 가운데에 떠도는 자가 될 것이다.

이 말씀은 북 왕국이 망한 다음에 문자적으로 성취된다. 앗수르는 피지배 민족에 대해서 인위적인 혼혈 정책을 썼다. 이 나라 사람을 저 나라로 옮기고, 저 나라 사람을 이 나라로 옮겼다. 이스라엘이 조만간 그런 신세가 된다.

성경은 우리한테 나그네라고 한다. 우리는 이 세상을 나그네로 살아간다. 그런데 이스라엘도 나그네 신세가 된다. 하지만 하나님을 아는 나그네와 하나님을 모르는 나그네는 엄연히 다르다.

이 세상에는 두 가지 죄인이 있다. 자기가 죄인인 것을 아는 죄인과 자기가 죄인인 것을 모르는 죄인이다. 마찬가지로 이 세상에는 두 가지 나그네가 있는 셈이다. 자기가 나그네인 것을 아는 나그네와 모르는 나그네다. 아무도 이 세상에서 영원히 살지 않는다. 우리는 그 사실을 아는 나그네들이다. 우리한테는 하나님이 계시다.

10장

거듭되는 경고

10:1-2　　　이스라엘은 열매 맺는 무성한 포도나무라 그 열매가 많을수록 제단을 많게 하

며 그 땅이 번영할수록 주상을 아름답게 하도다 그들이 두 마음을 품었으니 이

제 벌을 받을 것이라 하나님이 그 제단을 쳐서 깨뜨리시며 그 주상을 허시리라

여로보암 2세가 북 왕국 왕이던 시절 바벨론은 아직 성장하기 전이었고, 앗수르는 국내 사정으로 외부에 신경을 쓸 여력이 없었다. 그런 국제 정세를 바탕으로 북 왕국 영토가 크게 확장되었다. "이스라엘은 열매 맺는 무성한 포도나무라"는 그런 내용을 배경으로 한다. 원문 그대로 번역하면 "이스라엘은 자신을 위하여 열매 맺는 무성한 포도나무라"가 된다. 우리말 성경에는 번역되지 않았지만 NIV에는 'for himself', KJV에는 'unto himself'가 있다. 여로보암 2세 치하의 이스라엘은 무척 번성했는데 그 번성을 자신을 위해서만 썼다.

　하나님이 천지를 창조한 다음에 동방의 에덴에 동산을 창설하시고는 사람을 거기에 두셨다. 에덴은 히브리어로 '기쁨'이라는 뜻이다. 그런데 에덴의 재귀동사는 '주색에 빠지다'라는 뜻이다. 기쁨이 아무리 좋은 것

이라도 자기만 기쁘게 하는 것은 바람직하지 않다.

이스라엘은 자기를 위해서 열매 맺는 무성한 포도나무다. 열매가 많을수록 제단을 많게 하고 땅이 번영할수록 주상을 아름답게 했다. 형통한 삶을 누릴수록 더욱 열심으로 바알을 섬겼다. 자기들이 맺은 무성한 열매가 바알을 섬긴 보상인 줄 알아서 더 열심을 부렸을 수도 있다.

이스라엘이 그렇게 한 이유는 두 마음을 품었기 때문이다. 이스라엘은 하나님의 백성이다. 그들 마음에 하나님이 없을 수는 없다. 그런데 바알도 있었다. 이스라엘 역사상 하나님이 없어서 문제가 된 적은 한 번도 없다. 다른 것이 같이 있어서 문제였다.

신앙생활에 성실한 청년이 있다. 공부도 잘했다. 대학 졸업 전에 사법고시에 합격했다. 누군가 그 청년을 기독 청년의 귀감이라고 했다. 어딘가 이상했다. 신앙생활에 성실한 것만으로는 기독 청년의 귀감이 안 되고 사법고시까지 합격해야 기독 청년의 귀감이 되는 것일까? 신앙만 좋으면 세상에서 낙오해도 상관없다는 얘기가 아니다. 세상에서 인정받아야 신앙도 인정하는 풍조를 꼬집고 싶어서 그렇다.

우리 중에 하나님과 바알을 같이 섬기는 사람은 없다. 그러면 하나님과 자신을 같이 섬기는 사람도 없을까? 예수를 믿는다고 하면서 자기 영광을 구하는 사람이 얼마든지 있다. 하나님께 인정받는 것만으로는 만족을 못하고 세상에서도 인정을 받아야 비로소 만족한다. 세상에서 인정받는 것을 하나님께 인정받는 징표로 여기기도 한다.

떡을 양손에 들고 있으면 둘 다 먹을 수 있다. 하지만 마음속에 하나님과 바알을 품으면 하나님을 섬기는 이점과 바알을 섬기는 이점을 둘 다 누릴 수 있는 것이 아니다. 그래서 "그들이 두 마음을 품었으니 이제 벌을 받을 것이라"라고 한다. 어떤 벌을 받을까? "하나님이 그 제단을 쳐서 깨뜨리시며 그 주상을 허시리라"가 벌의 내용이다.

양도 멀쩡하고 소도 멀쩡하고 포도나무, 감람나무, 무화과나무가 다 멀쩡한데 제단과 주상만 무너지는 법은 없다. 제단과 주상은 이스라엘의 소망을 대변한다. 그것이 무너진다는 얘기는 이스라엘에 파국이 닥친다는 뜻이다. 앗수르의 침공으로 숱한 사람이 죽고 집은 불에 탄다. 부모의 시신 옆에서 우는 아이도 있고, 죽은 아이를 부둥켜안고 우는 부모도 있다. 제단이 깨뜨려지고 주상이 허물어진다는 얘기는 이 모두를 포함한다.

10:3   그들이 이제 이르기를 우리가 여호와를 두려워하지 아니하므로 우리에게 왕이 없거니와 왕이 우리를 위하여 무엇을 하리요 하리로다

이스라엘은 왕이 필요한 나라가 아니다. 하나님이 왕이기 때문이다. 이스라엘이 하나님의 간섭을 싫어해서 왕정이 시작되었다. 그래서 "기브아의 시대같이 부패했다", "모든 악이 길갈에 있다"라고 했다(9:9,15). 그런데 난데없이 자기들한테 왕이 없다고 한다.

모순인 것 같지만 이어지는 말을 보면 그렇지 않다. 왕이 없는 이유가 자기들이 여호와를 두려워하지 않기 때문이라고 했다. 즉, 하나님으로부터 통치를 위임받은 왕이 없다는 것이다. 하나님을 두려워하지 않으니 하나님으로부터 통치를 위임받은 왕이 있을 턱이 없다. 앞에서 "그들이 왕들을 세웠으나 내게서 난 것이 아니며 그들이 지도자들을 세웠으나 내가 모르는 바이며"(8:4)라고 했다. 이스라엘에는 하나님과 관계없

는 왕만 있고 하나님과 관계있는 왕은 없었다.

그들의 말이 참 괘씸하다. "왕이 우리를 위하여 무엇을 하리요"라고
했다. 자기들한테는 왕이 없기도 하지만 있어도 소용없다는 것이다. 지
금이 어떤 상황인가? 제단이 깨뜨려지고 주상이 허물어지는 상황이다.
앗수르의 침공으로 온통 아비규환이 된다. 두 마음을 품은 것에 대한 벌
이다. 그런 상황에서 "우리가 하나님을 두려워하지 않아서 왕이 없기도
하지만 있다고 해서 달라지는 것이 있겠느냐?"라고 하는 것이다.

10:4   그들이 헛된 말을 내며 거짓 맹세로 언약을 세우니 그 재판이 밭이랑에 돋는 독
     초 같으리로다

호세아 당시 사람들은 상당히 많은 왕을 경험했다. 여로보암 2세, 스가
랴, 살룸, 므나헴, 브가히야, 베가, 호세아로 계속 왕이 바뀌었다. 그런
데 백성들한테 점수를 얻은 왕은 없었다. 왕들이 하는 말을 믿을 수 없
는 정도가 아니다. 그 재판이 밭이랑에 돋는 독초 같다고 한다.

성경 일곱 번째 책이 사사기다. 영어 성경에서는 Judge라고 하고 〈공
동번역성경〉에는 판관기로 되어 있다. 사사의 본래 업무가 재판이다.
사사기에서 주로 전투 지휘관으로 나오는 것은 재판을 통해서 하나님의
의를 실현하는 것처럼 이 땅에서 악을 몰아내는 싸움을 싸우기 때문이
다. 사사가 재판을 하는 얘기는 드보라를 통해서 소개된다.

그때에 랍비돗의 아내 여선지자 드보라가 이스라엘의 사사가 되
었는데 그는 에브라임 산지 라마와 벧엘 사이 드보라의 종려나

무 아래에 거주하였고 이스라엘 자손은 그에게 나아가 재판을
받더라(삿 4:4-5)

밀, 보리, 포도, 무화과, 석류, 감람, 꿀이 이스라엘의 7대 산물이다.
여기서 꿀은 종려 열매의 즙을 말한다. 종려 열매를 학교 다닐 적에는
대추야자로 배웠는데 당도가 굉장히 높다.

드보라가 재판을 한 장소가 종려나무 아래다. 하나님 뜻에 합당한 재
판이 꿀처럼 달다는 암시다. 하나님의 뜻에 무관한 재판은 어떻게 될
까? 그런 재판은 밭이랑에 돋는 독초와 같다.

식용버섯과 독버섯을 어떻게 구별할까? 독버섯이 식용버섯에 비해
서 화려하다는 말을 들은 적이 있는데 꼭 그렇지만도 않다. 나는 한 가
지 구별법을 안다. 하우스에서 재배하면 무조건 식용버섯이다. 독버섯
을 하우스에서 재배할 이유가 없다. 그런데 하나님 뜻에 무관한 재판을
밭이랑에 돋는 독초에 비유한다. 독초면 독초답게 심산유곡(深山幽谷)에
서 자라야지, 밭이랑에서 자라면 어떻게 한단 말인가?

홍윤성이라는 사람이 있었다. 세조가 왕이 되는 데 크게 공을 세워서
출세가도를 달렸다. 힘이 장사였고, 술을 어찌나 잘 마셨는지 별명이 경
음당(鯨飮黨)이었다. 술고래라는 뜻이다. 그가 양반 가문의 딸을 탐냈다.
반가의 규수를 소실로 달라고 해도 기가 막힌 노릇인데 하룻밤 노리개
로 삼겠다는 것이다. 당연히 거절당했다. 그러자 그 아버지를 때려서 죽
이고 말았다. 그 일이 세조의 귀에 들어갔다. 세조가 영문을 묻자, 홍윤
성이 엉뚱한 답을 했다. 언젠가 퇴궐 후에 술에 취해서 정신을 잃은 적
이 있는데 그때 무슨 일이 있었는지 기억이 안 난다고 한 것이다. 세조

가 판결을 내렸다. "그래? 그러면 술 때문이로구먼. 앞으로 일주일간 금주하도록 하라." 사람을 죽였는데 그 벌이 일주일 금주였다.

홍윤성이 이조판서로 있을 때, 숙부가 찾아와서 자식 벼슬자리를 부탁했다. 홍윤성이 논 스무 마지기를 요구하자, 숙부가 화를 냈다. "네 이놈! 네가 끼니 걱정을 할 때 내가 30년이나 너를 돌봐 주었는데 감히 이럴 수 있느냐?" 숙부도 노발대발했지만 맨입으로 벼슬을 달라는 얘기에 홍윤성도 노발대발했다. 숙부를 때려 죽여서 후원에 묻어 버렸다. 숙모가 이 사건을 형조와 사헌부에 탄원했지만 소용이 없었다. 홍윤성의 권세 앞에 모두 입을 다물었다. 급기야 숙모가 세조의 행차를 막고는 세조한테 직접 호소했다. 세조가 크게 노할 것은 당연한 일이다. 시신을 후원에 묻는 일에 관계된 종 십여 명을 참형에 처했다. 그것이 세조가 내린 판결이었다.

이런 식의 재판이 어쩌다 한 번 있는 일이면 심산유곡에 있는 독초다. 재수 없는 사람만 피눈물을 흘릴 것이다. 그런데 호세아 시대에는 밭이랑에 돋는 독초였다. 왕에 대한 기대가 있을 수 없다. 왕이 있어 봐야 골치만 아프다. 국가 권력이 부패하면 그렇게 될 수밖에 없다.

백성들은 선량한 피해자였을까? 그들이 모르는 사실이 있다. 그들한테 왕이 없는 이유는 하나님을 두려워하지 않기 때문이었다. 그들이 하나님을 두려워했으면 왕이 있었을 것이다. 그 왕은 하나님의 통치를 실현하는 왕이다. 그런 왕이 있었으면 밭이랑에 돋는 독초 같은 재판에 시달리는 일은 애초에 없었을 것이다.

10:5-6　　사마리아 주민이 벧아웬의 송아지로 말미암아 두려워할 것이라 그 백성이 슬퍼

하며 그것을 기뻐하던 제사장들도 슬퍼하리니 이는 그의 영광이 떠나감이며 그 송아지는 앗수르로 옮겨다가 예물로 야렙왕에게 드리리니 에브라임은 수치를 받을 것이요 이스라엘은 자기들의 계책을 부끄러워할 것이며

이스라엘은 하나님을 두려워하지 않았다. 그래서 왕이 없었는데, 그것으로 끝나지 않고 다른 것이 있었다. 벧아웬의 송아지다. 있어야 할 것은 없고 없어야 할 것은 있었다. 벧아웬의 송아지는 이스라엘이 벧엘에 세운 금송아지 우상을 말한다.

사마리아 주민이 벧아웬의 송아지로 말미암아 두려워한다고 한다. 북 왕국 사람들이 자기들이 만든 우상으로 인해서 두려워한다는 것이다. 두려워할 일을 왜 했을까? 또 그 백성이 슬퍼하며 그것을 기뻐하던 제사장들도 슬퍼한다. 그의 영광이 떠나갔기 때문이다.

우상한테 있는 영광이 어디로 떠났다는 말일까? 그것이 어떻게 해서 두렵고 슬픈 일이 될까? 그 답이 "그 송아지는 앗수르로 옮겨다가 예물로 야렙왕에게 드리리니"이다.

우리나라 문화재 중에는 일제 강점기 때 일본으로 불법 반출된 것이 많다. 이집트는 더 심하다. 문화재를 보려면 루브르 박물관에 가야 한다. 북 왕국은 앗수르한테 망했다. 숱한 사람들이 죽거나 포로가 되었고 값나가는 물건은 다 빼앗겼으니 금으로 만든 송아지가 제자리에 있을 턱이 없다.

본문의 야렙왕은 북 왕국을 멸망시킨 살만에셀 5세를 말한다. 북 왕국이 애지중지하던 금송아지가 앗수르 왕한테 예물로 바쳐진다. 금은보화를 빼앗기고 소와 양을 빼앗기는 것과 다르다. 자기들이 섬기던 신을

빼앗기는 것이다. 그래서 "에브라임은 수치를 받을 것이요 이스라엘은 자기들의 계책을 부끄러워할 것이며"로 이어진다. 자기들이 얼마나 어리석었는지 절감하는 것이다. 여태껏 의지한 금송아지가 자기 몸뚱이도 지키지 못하는 무능한 신이었다.

10:7-8 　사마리아 왕은 물 위에 있는 거품같이 멸망할 것이며 이스라엘의 죄 곧 아웬의 산당은 파괴되어 가시와 찔레가 그 제단 위에 날 것이니 그때에 그들이 산더러 우리를 가리라 할 것이요 작은 산더러 우리 위에 무너지라 하리라

지난 2011년에 개봉된 〈최종병기 활〉이라는 영화가 있다. 병자호란이 배경이다. 숱한 조선 백성이 포로로 끌려가는데 중간에 날이 저물었다. 부대를 지휘하는 청국 왕자가 포로 중의 한 여인을 자기 침소로 데려오게 한다. 그 여인이 자기를 수치스럽게 하지 말라고 하자, 청국 왕자가 말한다. "네 나라 왕도 무릎을 꿇고 항복했는데 네까짓 것한테 무슨 수치란 말이냐?"

같은 일을 당해도 왕이 당하는 것과 백성이 당하는 것은 다를 수밖에 없다. 극심한 기근으로 왕이 굶주린다면 그 나라 백성은 아무리 굶주려도 입을 다물어야 할 것이다.

본문은 사마리아 왕이 물 위에 있는 거품같이 멸망할 것이라고 한다. 3절에서 왕이 없다고 했는데 사마리아에 왕이 있다. 하나님과 관계없는 왕이다. 그런 왕이 거품같이 멸망한다는 것이다. 세수를 할 때마다 세면기에서 물거품을 본다. 말 그대로 물거품같이 사라진다. 하나님과 관계없는 것은 설령 왕이라고 해도 물거품 신세다. 하물며 일반 백성은 말할

것도 없다. 그것이 두 마음을 품은 결과다.

지금까지 그들이 어떻게 지냈는지 단적으로 보여 주는 말이 "이스라엘의 죄 곧 아웬의 산당은 파괴되어 가시와 찔레가 그 제단 위에 날 것이니"이다. 벧아웬의 송아지는 앗수르의 노략물이 되었다. 그 금송아지 우상을 모셨던 산당은 파괴되어 가시와 찔레로 뒤덮인다. 어쩌면 낮에는 까마귀가 울고 밤에는 여우가 울었을 것도 같다.

정철의 〈관동별곡〉에 "궁왕 대궐 터에 오작이 지저귀니 천고흥망을 아느냐, 모르느냐"라는 구절이 나온다. 한때 궁예가 철원을 근거지로 세력을 떨친 적이 있다. 정철이 그곳을 지나는데 대궐은 터만 남고 까마귀와 까치만 우짖는 것을 그렇게 묘사했다.

첨언하면, 흔히 궁예를 폭군으로 얘기하는 것은 고려에 의해 기술된 역사 때문이다. 그 역사는 궁예는 왕 자격이 없고 왕건이 왕 자격이 있다고 주장하는 사람들에 의해서 기록되었다. 게다가 수년 전에 방영한 드라마 〈태조 왕건〉도 한몫했을 것이다.

궁예가 정말 그런 사람이었을까? 궁예는 이성계나 왕건, 견훤과는 출발이 다른 사람이다. 막강한 집안 배경은 고사하고 천애고아로 자랐다. 그런 사람이 나라를 세웠으니 일세의 영웅이 분명하다. 하지만 정철로 하여금 인생무상을 느끼게 하는 것이 고작이었다.

정철이 궁왕 대궐 터에서 허무를 느꼈으면, 폐허가 된 아웬의 산당에서는 무엇을 느껴야 할까? 아웬의 산당을 건성으로 드나든 사람은 없을 것이다. 저마다 간절한 마음으로 소원을 아뢰었을 것이다. 그런데 폐허가 되었다. 산당이 폐허가 된 것이 아니다. 이스라엘의 소망이 폐허가 되었다. 그들이 어느 만큼 부질없는 인생을 살았는지 보여 주는 것이 가시와 찔레다. 그래서 "그때에 그들이 산더러 우리를 가리라 할 것이요 작은 산더러 우리 위에 무너지라 하리라"로 이어진다.

쥐구멍에라도 들어가고 싶다는 말이 있다. 자기를 쥐로 비하한 것이다. 체면이 말이 아니지만 그런 것을 생각할 틈이 없다. 산이 자기 위에 무너졌으면 좋겠다는 말은 그 정도가 아니다. 산에 깔리면 죽는다는 생각조차 할 겨를이 없다. 얼굴을 가릴 수만 있으면 그것으로 족하다.

8b절은 신약에서 두 차례 인용된 말씀이다. 예수님이 십자가를 지고 갈 적에 "예루살렘의 딸들아 나를 위하여 울지 말고 너희와 너희 자녀를 위하여 울라"라고 하면서 "그때에 사람이 산들을 대하여 우리 위에 무너지라 하며 작은 산들을 대하여 우리를 덮으라 하리라"라고 했다(눅 23:28,30). 요한계시록에서도 이 말씀을 인용했다. 어린양이 여섯째 인을 떼자, 해가 검어지고 달은 피같이 되며 별들이 떨어지고 하늘은 두루마리가 말리는 것처럼 떠나간다. 그때 땅의 임금들과 왕족들과 장군들과 부자들과 강한 자들과 모든 종과 자유인이 산들과 바위한테 자기들 위에 떨어져 어린양의 진노에서 자기들을 가려 달라고 한다(계 6:12-16).

8b절은 북 왕국이 앗수르한테 망할 때의 상황을 염두에 둔 말이다. 예수님은 예루살렘의 멸망을 내다보면서 말씀하셨고, 요한계시록에서는 이 세상 마지막 날의 상황으로 얘기했다. 공통점이 있다. 전부 허탄한 것에 소망을 두고 살아간 사람들을 겨냥했다. 그들은 그처럼 자기 인생을 수치스럽게 생각하게 된다. 유일한 소망이 있다면 자기가 철저하게 숨겨지는 것이다.

우리는 어떤가? 우리는 주를 만날 소망이 있는 사람들이다. 주를 만날 날을 소망하는 사람과 유일한 소망이 산이 자기를 가리는 것인 사람은 얼마나 차이가 날까? 하나님이 우리를 그런 존재로 빚어 만드신다. 마땅히 다른 인생을 살아야 한다. 우리는 다른 사람들이다.

10:9   이스라엘아 네가 기브아 시대로부터 범죄하더니 지금까지 죄를 짓는구나 그러
        니 범죄한 자손들에 대한 전쟁이 어찌 기브아에서 일어나지 않겠느냐

옛적에 하나님은 이스라엘을 마치 광야에서 포도를 만난 것처럼, 무화과나무에서 처음 맺힌 열매를 보는 것처럼 여기셨다. 그런데 이스라엘은 바알브올에 가서 부끄러운 우상한테 몸을 드렸다. 이스라엘은 출애굽 직후부터 하나님께 범죄했다.

본문은 달리 얘기한다. 이스라엘이 기브아 시대로부터 범죄하더니 지금까지 죄를 짓고 있다고 한다. 기브아 시대 이전의 범죄는 그리 대단하지 않은 모양이다. 기브아 시대의 범죄가 모든 범죄의 완결판이다.

기브아 시대는 이스라엘의 왕정과 관계있다. 사울의 고향이 기브아였다. 호세아서는 왕정에 대해서 상당히 비판적이다(1:4, 8:4, 10:15, 13:10-11). 이스라엘의 진짜 왕이 누구냐는 것이다. 하나님을 거부하고 자기들의 욕심을 왕으로 섬기는 풍조가 기브아 시대부터 지금까지 조금도 달라지지 않았다. "범죄한 자손들에 대한 전쟁이 어찌 기브아에서 일어나지 않겠느냐"라는 말을 할 수밖에 없다.

아버지의 죄를 아들이 감당하는 법은 없다. 범죄한 자손들에 대한 전쟁이 일어난다는 얘기는 그 자손들 또한 죄를 범했다는 뜻이다. 하나님이 죄를 벌하는 가장 일반적인 방법은 이방 민족을 통한 징벌이다.

전쟁이 다른 도시에서는 일어나지 않고 유독 기브아에서만 일어날 수

는 없다. 기브아 시대의 범죄라고 해서 기브아에 국한된 범죄가 아니다. 기브아 시대의 범죄와 한통속인 사람은 모두 전쟁의 참상을 겪게 된다.

지금까지 이스라엘은 숱한 전란에 시달렸다. 그런데 "범죄한 자손들에 대한 전쟁이 어찌 기브아에서 일어나지 않겠느냐"라고 했다. 아직 전쟁이 일어나지 않았는데 조만간 일어난다는 것이다. 지금까지 이스라엘이 시달린 전란과 다른 전란을 말한다. 즉, 이스라엘의 멸망이다. 지금까지는 이민족의 침략에 시달리면서도 국권을 유지했는데 이제는 그마저도 허락되지 않는다.

10:10　　　내가 원하는 때에 그들을 징계하리니 그들이 두 가지 죄에 걸릴 때에 만민이 모여서 그들을 치리라

지금까지 이스라엘의 국권이 유지된 것은 하나님이 이스라엘의 멸망을 원하지 않으셨기 때문이다. 하나님이 이 세상의 주인이다. 그런데 이스라엘은 자기들 나름대로 잘살아보려고 했다. 왕을 세우고 바알을 섬긴 것이 다 그런 노력이었다. 자기들의 소행을 하나님이 참고 계신 줄 전혀 몰랐다. 하지만 하나님이 마냥 참기만 하시지는 않는다. 그 얘기가 "내가 원하는 때에 그들을 징계하리니"이다.

하나님이 아무 때나 징계하실까? 2차 대전 때 독일이 유태인을 학살하기 위해 만든 아우슈비츠 수용소는 상당히 악명 높다. 입구에는 "일하면 자유로워질 수 있다"라는 슬로건이 쓰여 있다. 노동력이 없으면 죽는다는 뜻이다. 그곳에 수용된 사람들은 오늘 죽을지 내일 죽을지 모르는 처지다. 하지만 수용소장이 기분 내키는 대로 죽이지는 않았을 것이다.

"야! 저 놈 죽여." "예, 알겠습니다. 그런데 이유가 무엇인지 여쭤도 되겠습니까?" "그냥 내 맘이야." 이런 대화는 도무지 상상이 되지 않는다.

하나님이 원하는 때에 이스라엘을 징계하신다는 얘기 역시 그런 식일 수 없다. "그들이 두 가지 죄에 걸릴 때에 만민이 모여서 그들을 치리라"라고 한 것처럼 이스라엘이 징계를 자초했기 때문이다.

두 가지 죄가 어떤 죄인지는 모른다. 어떤 사람은 단에 금송아지 우상을 만든 죄와 벧엘에 금송아지 우상을 만든 죄라고 한다. 어떤 사람은 하나님께 범한 죄와 이웃에게 범한 죄라고도 한다. 3장 5a절에서 "그 후에 이스라엘 자손이 돌아와서 그들의 하나님 여호와와 그들의 왕 다윗을 찾고"라고 했다. 이 구절에 근거해서 하나님께 범한 죄와 다윗 왕조에 범한 죄라고도 한다. 예레미야 2장 13절에 "내 백성이 두 가지 악을 행하였나니 곧 그들이 생수의 근원 되는 나를 버린 것과 스스로 웅덩이를 판 것인데 그것은 그 물을 가두지 못할 터진 웅덩이들이니라"라는 말씀이 있다. 하나님을 버린 것과 스스로 웅덩이를 판 것, 즉 우상을 섬기고 애굽이나 앗수르 같은 외세에 의존한 것이 두 가지 죄라고도 한다.

정확한 것은 모른다. 이 중에 맞는 답이 없을 수도 있다. 〈공동번역성경〉은 "쌓이고 쌓인 이 백성의 죄를 벌하리라"로 번역했고 〈메시지성경〉은 "기브아에 기브아를 더한 만큼의 쓴맛을 보게 될 것이다"로 번역했다. 어쨌든 하나님이 이방 족속을 들어 이스라엘의 죄를 심판하신다는 내용인 것은 확실하다.

예전에 KBS에서 〈용의 눈물〉이라는 드라마를 방영했다. 태종의 등극과 양녕대군을 세자의 자리에서 내치는 것이 그 줄거리다. 세자를 바꾸는 일은 쉬운 일이 아니다. 특히 태종은 정상적으로 왕위를 물려받은 사람이 아니다. 이복동생을 죽이고 형을 귀양 보내면서 왕이 되었다. 아들의 군호에 '평안할 녕'(寧)을 넣어서 양녕대군, 효령대군, 충녕대군, 성녕대군, 정녕대군으로 지은 것이 우연이 아닐 것이다. 어떻게 해서든지 양녕대군을 보위에 올리고 싶었을 것이다. 한두 번 사고 친 것으로 세자의 자리에서 내쳤을 리가 없다. 아버지가 자식을 포기하기까지 얼마나 많은 우여곡절이 있었을까? 태종이 보기에 양녕대군은 도무지 대책이 없었다.

하나님이 이스라엘을 심판하기로 작정했다는 얘기는 이스라엘이 그만큼 꾸준히 엉망이었다는 뜻이다. 아무리 기회를 줘도 번번이 엇나가는 것을 어떻게 할까?

10:11 에브라임은 마치 길들인 암소 같아서 곡식 밟기를 좋아하나 내가 그의 아름다운 목에 멍에를 메우고 에브라임 위에 사람을 태우리니 유다가 밭을 갈고 야곱이 흙덩이를 깨뜨리리라

타작을 하는 방법 중에 소로 하여금 곡식 단을 밟게 하는 방법이 있다. 그 경우에 소에게는 망을 씌우지 않는다. 소가 하는 일 중에 가장 신나는 일이었을 것이다. 노동 강도는 약한데 눈에 보이는 것을 마음껏 먹을 수 있으니 얼마나 좋을까? 이스라엘이 그런 일에만 익숙한 암소 같았다. 하나님에 대해서는 최소한의 의무만 행하면서 자기들의 욕심은 다 부리고 싶어 했다.

그런 교인이 있으면 신앙생활은 그렇게 하는 것이 아니라고 가르쳐 줘야 한다. 십자가를 지라는 말도 해야 하고, 자기를 부인해야 한다는

말도 해야 한다. 그래서 하나님이 곡식 밟는 일에만 익숙한 암소 같은 이스라엘의 목에 멍에를 메우고 사람을 태우려고 하셨다. 유다에게는 밭을 갈게 하고, 야곱에게는 흙덩이를 부수게 하려고 하셨다. 이스라엘의 본래 이름이 야곱이다. 야곱이 이스라엘이 되었는데, 그 이스라엘이 나라 이름이 되었다. 북 왕국 이스라엘을 얘기하다가 난데없이 남 왕국 유다를 얘기하는 것은 앞에서도 몇 번 나온 예다. 북 왕국의 죄를 말한다고 해서 남 왕국은 해당 사항이 없는 것이 아니다.

소가 할 일은 자기를 살찌우는 일이 아니라 농사를 돕는 일이다. 쟁기질도 해야 하고 수확한 곡식을 나르기도 해야 한다. 타작마당에서 곡식 밟는 일만 하겠다고 고집부리는 소는 쓸모가 없다.

10:12 너희가 자기를 위하여 공의를 심고 인애를 거두라 너희 묵은땅을 기경하라 지금이 곧 여호와를 찾을 때니 마침내 여호와께서 오사 공의를 비처럼 너희에게 내리시리라

콩 심은 데 콩 나고 팥 심은 데 팥 난다. 콩을 심은 사람은 콩을 거둘 자격이 있고, 팥을 심은 사람은 팥을 거둘 권리가 있다는 말이 아니다. 만일 그렇다면 고구려의 동맹(東盟)이나 부여의 영고(迎鼓) 같은 추수감사제가 있을 까닭이 없다. 자기가 씨를 뿌려서 자기가 거두었는데 하늘이 무슨 상관인가?

농사는 땅에서 되는 일이 아니라 하늘에서 되는 일이다. 농부가 아무리 부지런을 떨어도 열쇠는 하늘에 있다. 그래서 공의를 심어서 인애를 거두라고 한다. 공의를 심어서 공의를 거두지 않는다. 하나님은 우리의

의를 가늠해서 그대로 보응하지 않고 자비로 보응하신다. 농부가 씨앗 한 알을 심었다고 해서 알곡 한 알만 거두는 게 아닌 것과 같다.

그런 일이 저절로 되지 않는다. 먼저 묵은땅을 기경해야 한다. 육체에 속한 옛 습관을 고집하면서 새사람이 될 수는 없다. 지금은 금송아지를 찾을 때가 아니라 하나님을 찾을 때다. 그렇게 하면 마침내 여호와께서 오사 공의를 비처럼 내리신다고 한다. 성경의 표현을 잘 보자. 은혜를 내리시는 것이 아니다. 공의를 내리신다.

> 만일 우리가 우리 죄를 자백하면 그는 미쁘시고 의로우사 우리 죄를 사하시며 우리를 모든 불의에서 깨끗하게 하실 것이요(요일 1:9)

사극에서 죄인을 문초하는 장면을 볼 수 있다. 죄인은 한사코 억울하다고 항변한다. 그럴 수밖에 없다. 바른대로 말하면 그다음에 나올 말은 "그래, 기특하다. 바른말을 했으니 용서해 주마"가 아니라 "고얀 놈! 네가 그런 일을 행하고도 살기를 바라느냐?"이다. 죄를 자복하면 그 죄에서 빠져나올 수 없게 된다. 무조건 우겨야 한다.

우리는 하나님이 우리를 사랑하신다는 말에 너무 익숙해 있다. 하나님이 우리 죄를 용서하신다는 사실을 당연하게 받아들인다. 그런데 성경은 "만일 우리가 우리 죄를 자백하면 그는 자비롭고 사랑이 많으시사 우리 죄를 사하시며…"라고 되어 있지 않다. 하나님이 미쁘시고 의로우셔서 우리 죄를 사하신다고 한다.

하나님이 미쁘시고 의로우면 죄를 정확히 판결할 것이다. 그런 하나님이 우리 죄를 사하시려면 그만한 근거가 있어야 한다. 그래서 십자가

가 필요하다. 예수님이 우리 죗값을 다 치르셨다. 우리한테는 정말로 죄가 없다. 우리를 의롭다 하는 것이 하나님의 공의다.

10:13   너희는 악을 밭 갈아 죄를 거두고 거짓 열매를 먹었나니 이는 네가 네 길과 네 용사의 많음을 의뢰하였음이라

이스라엘은 하나님의 백성이다. 타작마당에서 곡식 밟는 일이나 할 줄 아는 암소처럼 지내게 할 수는 없다. 그래서 그 목에 멍에를 메우고 묵은 땅을 기경하게 하려고 했다. 그렇게 해서 여호와를 찾으면 공의를 비처럼 내려 주려고 했다. 그런데 이스라엘의 행태는 마냥 실망스러웠다.

드라마 〈용의 눈물〉 식으로 얘기하면, 태종은 어떻게 해서든지 양녕대군에게 보위를 물려주려고 했다. 거듭, 거듭 기회를 줬다. 그런데 당최 말귀를 알아들으려 하지 않았다. 이오방이나 구종수 같은 시정잡배들과 어울려 다니며 주색잡기를 즐겼고, 심지어 고려 말 무인인 곽선의 첩 어리의 미모가 뛰어나다는 말을 듣고는 그와 동침하고 궁궐에 데려왔다. 태종이 꾸짖자, 아버지는 후궁이 여럿이면서 왜 자기만 나무라느냐고 불만을 表하기도 했다. 결국 포기하고 세자의 위를 충녕대군한테 넘겨주고 만다.

하나님은 이스라엘이 멍에를 메서 밭을 갈고 흙덩이를 깨뜨리기를 바랐다. 공의를 심고 인애를 거두기를 바랐다. 묵은땅을 기경하기만 하면 공의를 비처럼 내리려고 했다. 그런데 이스라엘은 악을 밭 갈아 죄를 거두고 거짓 열매를 먹었다. 잘못을 하면서도 잘못인 줄 몰랐고 심지어 그 결과를 즐겼다. 성경은 그 이유를 "이는 네가 네 길과 네 용사의 많음

을 의뢰하였음이라"라고 꼬집는다.

이스라엘이 자기의 길을 의뢰했다는 얘기는 납득이 된다. 그들은 하나님 말씀보다 자기들의 지혜를 믿었다. 그런데 용사의 많음을 의뢰했다는 얘기는 무슨 영문일까? 이스라엘은 여로보암 2세 때를 제외하고는 제대로 기를 펴 본 적이 없다. 어리석은 비둘기처럼 애굽을 향하여 부르짖으며 앗수르로 간다는 지적도 있었다. 어쩌면 자기들한테 힘이 있을 때는 자기들의 힘을 의지하고 힘이 없을 때는 강대국을 의지한 행태를 뭉뚱그려서 "네 용사의 많음을 의뢰했다"라고 하는 것일 수 있다.

그러면 얘기가 고약하게 된다. 자기들한테 용사가 많을 때는 그 용사를 의뢰하다가 용사가 없어지면 하나님을 의뢰하느냐 하면 그게 아니다. 다른 나라의 용사를 의뢰할지언정 하나님을 의뢰하지는 않는다. 이스라엘 마음에 하나님이 없었다. 자기들이 하고 싶은 대로 할 뿐이다. 그 일이 악을 밭 갈아 죄를 거두는 일인 줄 모른다. 자기들이 먹고 있는 것이 거짓 열매인 줄도 모른다. C. S. 루이스가 한 말이 있다. "지옥으로 가는 길은 완만한 내리막길이다. 사람들은 그 길을 기분 좋게 걸어간다." 하기야 지옥을 누가 택하겠는가? 지옥에 이르는 길을 택할 뿐이다.

10:14   그러므로 너희 백성 중에 요란함이 일어나며 네 산성들이 다 무너지되 살만이 전쟁의 날에 벧아벨을 무너뜨린 것같이 될 것이라 그때에 어머니와 자식이 함께 부서졌도다

용사의 많음을 의뢰했으면 다른 것은 몰라도 전쟁 위협은 없어야 한다. 그런데 그것이 아니다. 백성 중에 요란함이 일어나고 산성들이 무너진

다. 어느 한 곳만 전쟁의 참사를 경험하는 것이 아니라 사방에서 경험하게 된다. 마치 살만이 전쟁의 날에 벧아벨을 무너뜨린 것같이 된다고 한다.

살만이 누구인지는 모른다. 앗수르 왕 살만에셀 3세(주전 859-824)일 수도 있고, 살만에셀 5세(주전 727-722)일 수도 있다. 혹은 다른 사람일 수도 있다. 고고학 자료에 따르면 이스라엘 왕 예후가 두로 왕, 시돈 왕과 함께 살만에셀 3세한테 조공을 바친 적이 있다고 한다. 살만에셀 5세는 북 왕국을 멸망시킨 왕이다. 또 벧아벨은 요세푸스(Flavius Josephus, 주후 37-100(?))에 의하면 갈릴리 남동쪽 23km 지점 요단강 유역에 있는 성읍이다.

살만이 전쟁을 일으켰을 때 가장 피해가 컸던 곳이 벧아벨인 모양이다. 숱한 사람이 죽고 성읍은 폐허가 되었을 것이다. 오죽하면 그때 어머니와 자식이 함께 부서졌다고 한다. 〈표준새번역성경〉에는 "그날에 자식들이 박살난 바로 그 바위 위에서 어머니들마저 박살나지 않았느냐?"라고 번역되어 있다.

죽음이라고 해서 다 같은 죽음이 아니다. 칼이나 창에 죽는 것보다 철퇴에 맞아 죽는 것이 더 비참하다. 그런데 벧아벨에서는 자식들이 박살난 바위에서 어머니들도 박살났다. 상당히 끔찍하게 죽었다.

본문은 '그러므로'로 시작했다. 13절이 원인이 되어서 나타난 결과가 본문이다. 이스라엘이 악을 밭 갈아 죄를 거두고 거짓 열매를 먹었다. 자기들의 길과 용사의 많음을 의뢰했기 때문이다. 그렇게 해서 조만간 벧아벨처럼 된다. 벧아벨에서 어떤 일이 있었는지 아는 사람은 두려움에 몸서리를 쳤을 것이다.

벧엘은 이스라엘이 금송아지 우상을 섬긴 곳이다. 벧엘에서 열심히 복을 빌었을 것이다. 그런데 엉뚱한 결과가 나타난다. 백성 중에 요란함이 일어나며 산성들이 무너지고 어머니와 자식이 같은 바위에서 박살나는 이유가 앗수르의 군사력이나 포악함 때문이 아니라 벧엘에서 행한 이스라엘의 죄 때문이다.

게다가 결론이 "이스라엘 왕이 새벽에 정녕 망하리로다"이다. 왜 하필 새벽에 망할까? 새벽은 하나님의 구원이 나타나는 시간이다. 홍해가 갈라진 것도 새벽이고, 여리고성이 무너진 것도 새벽이다. 시편 기자는 "하나님이 그 성중에 계시매 성이 흔들리지 아니할 것이라. 새벽에 하나님이 도우시리로다"(시 46:5)라고 노래했다. 주님이 부활한 시간도 새벽이다. 그런데 이스라엘 왕은 구원이 선포되는 시간에 오히려 망한다.

홍해가 갈라진 것이 이스라엘한테는 구원이었지만 애굽에게는 심판이었다. 여리고성이 무너진 것도 이스라엘한테는 승리였지만 여리고성 백성들한테는 패망이었다. 하나님의 도우심이 나타나면 하나님 반대쪽은 멸망할 수밖에 없다. 단어 하나를 보태면 의미가 더 분명하게 된다. "이스라엘의 가짜 왕이 새벽에 정녕 망하리로다."

하나님이 이스라엘의 참 왕이다. 하나님이 친히 하나님의 주권을 선포하시면 가짜 왕은 망할 수밖에 없다. 여로보암 2세, 스가랴, 살룸, 므나헴, 브가히야, 베가, 호세아를 말하는 것이 아니다. 이스라엘에 왕정이 시작된 이유가 이스라엘의 죄 때문이다. 그것이 멸망한다는 뜻이다.

우리 중에 불신자의 불신앙이 심판으로 귀결된다는 사실을 모르는 사람은 없다. 신자의 불신앙은 어떻게 될까? 그것은 하나님이 이해해 주실까? 불신자의 불신앙이 심판으로 귀결된다면 신자한테 있는 불신앙도 마찬가지다. 그 옛날 이스라엘이 묵은땅을 기경하지 않은 것이 문제가 아니다. 우리가 묵은땅을 기경하지 않는 것이 문제다. 그런 일은 없어야 한다. 우리는 하나님이 공의를 비처럼 내려 주실 날을 기다리는 사람들이다.

11장

이스라엘의 하나님

하나님이 에서가 아닌 야곱을 택했다. 둘의 성장 과정을 지켜본 다음에 결정한 것이 아니다. 태어나기도 전에 그렇게 정했다. 하나님의 선택은 인간의 선행이나 의로움에 좌우되지 않는다. 본문이 그렇다. 이스라엘에게 아무 조건도 묻지 않고 일방적으로 사랑했다.

구약성경에서 사랑으로 번역된 단어는 주로 '헤세드'(חסד)다. 그런데 본문에서는 '아하브'(אהב)가 쓰였다. 아하브는 선택에 초점이 있는 사랑을 말한다. 버리지 않고 인정해 주는 사랑이다.

여러 아이를 입양해서 키우는 가정이 있었다. 한 아이가 입양아인 것을 학교 친구들이 알게 되었다. 그 사실을 놀리는 아이도 있었다.

"너는 엄마가 친엄마가 아니라면서?"
"그래, 그게 왜?"
"넌 엄마도 없는 아이네."

"넌 엄마가 너를 사랑해서 엄마 된 거 아니지? 우리 엄마는 처음
부터 날 사랑해서 엄마 된 거야."

예기치 않은 임신은 있어도 예기치 않은 입양은 없다. 양자를 친자보다
못하게 여기는 것은 우리 선입견에 불과하다. 법적 지위는 동등하다. 더
욱이 양자는 사랑으로 선택되기도 했다. 우리가 하나님의 양자인 것이
그만큼 놀라운 얘기다. 하나님이 이스라엘을 그렇게 사랑해서 애굽에서
불러내었다.

11:2-3　　선지자들이 그들을 부를수록 그들은 점점 멀리하고 바알들에게 제사하며 아로
　　　　새긴 우상 앞에서 분향하였느니라 그러나 내가 에브라임에게 걸음을 가르치고
　　　　내 팔로 안았음에도 내가 그들을 고치는 줄을 그들은 알지 못하였도다

출애굽 전에 하나님이 모세를 통해서 바로에게 말씀하신다. "내 백성을
보내라. 그들이 광야에서 나를 섬길 것이니라." 그런데 본문에는 전혀
다른 얘기가 나온다. 하나님을 섬기라고 애굽에서 불렀는데 오히려 바
알을 섬겼다.

　애굽에서 나오게 한 것이 전부일 수 없다. 그들에게 걸음을 가르쳤
다. 걸음을 우악스럽게 가르치는 부모는 없다. 아이의 힘에 맞게 조심스
럽게 가르친다. 하나님은 홍해를 건넌 이스라엘을 구름 기둥, 불 기둥으
로 인도하셨다. 먹을 것이 없을 때는 하늘에서 만나를 내렸고, 목이 마
를 때는 반석에서 물이 나오게 했다. 율법도 줬고, 제사 제도도 알려줬
다. 하나님의 백성으로 살아가는 데 필요한 모든 것을 하나하나 일러줬

다. 그런데 이스라엘은 그것을 몰랐다.

11:4　　　내가 사람의 줄 곧 사랑의 줄로 그들을 이끌었고 그들에게 대하여 그 목에서 멍

　　　　　에를 벗기는 자같이 되었으며 그들 앞에 먹을 것을 두었노라

집에 손님이 오면 거실 TV를 끈다. 하지만 아이가 떠들면 입에 반창고를 붙이지 않고 조용하라고 이른다. 시끄러운 소리만 안 나면 되는 것이 아니라 어떤 때 조용해야 하는지 알게 해야 한다.

사람의 줄은 짐승의 줄과 대조되는 표현이다. 소나 말을 다른 장소로 데려가려면 고삐를 잡고 끌고 가면 되지만 사람은 다르다. 사람한테는 장소를 옮기자고 말을 한다. 그 말을 듣고 자기 발로 가게 한다. 그렇게 이끄는 것이 사람의 줄, 곧 사랑의 줄이다.

또 이스라엘에 대하여 그 목에서 멍에를 벗기는 자같이 되었고 이스라엘 앞에 먹을 것을 두었다. 이스라엘은 애굽에서 노예로 지냈다. 하나님이 출애굽으로 그 멍에를 벗겨 주셨다. 또 그 앞에 먹을 것을 두었다고 했는데, 직역하면 "몸을 굽혀 음식물을 먹였다"가 된다. 〈표준새번역 성경〉에서는 "가슴을 헤쳐 젖을 물렸다"라고 의역을 했다. 하나님이 출애굽한 이스라엘을 그렇게 세심하게 돌보셨다.

이스라엘이 어떻게 반응해야 할까? 애굽에서 꺼내 준 은혜만도 백골난망(白骨難忘)인데 거기에 양육까지 해 주니 얼마나 황송할까?

11:5　　　그들은 애굽 땅으로 되돌아가지 못하겠거늘 내게 돌아오기를 싫어하니 앗수르

　　　　　사람이 그 임금이 될 것이라

이스라엘은 넘치는 하나님의 은혜를 입었다. 그 반응이 본문인데, 이스라엘은 광야 생활 내내 애굽을 그리워했다. 가데스바네아에서 가나안 땅을 정탐한 다음에는 애굽으로 돌아가자며 시위를 벌이기도 했다. 애굽으로 가려면 다시 홍해를 건너야 하는데 설마 하나님이 또 홍해를 갈라 주실까? 그런데도 그런 풍조가 무려 700년 동안 이어져서 호세아 시대까지 근절되지 않았다.

어떤 여자가 있다. 결혼을 했는데도 한 남자의 아내로 살기를 거부한다. 처녀 시절로 돌아갈 수도 없는데 한 남자의 아내이기를 거부하면 음란한 행실밖에 나올 것이 없다. 순수하게 다른 남자를 사랑하는 것은 불가능하다.

이스라엘이 애굽에서 나왔다. 다시 예전처럼 애굽의 지배를 받을 수는 없다. 그 길은 홍해로 막혀 있다. 그런 상황에서 하나님의 지배를 거부하면 남은 것은 앗수르의 지배를 받는 것뿐이다. 다른 여지가 없다.

11:6-7   칼이 그들의 성읍들을 치며 빗장을 깨뜨려 없이하리니 이는 그들의 계책으로 말미암음이니라 내 백성이 끝끝내 내게서 물러가나니 비록 그들을 불러 위에 계신 이에게로 돌아오라 할지라도 일어나는 자가 하나도 없도다

이스라엘한테도 하나님 없이 살 수 있는 나름대로의 대책이 있다. 그것이 성읍이고 빗장이다. 그런데 칼이 그들의 성읍을 치고 빗장을 깨뜨린다. 그 안에 있던 사람들은 어떻게 될까?

성경에는 그 얘기가 없다. 독자들의 상상에 맡기는 모양이다. 그 대신 다른 얘기가 있다. "이는 그들의 계책으로 말미암음이니라"라고 한

다. 이스라엘이 그런 일을 자초했다는 것이다. 성읍이 무너지고 빗장이 깨뜨려지면 그 안에 있던 사람들은 어떻게 되느냐 하는 것보다 더 알게 하고 싶은 것이 그런 일이 일어난 원인이다.

하나님을 섬기는 쪽으로 소신이 있는 것은 참 좋은 일이다. 그런데 하나님을 섬기지 않는 쪽으로 소신이 있으면 어떻게 할까? "내 백성이 끝끝내 내게서 물러가나니 비록 그들을 불러 위에 계신 이에게로 돌아오라 할지라도 일어나는 자가 하나도 없도다"가 그 얘기다.

하나님은 속도 없는 분 같다. 하나님에게서 끝끝내 물러가는데도 '내 백성'이라고 하신다. 또 "…일어나는 자가 하나도 없도다"라고 했다. 전부 앉아 있다는 얘기다. 연좌농성이라도 벌이는 것 같다. 하나님을 거부하기로 작정한 것이다. 이런 이스라엘을 어떻게 해야 할까?

11:8 에브라임이여 내가 어찌 너를 놓겠느냐 이스라엘이여 내가 어찌 너를 버리겠느냐 내가 어찌 너를 아드마같이 놓겠느냐 어찌 너를 스보임같이 두겠느냐 내 마음이 내 속에서 돌이키어 나의 긍휼이 온전히 불붙듯 하도다

1절에서 "이스라엘이 어렸을 때에 내가 사랑하여 내 아들을 애굽에서 불러냈거늘"이라고 했다. 이스라엘을 하나님의 아들로 얘기한다. 율법에 따르면 부모에게 거역하는 아들은 돌로 쳐서 죽이게 되어 있다. 그런데 하나님은 전혀 다른 말씀을 하신다.

창세기 14장에 고대판 중동전쟁이 나온다. 롯이 그 전쟁에 휩쓸려서 포로가 되었다가 아브라함에 의해 구출된다. 그때 시날, 엘라살, 엘람, 고임이 한편이었고 소돔, 고모라, 아드마, 스보임, 소알이 한편이었다.

소돔, 고모라의 멸망을 모르는 사람은 없다. 그때 아드마, 스보임도 같이 멸망했다(신 29:23). 롯이 피한 소알만 작은 성이어서 심판에서 제외되었다. 성의 규모가 작은 만큼 죄가 덜 누적되었던 모양이다.

7절이 이스라엘의 실상이다. 그런데 하나님은 본문을 말씀하신다. 그 옛날 아드마와 스보임은 멸망시켰지만 어떻게 이스라엘을 그렇게 하느냐는 것이다. 죄악으로만 얘기하면 이스라엘도 아드마, 스보임과 다를 바 없다. 하지만 버리지 않겠다고 하신다.

하나님이 호세아한테 음란한 여인을 아내로 맞으라고 하셨다. 그래서 고멜을 아내로 맞았다. 고멜은 호세아의 아내가 된 다음에도 여전히 음란했다. 외간남자를 따라 집을 나갔다. 율법대로 하면 돌로 쳐서 죽여야 한다. 그런데도 호세아한테 고멜을 다시 데려오라고 하셨다. 호세아한테 고멜의 용서를 말씀하신 하나님이라면 이스라엘에게도 용서를 말씀하실 것이다.

율법은 어떻게 될까? 율법을 정하신 분이 하나님인데 하나님 스스로 율법을 무시해도 되는 것일까? 고멜의 죄는 호세아가 대신 감당했다. 노예시장에 팔린 그를 은 열다섯과 보리 한 호멜 반으로 다시 사 왔다. 마찬가지다. 이스라엘의 죄는 하나님이 감당하실 것이다.

사람들이 음행 중에 잡힌 여자를 예수님께 데리고 와서 어떻게 해야 하는지 물었다. 예수님은 죄 없는 자가 먼저 돌로 치라고 하셨다. 그 얘기에 사람들이 다 돌아가 버렸다. 예수님이 여자에게 "나도 너를 정죄하지 아니하노니 가서 다시는 죄를 범하지 말라"(요 8:11)라고 하셨다.

"왜 이리 완악하냐? 당연히 용서해 줘야 하는 것 아니냐?"라고 하지 않으셨다. 그 여자에게는 돌에 맞아 죽어야 할 죄가 있었다. 누가 먼저 돌로 치느냐 하는 것이 문제였다. 그 여자를 칠 자격이 있는 사람은 예수님뿐인데, 예수님이 정죄하지 않겠다고 하셨다. 그러면 죄는 어떻게 될까?

오토바이로 배달 아르바이트를 하는 청년이 깜빡 실수로 다른 차를 긁었다. 긁힌 자국이 선명했다. 그런데 차 주인이 상당히 인자한 사람이었다. 긁힌 자국을 힐끗 보더니 "됐습니다. 그냥 가세요"라고 했다. 그 한마디에 청년의 얼굴에는 화색이 돌 것이다. 그러면 차는 어떻게 될까? 차는 차 주인이 자비로 수리하겠다는 뜻이다. 그럴 마음이 있어야 "됐습니다. 그냥 가세요"라고 할 수 있다.

예수님이 "나도 너를 정죄하지 아니하노니 가서 다시는 죄를 범하지 말라"라고 하셨다. 죄는 예수님이 대신 감당할 것이다. 예수님이 그 여자의 죄를 감당하지 않으면 그 여자는 죄인으로 죽어야 하지만 예수님이 감당하면 의인으로 살 수 있다. 이스라엘의 죄를 하나님이 감당한다는 얘기가 바로 그렇다.

11:9　　내가 나의 맹렬한 진노를 나타내지 아니하며 내가 다시는 에브라임을 멸하지 아니하리니 이는 내가 하나님이요 사람이 아님이라 네 가운데 있는 거룩한 이니 진노함으로 네게 임하지 아니하리라

'아니한다'라는 표현이 세 번 반복된다. 진노를 나타내지 않으며, 멸하지 않으며, 진노함으로 임하지 않겠다고 하신다. 이스라엘은 진노를 받아 마땅하고, 멸망을 받아 마땅하다. 그런데 하나님은 사람이 아니다.

하나님이 사람이었으면 진노함으로 임했을 텐데, 하나님이어서 진노

함으로 임하지 않는 것이다. 그 얘기를 "네 가운데 있는 거룩한 이니 진노함으로 네게 임하지 아니하리라"라고 한다. 진노함으로 임하지 않는 이유가 하나님의 거룩한 속성 때문이다.

오래전에 어떤 드라마에서 본 내용이 있다. 재벌가 손녀가 누군가한테 욕설을 퍼부었다. 옆에 있던 할머니가 화들짝 놀라서 만류한다. "얘는 무슨 말을 그렇게 해? 교양 없이!" 손녀가 무슨 일로 화를 내는지, 그렇게 화를 내는 것이 과연 온당한지는 관심 없다. 교양을 유지하는 것이 중요할 뿐이다.

본문은 그런 얘기가 아니다. 이스라엘에 진노하는 것이 하나님의 거룩을 손상하는 일이기 때문일 수는 없다. 설마 하나님이 이스라엘이 죄 중에 있거나 말거나 혼자 고고한 것으로 만족하실까?

사람은 옳고 그른 것을 가리는 것에 민감하다. 상대방을 지적할수록 자기가 돋보이는 줄 아는 모양이다. 하지만 하나님은 옳고 그른 것을 가리는 것보다 그른 것을 옳게 만드는 것에 관심이 있으시다. 하나님의 거룩은 주변과 비교해서 하나님이 얼마나 고결한 분인지 증명하는 쪽으로 동원되는 것이 아니라 주변을 거룩하게 만드는 힘으로 작용한다. 하나님의 관심은 하나님이 거룩한 분인 것처럼 이스라엘도 거룩하게 되는 것에 있다.

11:10 　　그들은 사자처럼 소리를 내시는 여호와를 따를 것이라 여호와께서 소리를 내시면 자손들이 서쪽에서부터 떨며 오되

하나님이 이스라엘의 죗값을 감당하셨다. 이스라엘이 사자처럼 소리를

내시는 여호와를 따르는 일이 그래서 가능하다. 사자는 백수의 왕이다. 다른 동물은 마음대로 소리를 내지 못하지만 사자는 다르다. 여호와께서 그런 소리를 내면 자손들이 서쪽에서 떨며 온다고 한다. 사자의 울음이 산천초목을 울리는 것처럼 하나님의 소리도 그렇다. 그 소리는 모든 사람한테 들린다. 하지만 소리를 들었다고 해서 모두가 반응하는 것은 아니다. 하나님의 자손만 반응한다.

하나님의 자손이 어떻게 반응하느냐 하면, 서쪽에서 오는 것으로 반응한다. 이스라엘 서쪽은 바다(지중해)다. 성경에서 바다는 혼돈, 무질서, 죄악을 상징한다(사 57:20). 이스라엘이 죄의 자리를 떠나 하나님께 돌아오는 것을 서쪽에서 온다고 한 것이다.

그냥 오지 않는다. 떨며 온다. 비로소 하나님이 두려운 분인 것을 알게 되었다. 하나님이 두려운 분인 것을 모르면 이 세상 모든 것을 다 두려워하게 된다. 하나님이 두려운 분인 것을 알면 다른 아무것도 두려워하지 않게 된다. 그동안 이스라엘은 두려운 것이 참 많았다. 때에 맞춰 비가 오지 않을까봐 두려워했고, 수확이 풍성하지 못할까봐 두려워했다. 모압이나 암몬도 두려웠고, 앗수르도 두려웠다. 요즘말로 바꾸면 행여 남한테 뒤처질까 두려웠다. 그런데 이제는 하나님을 두려워하게 되었다. 공포심을 얘기하는 것이 아니라 경외심을 얘기하는 것이다.

11:11   그들은 애굽에서부터 새같이, 앗수르에서부터 비둘기같이 떨며 오리니 내가 그들을 그들의 집에 머물게 하리라 나 여호와의 말이니라

서쪽을 다른 말로 애굽이라고도 하고 앗수르라고도 한다. 실제로 애굽

은 남쪽에 있고 앗수르는 북쪽에 있지만 둘 다 죄의 자리다. 앞에서 이스라엘의 죄악을 지적할 때는 어리석은 비둘기같이 지혜가 없어서 애굽을 향하여 부르짖으며 앗수르로 간다고 했다. 그런데 그곳에서 돌아온다는 것이다. 마치 새가 둥지를 찾아오는 것처럼 포로에서 돌아온다. 전에는 애굽을 두려워했고 앗수르를 두려워했다. 하지만 이제는 하나님을 두려워한다. 그들 마음에 가득한 것이 하나님을 향한 경외심이다. 그래서 결론이 "내가 그들을 그들의 집에 머물게 하리라. 나 여호와의 말이니라"이다.

광해군 15년(주후 1623년)에 인조반정이 일어났다. 김류가 당시 반정군 대장을 맡았는데 변수가 생겼다. 3월 12일 밤 이경(오후 9시–11시)에 홍제원에 모이기로 한 사실이 누설된 것이다. 겁을 먹은 김류가 집에서 나오지 않는 바람에 이괄이 대신 반정군을 지휘했다. 김류는 나중에야 재촉을 받고 나와서 지휘권을 넘겨받았다. 그런데 이괄은 논공행상에서 2등 공신으로 책봉되어 외직으로 밀려났다. 이 일이 도화선이 되어 이듬해에 이괄의 난이 일어난다. 인조는 피난을 갔고 이괄은 한양에 입성해서 선조의 아들 흥안군을 왕으로 옹립했다. 백성들은 이 모든 과정을 싸늘한 눈으로 지켜보았다. 자기들끼리의 권력 투쟁에 불과하기 때문이다. 누가 왕을 하고 누가 공신을 하는 것이 무슨 상관인가? 그런 민심을 반영하는 상시가(傷時歌)가 유행했다.

아! 너희 훈신들아 스스로 뽐내지 마라
그의 집에 살면서 그의 땅을 차지하고
그의 일을 행한다면 다른 게 뭐라더냐

이스라엘이 그런 격이다. 가나안은 하나님이 이스라엘에게 주신 땅이다. 부패한 가나안 원주민을 이스라엘을 통해서 심판했다. 그런데 이스라엘도 가나안 원주민과 똑같이 살았다. 이 노릇을 어떻게 하면 될까? 가나안 원주민이 살 때나 이스라엘이 살 때나 달라진 것이 없었다.

그래서 이스라엘을 포로로 흩으신다. 애굽에서, 앗수르에서 하나님 없는 삶을 살게 하면서 그 기간을 통하여 죄를 청산하게 하신다. 그러고는 다시 부르신다. 그 얘기가 "내가 그들을 그들의 집에 머물게 하리라"이다. "그동안 다른 나라에서 고생했으니까 다시 가나안에서 살아라"가 아니다. "거룩해졌으니까 거룩한 땅에서 살아라"이다.

구약의 이스라엘이 신약의 교회다. 우리가 할 일은 떨며 하나님 앞에 나오는 일이다. 우리가 하나님을 경외하게 될 때까지 하나님은 우리 인생에 계속 간섭하실 것이다. 하나님은 우리를 거룩하게 변모시키고야 마신다. 하나님은 사람이 아니고 하나님이기 때문이다.

11:12 에브라임은 거짓으로, 이스라엘 족속은 속임수로 나를 에워쌌고 유다는 하나님 곧 신실하시고 거룩하신 자에게 대하여 정함이 없도다

에브라임은 거짓으로, 이스라엘은 속임수로 하나님을 에워쌌다. 에브라임이 이스라엘이고 거짓이 속임수다. 같은 내용을 다른 표현으로 반복하는 것은 히브리 사람들이 즐겨 쓰는 수사학적 기법이다. 이스라엘이 거짓으로 하나님을 에워쌌다. 성경이 말하는 거짓은 사탄한테 속했다는 뜻이다. 사탄이 거짓의 아비이기 때문이다. 또 에워쌌다는 얘기는 성을 둘러싸서 공격하는 것을 연상하게 한다. 이스라엘이 죄와 한통속

이 된 것을 하나님을 공격하는 것에 비유한 것이다.

어떤 집에 말썽만 부리는 아이가 있다. 어머니가 한숨을 쉬며 말한다. "왜 이렇게 날 못 잡아먹어서 안달이냐?" 설마 아이가 어머니를 못 살게 굴려고 그랬을까? 어머니가 편안했으면 좋겠다는 생각은 있을 것이다. 하지만 자기 행실을 고치지 않으면 어머니는 고통을 받을 수밖에 없다.

"에브라임은 거짓으로, 이스라엘 족속은 속임수로 나를 에워쌌고"가 그런 얘기다. 비단 북 왕국에 국한한 병폐가 아니다. 남 왕국도 다르지 않다. "유다는 하나님 곧 신실하시고 거룩하신 자에게 대하여 정함이 없도다"라는 말 그대로다.

미국은 종교의 자유를 찾아 이주한 사람들에 의해 세워진 나라다. 그런 신앙 유산이 지금은 어디에 갔을까? 1976년부터 1977년 사이에 점성술을 믿는 미국인은 전체 인구의 17%에서 37%로 늘어났다. 환생을 믿는 비율도 9%에서 25%로 늘었고, 점을 믿는 사람도 4%에서 14%로 늘었다. 영국의 문학평론가인 체스터턴(G. K. Chesterton, 1874–1936)이 "하나님에 대한 신앙을 버리면 아무것도 안 믿게 되는 것이 아니라 무엇이나 다 믿게 된다"라고 한 그대로다. 하나님을 안 믿으니 온갖 잡다한 것을 다 믿는다.

남 왕국 유다가 하나님에 대해서 정함이 없다고 했다. 그러면 하나님에 대하여 정함이 없는 상태 그대로일까? 항구에 도착한 배가 닻을 내리지 않으면 닻을 내리지 않은 상태로 그 자리에 가만히 있겠느냐는 얘기다. 하나님에 대해서 정함이 없으면 다른 것에 대해서 정함이 있을 것이다.

12장

은혜로 인한 구원

12:1-2　　에브라임은 바람을 먹으며 동풍을 따라가서 종일토록 거짓과 포학을 더하여 앗

수르와 계약을 맺고 기름을 애굽에 보내도다 여호와께서 유다와 논쟁하시고 야

곱을 그 행실대로 벌하시며 그의 행위대로 그에게 보응하시리라

하나님을 의지해야 할 이스라엘이 앗수르를 의지하고 애굽을 의지한다. 유다는 다를까? 하나님에 대해서 정함이 없다는 지적을 괜히 했을 리가 없다.

앞에서 이스라엘이 바람을 심고 광풍을 거둔다는 말이 있었다(8:7). 이번에는 바람을 먹으며 동풍을 따라간다고 한다. 농풍은 사막 지역에서 불어오는 고온 건조한 열풍이다. 동풍이 불면 모든 것이 엉망이 되는 것처럼 이스라엘의 소행이 그렇다. 이스라엘이 하는 일은 종일토록 거짓과 포학을 더하여 앗수르와 계약을 맺고 기름을 애굽에 보내는 일뿐이다.

당시 이스라엘은 앗수르와 애굽 사이에 끼어 있었다. 여로보암 2세가 죽은 다음부터 이스라엘의 정세는 극도로 혼미하게 된다. 여로보암 2세의 아들 스가랴는 왕위에 오른 지 육 개월 만에 살룸한테 죽는다. 살룸

은 한 달 만에 므나헴한테 죽는다. 므나헴은 친앗수르 정책을 썼다. 그의 아들 브가히야도 마찬가지다. 그런데 브가히야를 죽이고 왕위에 오른 베가는 아람과 동맹을 맺고 반앗수르 정책을 썼다. 아람과 함께 남 왕국 유다를 침공하기도 했다. 남 왕국 아하스왕 때의 일이다. 다급해진 아하스가 앗수르한테 도움을 요청한다. 앗수르의 디글랏빌레셀이 군대를 일으켜 아람을 정복하고 이스라엘의 영토 일부도 빼앗았다. 이런 어수선한 정세 속에서 호세아가 베가를 죽이고 왕이 된다. 호세아도 처음에는 친앗수르 정책을 썼는데 디글랏빌레셀이 죽자, 친애굽으로 돌아선다. 앗수르의 간섭에서 벗어날 기회로 생각한 것이다. 이런 내용을 놓고 앗수르와 계약을 맺고 기름을 애굽에 보낸다고 한 것이다.

거짓과 포학을 더했다는 얘기는 무슨 영문일까? 하나님을 의지하지 않고 외세를 의지했으니 거짓이다. 외세에 의존하는 일이 공짜로 되지 않는다. 그만큼 조공을 바쳐야 한다. 조공을 바치려면 백성을 쥐어짤 수밖에 없다. 그러니 포학이다.

남 왕국이라고 해서 하나님 앞에 온전한 것이 아니다. "여호와께서 유다와 논쟁하시고 야곱을 그 행실대로 벌하시며 그의 행위대로 그에게 보응하시리라"라고 한 그대로다. 논쟁은 재판 용어다. 하나님이 남 왕국을 상대로 시시비비를 가리겠다고 하신다. 앞에서 유다는 하나님에 대해서 정함이 없다고 했다. 당연히 시시비비를 가릴 일이 있을 것이다.

도대체 왜 이렇게 되었을까?

12:3-4　　야곱은 모태에서 그의 형의 발뒤꿈치를 잡았고 또 힘으로는 하나님과 겨루되

　　　　　　천사와 겨루어 이기고 울며 그에게 간구하였으며 하나님은 벧엘에서 그를 만나

이스라엘의 죄악의 뿌리가 상당히 깊다. 그것을 설명하기 위해서 야곱을 얘기한다. 2절의 야곱은 국가지만 3절의 야곱은 개인이다.

야곱은 '남을 넘어지게 하는 자', '남의 것을 빼앗는 자'라는 뜻이다. 아닌 게 아니라 야곱은 마음먹은 것은 기필코 이뤄내는 사람이었다.

야곱이 형 에서의 장자권을 가로챘다가 밧단아람으로 도망간 적이 있다. 외삼촌 라반의 집에 살면서 두 아내와 두 여종을 얻었다. 소유도 많아졌다. 라반의 아들들이 그런 야곱을 곱게 보지 않았다. 라반 역시 마찬가지다. 급기야 고향으로 돌아갈 마음을 먹는다.

고향에는 에서가 벼르고 있다. 그런데도 돌아갈 마음을 먹었으니 그만큼 사태가 심각했다는 뜻이다. 라반과 함께 지내는 것이 그 정도로 힘들었다.

고향이 가까울수록 에서가 걱정이다. 사람을 보내서 동태를 살피니 에서가 400명을 데리고 오고 있다고 한다. 진퇴양난(進退兩難)이다. 이런 상황에서 소유를 두 떼로 나눈다. 에서가 와서 한 떼를 치면 남은 한 떼라도 피하려고 한 것이다. 또 세 차례에 나눠서 예물을 보낸다. 예물을 한 번 받고 두 번 받고 세 번 받는 사이에 자기에 대한 악감정이 누그러지기를 기대한 것이다.

그렇게 해도 마음이 놓이지 않았다. 얍복강에 이르러 자기의 모든 소유와 두 아내와 두 여종, 열한 아들을 건너게 하고 혼자 남았다. 거기서 어떤 사람과 밤새도록 씨름을 하게 된다. 그 사람이 야곱을 이기지 못하자, 야곱의 허벅지 관절을 쳤다. 날이 샐 무렵에 그 사람이 가려고 하자,

야곱이 축복을 구한다. 자기를 축복해 주지 않으면 보내 주지 않겠다고 한다. 그 사람은 야곱한테 이름을 물었고, 야곱의 이름을 이스라엘로 바꿔 준다.

"또 힘으로는 하나님과 겨루되 천사와 겨루어 이기고 울며 그에게 간구하였으며"가 바로 그 얘기다. 흔히 야곱이 얍복강에서 씨름의 기도를 했다고 한다. 하지만 씨름을 기도로 해석할 수 있는 근거는 성경 어디에도 없다. 무엇보다 야곱은 그 씨름의 주체가 아니고 객체다. 야곱이 씨름을 걸지 않고 난데없이 나타난 사람이 씨름을 걸었다. 표현은 이상하지만 야곱은 씨름을 당했다. 씨름의 승부도 "어떤 사람이 날이 새도록 야곱과 씨름하다가 자기가 야곱을 이기지 못함을 보고 그가 야곱의 허벅지 관절을 치매"(창 32:24b-25a)라고 해서, 그 사람을 기준으로 설명한다.

야곱이 얍복강에서 씨름을 한 것은 하나님께 기도한 것이 아니다. 하나님이 야곱의 고집을 꺾으려 하신 것이다. 야곱은 에서를 만나기 위해서 최대한 잔머리를 굴렸다. 하나님이 그런 야곱의 인본적인 속성에 간섭하신 것이다. "넌 언제까지 네 재주를 믿고 살아갈 셈이냐? 대체 언제면 나를 의지할래?"라는 하나님의 질책과 "내 인생은 내 것입니다. 나는 내 방식대로 살아갑니다"라는 야곱의 고집이 씨름으로 나타난 것이다. 야곱은 날이 새도록 굴복하지 않고 버텼다. 급기야 하나님이 "난 모른다. 네 멋대로 살아라!"라는 뜻으로 야곱의 허벅지 관절을 치셨다. 그리고 떠나려 했다. 그때서야 야곱이 "아차!" 했다. 상대방이 누구인지 알아차린 것이다. 그래서 자기를 축복해 달라고 붙들고 늘어졌다.

야곱은 사람도 이기려고 했고, 하나님도 이기려고 했다. 늘 자기 뜻대로 살았다. 하나님이 그런 야곱을 벧엘에서 만나셨다.

이 얘기는 순서상 문제가 있다. 하나님이 벧엘에서 야곱을 만난 기록은 창세기 28장에 있고, 얍복강 사건은 창세기 32장에 있다. 그런데 순서를 바꿔서 "야곱은 태어날 때부터 제 마음대로더니 하나님께도 그랬다. 하나님이 그런 야곱을 벧엘에서 만나 주셨다"라고 한다. 어차피 하나님이 하시는 일이다. 얍복강 사건이 있다고 해서 벧엘에서 하신 말씀이 취소되는 것이 아니다.

당시 야곱은 에서의 낯을 피하여 도망갈 때였다. 하나님께 야단을 맞아도 할 말이 없는 상황이었다. 그런데 다짜고짜 복을 약속하셨다. 야곱한테 "땅의 모든 족속이 너와 네 자손으로 말미암아 복을 받으리라"(창 28:14)라고, 옛날 아브라함한테 하셨던 말씀을 반복하셨다(창 12:3). 그런 내용을 "하나님은 벧엘에서 그를 만나셨고 거기에서 우리에게 말씀하셨나니"라고 한다. 하나님이 야곱한테 하신 말씀이 이스라엘한테 하신 말씀이라는 것이다.

이스라엘은 패역한 족속이다. 이스라엘 열두 지파를 이루는 조상인 야곱부터 엉망이었다. 하나님이 그런 야곱한테 복을 약속하셨다. 그 말씀을 야곱 개인이 아니라 이스라엘 전체한테 했다고 한다. 여기에 이스라엘의 소망이 있다. 하나님이 그토록 엉망인 야곱한테 복을 약속하셨다면 이스라엘도 복을 기대할 수 있을 것이다. 이스라엘은 엉망이지만 하나님은 하나님이다.

하나님께 영광 돌린다는 표현은 교회에서 자주 쓰는 표현이다. 우리는 마땅히 하나님께 영광 돌려야 한다. 우리가 일상생활에서 쓰는 말 중에 영광 돌린다는 말과 가장 가까운 말이 '칭찬한다'이다. 그런데 하나님을 칭찬한다고 할 수 없으니까 영광 돌린다고 하는 것이다.

어떻게 하는 것이 하나님께 영광 돌리는 것일까? "하나님, 과연 하나님이십니다. 하나님 외에 누가 이런 일을 하겠습니까?" 하고 하나님을 인정하는 것이 하나님께 영광 돌리는 것이다. 그래서 여호와는 그를 기억하게 하는 이름이다.

우리는 구원이 전적으로 하나님의 은혜임을 고백한다. 우리가 선하고 의롭게 살아서 하나님을 도와드리면 하나님이 우리를 구원하실 수 있지만 그렇지 않으면 하나님도 대책이 없는 것이 아니다. 하나님은 원인이 없어도 결과를 만드실 수 있는 분이다. 하나님이 직접 원인이 되시기 때문이다. 마치 말씀으로 천지를 창조한 것과 같다. 그런 하나님의 능력이 이스라엘에 작용한다. 이스라엘이 복을 받는 일이 하나님 외에 무슨 수로 가능하겠는가? 하나님이 과연 하나님이시다.

12:6   그런즉 너의 하나님께로 돌아와서 인애와 정의를 지키며 항상 너의 하나님을 바랄지니라

하나님이 어떤 분인지 알면 하나님께 돌아오는 것이 당연하다. 말로만 하나님께 돌아왔다고 하면 안 된다. 하나님께 돌아온 증거가 있어야 한다. 인애와 정의를 지키며 항상 하나님을 바라는 것이 그 증거다.

하나님의 사랑과 공의가 완벽하게 이루어진 곳이 십자가다. 하나님은 우리를 사랑하신다. 또 죄를 미워하신다. 우리를 향한 사랑과 죄에 대한

심판이 십자가에서 이루어졌다. 사랑과 공의가 하나님의 속성이다.

그 내용을 인애와 정의로 표현한다. 하나님이 이스라엘한테 복을 주시는 것으로 인애와 정의를 완성했다. 이스라엘은 당연히 인애와 정의를 지켜야 한다.

또 항상 하나님을 바라야 한다. 〈표준새번역성경〉에는 "너희 하나님에게만 희망을 두고 살아라"라고 번역되어 있다. 설마 이스라엘이 지금까지 하나님에게 희망을 두지 않았을까? 이스라엘 백성으로 태어났으면 하나님에 대해서 들은풍월이 있게 마련이다. 그런데 하나님에게만 희망을 두지 않았다. 혹시 모르니까 다른 대비책도 세워 놓았다. 그것이 바알과 아세라이고 애굽과 앗수르다. 하나님이 도와주시면 나쁠 것 없지만 세상일은 모른다. 나름대로 살길을 마련해야 한다. 그것을 하지 말라는 것이다.

우리한테 그대로 적용된다. 우리는 본질상 진노의 자녀였다. 그런데 구원을 얻었다. 전적인 하나님의 은혜다. 지금은 하나님을 아버지로 고백한다. 그 고백이 진심이라면 세상을 곁눈질하지 말아야 한다. 하나님의 관심이 우리한테만 있으니 우리의 관심도 하나님께만 있어야 한다. 우리는 항상 하나님을 바라는 사람들이다.

12:7　　그는 상인이라 손에 거짓 저울을 가지고 속이기를 좋아하는도다

홍해가 갈라진 것은 놀라운 기적이다. 그보다 더 큰 기적도 있다. 그런 기적을 체험했으면서도 하나님께 불순종한 것이다. 성경을 읽다 보면 이스라엘의 패역은 도무지 끝 간 데가 없다.

본문은 이스라엘을 상인이라고 한다. 손에 거짓 저울을 가지고 속이

기를 좋아한다는 것이다. 부당한 상거래가 하나님을 떠나서 나타나는 가장 큰 병폐인 것처럼 얘기한다. 상업 활동이 본래 이방인에게 속한 것이기 때문이다.

> 네가 음욕이 차지 아니하여 또 앗수르 사람과 행음하고 그들과 행음하고도 아직도 부족하게 여겨 <u>장사하는 땅</u> 갈대아에까지 심히 행음하되 아직도 족한 줄을 알지 못하였느니라(겔 16:28-29)

> 그 연한 가지 끝을 꺾어 가지고 <u>장사하는 땅</u>에 이르러 상인의 성읍에 두고 또 그 땅의 종자를 꺾어 옥토에 심되 수양버들 가지처럼 큰 물가에 심더니(겔 17:4-5)

'장사하는 땅'에 둘 다 관주가 있고 관주에는 '가나안 땅'이라는 설명이 있다. 스가랴가 "그날에는 만군의 여호와의 전에 가나안 사람이 다시 있지 아니하리라"(슥 14:21b)로 끝난다. 이때의 '가나안 사람'이 〈표준새번역성경〉과 〈공동번역성경〉에는 '상인', '장사꾼'으로 번역되어 있다. 본문의 "그는 상인이라"에서 '상인'이 다른 말로 '가나안 사람'이다. 거짓 저울을 가지고 속이는 것이 이스라엘이 가나안 원주민의 소행을 그대로 답습한 것에 대한 비유인 셈이다.

여성적인 매력이 없는 여자를 꼬집으면서 "걔, 영락없이 남자야"라고 할 수 있다. 신자답지 않은 사람에게는 "그 사람, 불신자야"라고 할 수 있을 것이다. 차이는 있다. 여자한테 남자라고 하는 것은 우스갯소리나 가벼운 타박이다. 신자한테 불신자라고 하는 것은 격이 다르다. 그보다 더 큰 모욕이 없다.

이스라엘한테 가나안이라고 하는 얘기가 그렇다. 하나님이 이스라엘한테 가나안 땅을 허락한 것은 가나안 원주민이 워낙 부패했기 때문이다. 그런데 가나안 땅에 들어간 이스라엘이 가나안 원주민과 똑같이 살았다.

12:8 에브라임이 말하기를 나는 실로 부자라 내가 재물을 얻었는데 내가 수고한 모든 것 중에서 죄라 할 만한 불의를 내게서 찾아낼 자 없으리라 하거니와

정치인의 비리 혐의가 언론에 오르내리는 수가 있다. 그런 경우, 다 발뺌을 한다. 간혹 "사실로 밝혀지면 책임을 지겠습니다"라고도 한다. 잘못이 있다는 뜻일까, 없다는 뜻일까? 사실이 밝혀지지 않으면 책임이 없는 것일까?

이스라엘이 재물을 얻는 과정에서 불의를 찾아낼 자가 없을 것이라는 말은 어떤가? 불의가 있다는 얘기일까, 없다는 얘기일까? 이스라엘은 손에 거짓 저울을 가지고 속이기를 좋아한다고 했다. 몰라서 행한 범죄가 아니라 의도적인 범죄다. 워낙 감쪽같아서 아무도 모른다. 어쩌면 스스로도 모를 수 있다. 지금까지 계속 그렇게 했는데 뭐가 문제란 말인가?

모든 판정은 하나님이 하신다. 자기가 아무리 옳다고 우겨도 하나님이 그르다고 하면 그른 것이다. 자기 생각에 옳은 것이 옳은 것이 아니라 하나님이 옳다고 해야 옳은 것이다.

12:9 네가 애굽 땅에 있을 때부터 나는 네 하나님 여호와니라 내가 너로 다시 장막에 거주하게 하기를 명절날에 하던 것 같게 하리라

이스라엘이 애굽 땅에 있을 때부터 하나님은 이스라엘의 하나님이었다. 그런데 이스라엘은 하나님이 없는 것처럼 행동했다. 하나님이 다 보고 계신 줄 모르고 자기한테서 불의를 찾아낼 자가 아무도 없다고 큰소리쳤다. 자기들 눈에 하나님이 안 보이니 하나님 눈에도 자기들이 안 보이는 줄 안 모양이다.

히브리력으로 7월 15일부터 일주일이 '수장절'이다. 수장절 기간에는 장막(초막)에서 지내기 때문에 장막절(초막절)이라고도 한다. 이스라엘이 광야 생활을 할 적에 장막(초막)에서 지낸 것을 기념하는 것이다.

해마다 6월이면 6 · 25 음식 먹기 체험 행사를 한다. 그런 행사를 할 수 있는 이유는 지금은 먹고살 만하기 때문이다. 6 · 25 음식 먹기 체험 행사를 하는 사람들한테 "앞으로 계속 그런 것으로 연명하기 바랍니다"라고 하면 난리가 날 것이다.

"내가 너로 다시 장막에 거주하게 하기를 명절날에 하던 것 같게 하리라"라는 말이 그런 뜻이다. 이스라엘이 지금은 특정 절기에 한해서 장막에서 지내지만 앞으로는 계속 장막에서 지내게 만들겠다는 것이다.

8절에서 이스라엘은 자기들의 부를 자랑했다. 자기들은 실로 부자라는 것이다. 하나님이 그 부를 인정하지 않으신다. 그러니 그렇게 되는 것이 맞다. 하나님의 허락 없이 아무리 많이 모아 본들 온전하게 남을 리가 없다. 결국 집도 절도 없이 떠다니는 신세가 된다.

12:10   내가 여러 선지자에게 말하였고 이상을 많이 보였으며 선지자들을 통하여 비유를 베풀었노라

부모가 자식한테 매를 드는 경우, 무엇을 잘못했는지 설명부터 하는 법이다. 하나님은 이스라엘이 모르는 죄를 벌하지 않으신다. 이미 여러 차례 말씀하셨다. 하지만 아무리 얘기해도 귀를 막고 있는 것을 어떻게 할까? 자기 인생이니 자기 마음대로 살다 죽겠다는 사람을 무슨 수로 감당할까?

티모시 맥베이(Timothy McVeigh, 1968-2001)라는 사람이 있었다. 그가 미국 오클라호마 연방정부청사를 대상으로 차량 폭탄 테러를 감행했다. 1995년 4월 19일의 일이다. 어린아이 19명을 포함해서 168명이 죽고 500명 이상이 부상을 입었다. 9·11 테러가 있기 전이었으니 당시로는 미국 역사상 최악의 참사였다. 사형이 선고되었는데 그때 티모시 맥베이는 손가락으로 V자를 그려 보였다. 2001년 6월 11일에 사형이 집행되었다. 그의 나이 서른세 살이었다. 그가 죽기 직전에 영국의 윌리엄 어네스티 헨리(William Ernest Henley, 1849-1903)의 시를 인용해서 마지막 말을 남겼다. "나는 내 인생의 주인공, 그리고 내 영혼의 선장."

자기 인생은 자기가 알아서 산다는 사람을 말릴 방법은 없다. 얼마나 당당하면 사형 판결을 듣고 V자를 그릴까? 누가 뭐래도 자기가 옳다고 생각한다. 자기를 나무라는 세상이 틀렸다는 것이다.

설마 하나님 앞에서도 그런 고집이 통할까?

12:11　　길르앗은 불의한 것이냐 과연 그러하다 그들은 거짓되도다 길갈에서는 무리가

수송아지로 제사를 드리며 그 제단은 밭이랑에 쌓인 돌무더기 같도다

하나님이 "길르앗은 불의한 것이냐?"라고 물으시면 이스라엘은 "아닙니

다. 그럴 리가 있습니까?"라고 하고 싶을 것이다. 하지만 길르앗은 악을 행하는 자의 고을이다. 피 발자국으로 가득 찼다. 또 길갈은 모든 악의 집합소로 지적받은 바 있다. 오죽하면 길갈로 가지 말라고 했다.

길갈에서 무리가 수송아지로 제사를 드리는데, 그 제단이 밭이랑에 쌓인 돌무더기 같다고 한다. 밭이랑에는 돌멩이 하나라도 있으면 얼른 치워야 한다. 일부러 농사를 망칠 작정을 하지 않은 이상 밭이랑에 돌무더기가 있을 까닭이 없다. 그런데 수송아지로 제사를 지내는 것이 그와 같다고 한다. 일부러 인생 망치기로 작정을 한 것이다.

지금까지 하나님이 왜 선악과를 만들었느냐는 질문을 몇 번이나 들었는지 모른다. 참 고약한 질문이다. 선악과를 먹지 말아야 하는 아담의 책임을 선악과를 만들지 말아야 하는 하나님의 책임으로 바꾼 것이기 때문이다. 기왕이면 아담이 왜 선악과를 먹었는지 의아하게 여기면 안 될까? 하나님이 선악과를 먹으면 죽는다고 하셨다. 그런데 왜 먹었을까? 물론 뱀이 죽지 않는다고 했다. 그러면 누구 말을 들어야 할까? 남편 말을 무시하고 외간남자 말을 듣는 여자를 어떻게 해야 할까? 망하려고 작정하면 별 도리가 없다.

이스라엘이 그런 격이다. 그렇지 않으면 하나님을 버리고 우상을 섬길 까닭이 없다. 이 정도로 막 나가는 이스라엘을 어떻게 해야 할까?

12:12   야곱이 아람의 들로 도망하였으며 이스라엘이 아내를 얻기 위하여 사람을 섬기
         며 아내를 얻기 위하여 양을 쳤고

야곱이 에서의 장자권을 가로챘다. 에서가 그 일을 벼르자, 밧단아람으

로 도망간다. 그렇게 해서 외삼촌 라반의 집에서 지내게 되고, 거기서 라반의 양을 돌보며 아내를 얻는다.

그런 야곱이 하나님의 뜻을 궁금하게 여기기나 했을까? 그런 것에는 관심 없다. 자기 한 몸 챙기는 것이 급하다. 바라는 것이 있다면 "라헬과 결혼했으면 좋겠다", "내 소유의 소와 양이 많아졌으면 좋겠다"라는 정도다.

그렇게 살던 야곱이 고향으로 돌아오게 된다. 에서와 화해도 했다. 어쩌면 야곱은 마냥 행복한 나날을 보냈을 것 같다.

그런데 아들들이 말썽을 부린다. 형제들이 요셉을 종으로 팔아버린 것이다. 우여곡절 끝에 요셉은 애굽의 총리가 되었다. 때마침 기근이 닥쳤고, 야곱이 아들들을 애굽으로 보내어 양식을 구해 오게 한다. 그 일로 요셉과 형제들이 만나고, 야곱 일가 칠십 명이 애굽으로 이주해서 같이 살게 된다. 이렇게 해서 애굽 땅에서 이스라엘 민족이 태동된다. 장자권을 가로챘다가 아람으로 도망가고, 아내를 얻기 위해서 사람을 섬기며 양을 치던 야곱의 인생을 통해서 그런 엄청난 일이 이루어졌다.

그것으로 끝이 아니다. 이스라엘이 번성한 것을 본 바로가 이스라엘을 노예로 삼아 버렸다. 하나님이 그냥 두고 보실 리가 없다.

이스라엘을 인도한 출애굽의 영웅은 모세다. 그런데 "여호와께서는 모세를 통하여 이스라엘을 애굽에서 인도하여 내셨고…"라고 하지 않고

"여호와께서는 한 선지자로 이스라엘을 애굽에서 인도하여 내셨고…"라고 한다. 사람들의 관심을 하나님께 집중시키기 위해서 모세의 이름을 일부러 뺀 것이다. 출애굽을 이룬 것이 모세의 능력이 아니라 모세를 통한 하나님의 능력이기 때문이다.

"이스라엘이 한 선지자로 보호받았거늘"도 마찬가지다. 여기에서 말하는 한 선지자도 모세다. 문희곤 목사가 쓴『충성은 무조건 복종하는 것이 아닙니다』에 재미있는 내용이 있다. 이스라엘이 계속 불평을 늘어놓자, 모세가 대표들과 면담을 나눈다.

"너희들은 애굽에 있을 때 신분이 무엇이었느냐?"

"노예였습니다."

"애굽에서 너희는 목마를 때 무엇을 마셨느냐?"

"아무 물이나 마셨습니다."

"나는 애굽의 왕자였다. 목이 마르면 포도주를 마셨다. 포도주라고 해서 다 같은 포도주가 아니다. 포도주에는 붉은 것과 투명한 것이 있다. 또 숙성 기간과 숙성하는 통의 재질에 따라 향이 다르다. 나는 그 모든 걸 마셨다. 그럼 이 상황에서 누가 더 억울하겠느냐?"

"……"

"고기가 먹고 싶다고? 너희들 애굽에 있을 때 소의 어느 부위를 먹었느냐?"

"부위라니요? 소면 소지, 소에 무슨 부위를 따집니까?"

"소에는 여러 부위가 있다. 아무리 큰 소라도 1kg도 안 나오는 부위가 있다. 제비추리라는 부위다. 난 주로 그걸 먹었다. 이 상황에서 누가 더 고기 생각이 나겠느냐?”

“……”

“힘들어 죽겠다고? 좋다. 그럼 내가 어떻게 해서 너희를 애굽에서 탈출시킨 지도자가 되었는지 얘기해 주지. 내가 왕자였을 때 너희를 구해 보려고 했지만 너희가 나를 인정하지 않았다. 그래서 난 왕자에서 천한 양치기로 전락하고 말았다. 40년 동안 그렇게 살았다. 그런데 하나님이 너희의 탄식 소리를 들으시고 나를 애굽으로 보내셨다. 정 힘들면 혀 깨물고 죽지, 왜 나한테 불평이냐?”

모세는 얼마든지 그럴 수 있었다. 그런데 그렇게 하지 않았다. “하나님, 물이 써서 못 마시겠다고 합니다. 어떻게 하죠?”, “백성들이 고기가 먹고 싶어서 난리입니다. 어떻게 합니까?”, “뱀에 물려 죽어갑니다. 어떻게 하면 좋습니까?” 백성들이 원망할 때마다 하나님께 부르짖었다.

시내산 기슭에서의 일이다. 모세가 십계명을 받으러 간 사이에 이스라엘이 금송아지 우상을 섬겼다. 그 일로 하나님이 진노하셨다. 그때 모세는 이스라엘의 죄를 용서해 주시지 않으려면 자기 이름도 생명책에서 지워 달라고 했다. 이스라엘이 그렇게 한 선지자로 보호받았다.

12:14　에브라임이 격노하게 함이 극심하였으니 그의 주께서 그의 피로 그의 위에 머물러 있게 하시며 그의 수치를 그에게 돌리시리라

하나님의 은혜에 대해서 이스라엘은 입이 백 개라도 할 말이 없다. 그런

데도 계속 엇나가기만 했다. 하는 일이라고는 바람을 먹으며 동풍을 따라가는 일뿐이었다. 손에 거짓 저울을 가지고 속이기를 좋아하는 상인이 되어 버렸다.

잘못했으면 벌을 받는 것이 당연하다. 누가 벌을 내릴까? 그의 주께서 벌을 내린다. '주께서'라고 해도 되는데 굳이 '그의 주께서'라고 한다. 이스라엘은 자기들한테 하나님이 있는 것을 몰랐다.

아브라함이 늙었을 때의 일이다. 자기의 모든 소유를 맡은 늙은 종을 고향으로 보낸다. 아들 이삭을 위한 아내로 가나안 여자가 아닌 자기와 같은 고향의 여자를 구한 것이다. 그렇게 해서 리브가를 얻는다. 그런데 이삭과 리브가 사이에 태어난 에서는 가나안 족속의 딸을 아내로 맞았다. 야곱은 다르다. 가나안 족속이 아닌 아내를 얻는다. 요셉의 형들이 요셉을 종으로 판 패륜조차 하나님께서 선한 결과로 이끄신 것처럼 야곱이 에서의 장자권을 가로챈 일도 선하게 이끄셨다. 그런데 그 후손이 가나안 원주민처럼 되고 말았다. 하나님은 이스라엘로 가나안의 피가 섞이지 않은 민족을 이루게 했는데도 그렇게 된 것이다.

하나님이 안 계시면 상관없다. 자기한테 주어진 인생, 자기 마음대로 살다 죽으면 그만이다. 이스라엘이면 어떻고 가나안이면 어떤가? 하지만 하나님이 계시면 상황이 달라진다.

남의 얘기 할 것 없다. 우리한테는 하나님이 계실까? 하나님이 계시다고 말로만 고백하는 것은 무효다. 설마 이스라엘이라고 해서 하나님이 계신 것을 몰랐을까? 하나님을 하나님으로 모시지 않았을 뿐이다. 그런 이스라엘의 작태가 우리한테서는 나타나지 말아야 한다. 우리한테는 하나님이 계시다.

13장

끝 간 데 없는 죄악

13:1   에브라임이 말을 하면 사람들이 떨었도다 그가 이스라엘 중에서 자기를 높이더니 바알로 말미암아 범죄하므로 망하였거늘

호세아서에 에브라임이 서른두 번 나온다. 전부 에브라임 지파가 아니라 북 왕국을 가리키는 말로 쓰였다. 본문은 다른 것 같다. "에브라임이 말을 하면 사람들이 떨었도다"라고 했는데, 북 왕국은 그리 강성한 나라가 아니었다. "애굽이 말을 하면 사람들이 떨었도다"나 "앗수르가 말을 하면 사람들이 떨었도다"라고 하면 그럴 수 있지만 북 왕국이 말을 해 봐야 누가 떨겠는가? 이어서 "그가 이스라엘 중에서 자기를 높이더니…"라고 했다. 이스라엘 중에서 자기를 높인다고 했으니 이스라엘 전체일 수 없다. 지금까지 나온 에브라임은 북 왕국이었지만 이번에는 에브라임 지파를 말하는 것 같다. 북 왕국에서 에브라임이 가장 강성한 지파였으니 "에브라임이 말을 하면 사람들이 떨었도다"라는 말도 할 수 있다. 그런데 문맥이 이상하게 된다. 이어지는 내용은 전부 이스라엘을 지적하는 내용이다.

본문의 에브라임은 사마리아 왕실이 있는 에브라임 산지를 말한다. 그곳에서 말을 하면 사람들이 떨 수밖에 없다. 사마리아 왕실이 한 일은 자기를 높이는 일이었다. 어떻게 해서든지 왕권을 공고하게 다지고 싶었을 것이다. 그런데 바알로 말미암아 범죄하므로 망하였다고 한다. '망하였다'를 원문 그대로 번역하면 '죽었다'이다. 하나님이 이스라엘에 대해서 사망 선고를 내리셨다.

대관절 왜 바알을 섬겼을까? 아마 바알을 섬기는 것이 자기를 높이는 데 도움이 될 줄 알았을 것이다. 그런데 도리어 망하고 말았다. 그러면 잘못을 뉘우치고 돌이키는 것이 정상일 텐데, '…망하였거늘'이라고 하는 것을 보니 그게 아니다.

'망하였다'에 해당하는 히브리어가 '모트'(מות)이다. 하나님이 아담한테 선악과를 먹으면 죽는다고 할 때 쓰인 단어가 '모트'다. 그런 경고가 있었는데도 선악과를 먹었다. 결국 에덴동산에서 쫓겨났다. 만일 에덴동산에서 쫓겨난 아담이 계속 선악과나무를 찾아다녔다면 얼마나 한심한 얘기가 될까? 그런 상황을 짐작하게 하는 말이 '망하였거늘'이다.

13:2 　이제도 그들은 더욱 범죄하여 그 은으로 자기를 위하여 우상을 부어 만들되 자기의 정교함을 따라 우상을 만들었으며 그것은 다 은장색이 만든 것이거늘 그들은 그것에 대하여 말하기를 제사를 드리는 자는 송아지와 입을 맞출 것이라 하도다

범죄로 망했는데도 정신을 못 차리고 계속 범죄한다. 범죄한 내용이 무엇일까? 그 얘기가 "그 은으로 자기를 위하여 우상을 부어 만들되 자

기의 정교함을 따라 우상을 만들었으며"이다. 우상을 섬기다 망했는데도 계속 우상을 섬긴다. 그 우상은 자기의 정교함을 따라 만들어진 우상이다.

학생 시절에 그림을 제법 그렸다. 고등학교 1학년 때 같은 교회에 다니는 여학생이 교실 환경 미화를 한다며, 그림 그려 둔 게 있으면 한 장 달라고 했다. 그려 둔 그림은 없었지만 별로 어려운 부탁이 아니었다. 그 여학생이 지금의 아내이니 반가운 부탁이기도 했다. 그런데 그림은 나보다 형이 훨씬 잘 그렸다. 나는 대회에 나가면 가끔 입선을 했는데 형은 주로 특선을 했다. 마침 집에 형 그림이 몇 장 있었다. 그래서 형 그림을 갖다 주었다. 내가 그린 그림보다 형 그림이 훨씬 낫기 때문이다.

자기의 정교함을 따라 우상을 만들었다는 얘기가 그렇다. 자기가 만들 수 있는 최고의 우상을 만들었다. 그러고는 그것을 섬겼는데, 그 얘기를 "그것은 다 은장색이 만든 것이거늘 그들은 그것에 대하여 말하기를 제사를 드리는 자는 송아지와 입을 맞출 것이라 하도다"라고 한다.

엘리야가 호렙산에서 하나님을 만난 적이 있다. 엘리야는 이스라엘이 다 하나님을 떠나고 자기만 남았다고 했는데 하나님은 그렇지 않다고 하셨다. 바알에게 무릎을 꿇지 아니하고 바알에게 입 맞추지 아니한 사람 칠천 명을 남기겠다고 하셨다. 입을 맞추는 것은 자발적인 복종이나 경배에 대한 비유다.

"제사를 드리는 자는 송아지와 입을 맞출 것이라"라는 얘기는 진심으로 송아지를 섬기라는 뜻이다. 어쩌면 "하나님은 영이시니 예배하는 자가 영과 진리로 예배할지니라"(요 4:24)라는 말씀과 같은 맥락일 수 있다. "송아지는 신이시니 제사 드리는 자가 영과 진리로 제사 드릴지니라"라고 하면 전부 '아멘' 했을 것이다.

그런데 그 송아지는 은장색(銀匠色, 금이나 은 따위의 세공을 업으로 하는 사람)이 만들었다. 그러면 은장색을 섬기는 게 낫지 않을까? 그것이 전부가 아니다. 그 은장색은 자기가 고용했다. 계약 관계를 따지면 자기가 갑(甲)이고 은장색이 을(乙)이다. 그 송아지가 말을 할 줄 알면 "주인님이 저를 만들지 않았습니까? 제가 무슨 수로 복을 드립니까? 그만 좀 하십시오. 참 난처합니다"라고 하지 않을까?

13:3　　이러므로 그들은 아침 구름 같으며 쉬 사라지는 이슬 같으며 타작마당에서 광풍에 날리는 쭉정이 같으며 굴뚝에서 나가는 연기 같으리라

자기가 만든 우상을 섬기는 행위는 허망하기 그지없다. 아침 구름이나 이슬, 쭉정이, 연기가 전부 허망한 것을 대표한다.

우리나라는 하루 종일 구름이 있는 날이 더러 있지만 팔레스타인은 그렇지 않다. 그곳은 비가 귀하다. 구름이 있다고 해 봐야 잠깐 보이다 이내 사라진다. 광풍에 날리는 쭉정이는 어떨까? 산들바람에 날리는 쭉정이라면 근처에 떨어질 수 있지만 광풍에 날리는 쭉정이라면 얘기가 다르다. 어디로 날아갔는지 흔적조차 보이지 않게 된다.

카일 아이들먼(Kyle Idleman)이 쓴 『거짓 신들의 전쟁』에 프랭크 시몬스(Frank Simons)라는 사람이 나온다. 고등학생 시절, 어떤 일을 하면 돈을 많이 벌 수 있는지를 기준으로 직업을 생각했다. 그렇게 해서 주식 중매인이 되었다. 하루 14시간씩 일주일 내내 하루도 쉬지 않고 일했다. 마침내 자기 회사를 갖게 되었고, 증권가에서 타이밍의 귀재로 이름을 날

리게 되었다. 40세가 되었을 때 스스로를 자수성가한 백만장자로 생각했다. 플로리다 해변에 있는 아름다운 주택도 계약했다. 그리고 그날 밤, 벤츠를 몰고 집으로 가다가 교통사고로 죽고 말았다. 그의 죽음은 업계에서도 깜짝 놀랄 뉴스가 되었다. 〈월스트리트 저널〉은 그의 이야기를 특집으로 보도했다.

그것이 무슨 소용일까? 이 땅에서는 성공한 사람으로 기억될지 몰라도 하나님 앞에 가면 이 땅에서 살았던 삶을 전부 해명해야 한다. 하나님은 기업가로 그가 성취한 것들, 그가 모은 재산, 그가 타고 다니던 고가의 벤츠, 그가 구입한 플로리다 해변의 멋진 집, 그가 세운 회사에 아무런 관심도 없다는 사실을 이내 알게 되었을 것이다.

17세기 영국의 켄터베리 대주교였던 존 틸로트슨(John Tillotson, 1630-1694)이 한 말이 있다. "이 세상의 삶을 위해서는 많은 것들을 준비하지만 영원의 세상에는 아무 관심도 갖지 않는 사람은 잠시 현명할지 몰라도 영원한 바보가 된다." 아침 구름 같고 쉬 사라지는 이슬 같고 광풍에 날리는 쭉정이 같고 굴뚝에서 나가는 연기 같은 인생을 사는 사람이 바로 그런 사람이다. 이스라엘이 그렇게 살았다.

13:4   그러나 애굽 땅에 있을 때부터 나는 네 하나님 여호와라 나 밖에 네가 다른 신을 알지 말 것이라 나 외에는 구원자가 없느니라

하나님은 이스라엘이 애굽에 있을 때부터 하나님이다. 하나님이 이스라엘의 하나님이 아니었던 적은 없다. 그런데 이스라엘은 가나안에 들어온 다음부터 바알한테 미혹되었다. 하나님만으로는 부족했던 모양이

다. 하나님이 그런 이스라엘에게 "나 밖에 네가 다른 신을 알지 말 것이라"라고 하신다. 왜 다른 신을 알면 안 될까? 그 답이 "나 외에는 구원자가 없느니라"이다. 신과 구원자가 같은 뜻으로 쓰였다.

모름지기 신이라면 구원과 연결되어야 한다. 바알 신앙에는 구원 개념이 없다. 풍요를 얘기할 뿐이다. 그러면 신(神) 자격이 없는 것이다. 구원해 주지도 못하는 신을 왜 섬길까?

중학생 때 죽음에 대한 공포가 종교의 기원이라고 배운 기억이 있다. 그때는 아무 생각 없이 들었는데 지금은 동의하지 않는다. 사람은 하나님의 형상으로 지어졌다. 애초부터 하나님을 섬길 줄 알았다. 그것이 '오리지널 종교'다. 그런데 선악과를 먹는 바람에 하나님과의 관계가 왜곡되었다. 그때부터 하나님 아닌 다른 대상을 섬기는 수두룩한 종교들이 생겨났다. 이 세상 모든 종교는 하나님과 우리 사이에 대한 사탄의 '물 타기 전략'이다.

하지만 죽음에 대한 두려움 때문에 종교가 생겨났다는 말을 잠깐만 차용하자. 자고로 종교는 죽음에 대한 답을 줄 수 있어야 한다. 그래야 종교의 자격이 있다.

간혹 왜 꼭 기독교를 믿어야 하느냐고 묻는 사람이 있다. 간단하다. 다른 종교는 죽은 다음을 책임지지 못하기 때문이다. 다른 종교를 믿어도 착한 사람이 될 수는 있다. 하지만 구원을 얻을 수는 없다.

구약성경에서 우리의 구원을 가장 잘 보여 주는 사건이 이스라엘의 출애굽이다. 이스라엘이 애굽의 노예로 있을 때 하나님이 구원해 주셨다. 혹시 바알이 이스라엘을 구원해 주었으면 바알을 섬겨도 된다. 그렇지 않으면 바알을 섬길 이유가 없다. 그런데 왜 바알에 미혹되었을까?

바알이 준다는 풍요에 눈이 먼 탓이다. 정말로 풍요를 주는 것이 아닌데도 그랬다. 대체 풍요에 얼마나 정신이 팔렸으면 풍요라는 말만 듣고 구원을 버렸을까? 거짓 풍요가 참 구원을 대신한 셈이다.

하나님이 이스라엘을 위하여 홍해를 가르시기만 한 것이 아니다. 광야에서도 돌봐 주셨다. 구름 기둥, 불 기둥으로 인도하셨다. 하늘에서는 만나를 내리시고 반석에서는 물이 나오게 하셨다. 이스라엘은 먹여 준 대로 배가 불렀고, 배가 부르자 마음이 교만해져서 하나님을 잊었다.

광야에서는 심고 거두는 것이 불가능하다. 하나님이 만나를 내려 주지 않으셨으면 죄다 굶어 죽었을 것이다. 가나안에서는 다르다. 자기들이 씨를 뿌리고 가꾸면 그만큼 수확을 얻을 수 있다. 하나님을 찾을 이유가 없어졌다.

언젠가 뉴스에서 정량 주유 문제를 다룬 적이 있다. 주유기마다 차이가 있으니 ±0.75%의 오차는 허용된다. 한 방울도 착오 없이 정확하게 주유되는 기계는 기술적으로 만들 수 없다고 한다. 20ℓ 기준으로 150㎖ 적게 주유된 것은 정량으로 인정된다. 물론 그만큼 많이 주유되어도 상관없다. 그런데 재미있는 결과가 나왔다. 실제 요구한 양보다 많이 주유되는 주유기는 하나도 없고, 적게 주유되는 주유기만 있었다.

약속 시간을 지키지 못하는 경우에 "어쩌다 늦었다"라는 말을 쓴다. 정말로 어쩌다 늦었으면 어쩌다 빨리 올 때도 있어야 하지 않을까? 어쩌다 빨리 올 때는 한 번도 없고 어쩌다 늦기만 한다면, 어쩌다 늦은 것이 아니다.

이스라엘이 먹여 준 대로 배가 불렀다. 배가 부르자 교만해져서 하나님을 잊었다. 먹으면 배가 부를 것은 당연하지만 배가 부른 다음에 왜 교만해져야 할까? 배가 부르면 감사한 마음으로 하나님을 섬길 수도 있지 않을까? 배가 부르면 감사할 수도 있고 교만할 수도 있는데 교만하게 되었다면, 그 얘기가 무슨 뜻일까?

13:7-8 　그러므로 내가 그들에게 사자 같고 길가에서 기다리는 표범 같으니라 내가 새끼 잃은 곰같이 그들을 만나 그의 염통 꺼풀을 찢고 거기서 암사자같이 그들을 삼키리라 들짐승이 그들을 찢으리라

하나님에 대한 가장 일반적인 비유가 목자다. 그런데 사자, 표범, 새끼 잃은 곰, 들짐승으로 얘기한다. 하나님이 이스라엘의 보호자가 아닌 심판자로 등장한다.

이스라엘이 언제 하나님을 적대한 적이 있는가? 그런 적은 없다. 단지 바알을 섬겼을 뿐이다. 그렇게 따지면 하나님은 이스라엘의 목자였다가 목자이기를 그만두면 되는 것 아닐까? 사자, 표범, 새끼 잃은 곰, 들짐승에 비유할 것 없이 바위나 나무에 비유하면 되지 않을까? 이스라엘이 하나님과 관계없이 살기를 원하니 하나님도 이스라엘에 관심을 안 가지면 그만이다.

하나님은 그게 안 된다. 이스라엘은 하나님 없이 살 수 있는지 몰라도 하나님은 이스라엘 없이 못 사신다. 그래서 그들을 뜯어고치기로 작정

하셨다. 이스라엘은 조만간 앗수르에게 망한다. 사나운 들짐승에게 찢기는 것처럼 처참한 신세가 된다. 하나님을 떠난 결과가 어떤 것인지 생생하게 체험하게 된다.

우리는 하나님이 우리를 사랑하신다는 말을 너무 쉽게 한다. 그 사랑이 얼마나 처절한 사랑인지 모른다. 하나님이 이스라엘을 사랑한다고 해서 이스라엘이 하는 일이면 무조건 '오냐', '오냐' 하고 봐주시는 것이 아니다. 하나님께서 사랑하실 만한 대상으로 고쳐 놓으신다. 이스라엘이 아무리 고집을 부려도 절대 포기하지 않으신다. 그것이 하나님의 사랑이다.

그런 하나님의 사랑이 우리 인생을 감싸고 있다. 우리 인생이 고달플 수는 있어도 종국에는 잘될 수밖에 없다. 하나님의 백성 된 특권이다.

13:9   이스라엘아 네가 패망하였나니 이는 너를 도와주는 나를 대적함이니라

앞에서 이스라엘의 우상 숭배를 지적했다. 이번에는 이스라엘의 왕정을 지적한다. 우상을 섬긴 것은 그 마음에 하나님이 없기 때문인데, 왕을 세운 것도 역시 그렇다.

카르타고는 1차, 2차, 3차에 걸친 포에니전쟁을 끝으로 로마한테 멸망당했다. 송나라를 멸망시킨 원나라는 나중에 명나라에 의해 멸망했다. 한 나라가 다른 나라에 의해 멸망하는 것은 인류 역사에 늘 있었던 일이다. 이웃 나라보다 군사력이 약하면 별수 없다. 이스라엘은 다르다. 이스라엘이 앗수르한테 멸망한 것은 하나님을 대적했기 때문이다. 그 하나님이 어떤 하나님이냐 하면, 이스라엘을 도와주시는 하나님이다.

자기들을 도와주는 신을 대적하는 것이 정상적인 IQ로 가능한 일일까? 이스라엘이 그렇게 했다. 대체 무슨 정신일까? 간단하다. 하나님이 자기들을 도와주는 분인 것을 몰랐다. 자기들의 행위가 하나님을 대적하는 일인 것도 몰랐다.

사람 머리는 참 단순하다. 어떤 것이 없을 때는 불편을 느끼는데 그 불편이 해소되면 편리하다고 느끼는 게 아니라 원래 그랬던 것처럼 생각한다. "호의가 계속되면 권리인 줄 안다." 영화 〈부당거래〉에서 주양이 말한 대사 그대로다.

이스라엘이 홍해를 건넜다. 그 감격이 그리 오래 가지 않았다. 언제부터인지 먹을 것이 없다고 불평했다. 하나님이 만나를 주셨다. 또 감격했다. 그런데 오래지 않아서 만나만 먹고는 못 살겠다고 불평했다. 가나안에 들어간 다음에도 마찬가지다. 가나안은 하나님이 주신 땅이다. 그곳에서 살게 된 것 자체가 은혜다. 하지만 그런 것은 모른다. 왜 필요할 때 비가 안 내리는지가 불만일 뿐이다.

그런 이스라엘이 왕을 요구한다. 하나님이 자기들의 왕이니까 하나님 뜻대로 살면 되는데 그런 쪽으로는 생각이 안 미친다. 다른 말로 하면 "우리 인생은 우리가 알아서 결정합니다"라는 뜻이다. 자기들의 그런 행위가 하나님을 대적하는 것이라는 사실은 까맣게 몰랐다.

13:10 전에 네가 이르기를 내게 왕과 지도자들을 주소서 하였느니라 네 모든 성읍에서 너를 구원할 자 곧 네 왕이 이제 어디 있으며 네 재판장들이 어디 있느냐

4절에서는 신을 구원자로 얘기했다. 이번에는 왕과 재판장을 구원자로

얘기한다. 본래 이스라엘의 구원은 하나님께 달려 있다. 그런데 이스라엘은 왕과 재판장만 있으면 구원을 이룰 수 있다고 우겼다. 자기들끼리 얼마든지 행복하게 살 수 있다는 것이다.

이스라엘의 마지막 왕이 호세아다. 왕이 된 직후에는 친앗수르 정책을 썼는데 나중에 친애굽으로 돌아선다. 애굽에 의지해서 앗수르의 압제를 벗어나려고 한 것이다. 앗수르 왕 살만에셀 5세가 군사를 일으켰다. 급기야 호세아가 포로가 되었다. 이런 상황이었으니 "너희 왕이 이제 어디 있느냐?" 하고 조롱 섞인 질문을 할 만하다. 왕이 포로 신세가 되었으니 백성들의 형편은 말해서 무엇 할까? 자기들을 도우시는 하나님을 대적했으니 자업자득이다.

사무엘 선지자 때의 일이다. 이스라엘이 왕을 요구한다. 그렇게 해서 첫 임금 사울이 등장한다. 사울은 이스라엘 자손 중에 그보다 더 준수한 자가 없을 만큼 준수한 소년이었고, 키는 모든 백성보다 어깨 위만큼 더 컸다. 사울은 어느 누가 보기에도 왕을 할 만한 사람이었다. 그런데 불합격이었다. 이스라엘에 하나님의 통치를 실현하는 것은 고사하고 자기 욕심대로 살다 죽었다. 하나님이 사울의 일생을 통해서 이스라엘을 교육하신 것이다. "봐라, 이것이 너희가 요구한 왕 아니냐?"라는 뜻이다. 왕정의 폐해를 단적으로 보여 주는 인물이 사울이었다.

이스라엘에 왕정이 시작된 것은 하나님의 뜻이 아니다. 이스라엘이 하나님 눈 밖에 날 일을 한 것이다. 이스라엘이 아무리 왕을 요구해도 하나님 뜻이 아니면 애초에 허락하지 말았어야 하는 것 아니냐고 할 수도 있을 것 같지만, 그렇지 않다. 하나님은 우리 앞에 정답으로 통하는 길 하나만 남기고 다른 길은 다 막아서 저절로 정답을 선택하게 하지 않으신다. 그렇게 하는 것은 의미가 없다. 순종이 순종일 수 있으려면 불순종의 여지가 있어야 하기 때문이다.

13:11-12 내가 분노하므로 네게 왕을 주고 진노하므로 폐하였노라 에브라임의 불의가 봉함되었고 그 죄가 저장되었나니

"내가 분노하므로 네게 왕을 주고 진노하므로 폐하였노라"라는 말씀은 일차적으로 사울한테 정확히 부합하지만 다른 왕들이라고 해서 다르지 않다. 하나님이 이스라엘 역사의 주인이다. 여로보암부터 호세아까지 북 왕국의 모든 왕을 세우고 폐하신 분이 하나님이다.

이스라엘은 그 사실을 모른다. 자기들 나름대로 열심히 세상을 살았을 뿐이다. 이방 민족에게 왕이 있는 것을 보고는 자기들한테도 왕을 달라고 요구했고, 가나안 땅에서 농사를 지으면서는 바알을 섬겼다. 세상을 살려면 그렇게 해야 하는 것 아닐까? 하나님도 자기들 사정을 이해할 것으로 생각했을 수 있다. 실제로 "요즘 바빠서 그렇습니다", "다른 일이 있습니다"라는 말을 한두 번 들은 것이 아니다. 애가 고3이라서 교회 안 보내는 것을 예수님도 이해하실 것이라는 말을 들은 적도 있다.

하나님 말씀은 다르다. "에브라임의 불의가 봉함되었고 그 죄가 저장되었나니"라고 하셨다. 하나님은 이스라엘의 죄를 다 아신다. 아직 벌하지 않은 것뿐이다. 마치 창고에 물건을 쌓아 두는 것과 같다.

티나 렌튼(Tina Renton)이라는 영국 여자가 있다. 여섯 살 때부터 열다섯 살 때까지 의붓아버지 데이비드 무어(David Moore)한테 성폭행을 당했다. 20년이 지났다. 늦은 나이에 에섹스 대학 법대에 입학했고 서른네

살에 법학 학사 학위를 받았다. 법학 수업 중에 성폭행에는 공소시효가 없는 것을 알게 되었다. 결국 지난 2010년에 그의 의붓아버지는 13차례의 강간 혐의로 기소됐고, 징역 14년형을 선고받았다.

이런 경우에 "20년씩이나 지난 일을 가지고 왜 따지느냐?"라고 하면 뭐라고 해야 할까? 죄는 죗값을 치르기 전에는 절대 없어지지 않는다. 이스라엘의 죄도 그렇다. 하나님이 지금 당장 심판하시지 않는 것뿐이다. 하나님이 그렇게 하시는 이유는 계속 죄 속에서 살게 하기 위한 것이 아니라 회개의 기회를 주는 것이다.

그런데 이스라엘은 요지부동이었다.

13:13　　해산하는 여인의 어려움이 그에게 임하리라 그는 지혜 없는 자식이로다 해산할 때가 되어도 그가 나오지 못하느니라

이사야 66장 7절에서 "시온은 진통을 하기 전에 해산하며 고통을 당하기 전에 남아를 낳았으니"라고 했다. 빠른 출산을 복으로 얘기한 것이다. 반면 이스라엘은 지혜가 없는 자식이라서 해산할 때가 되었는데도 나오지 않는다.

해산할 때는 산모만 힘든 것이 아니다. 아이도 힘들다. 그런데 그 고통이 싫다고 한사코 자궁에 머물러 있으면 어떻게 될까? 이스라엘이 살 길은 얼른 회개하는 길이다. 회개해야 봉함된 불의와 저장된 죄가 해결된다. 기꺼운 일이 아니지만 별 도리가 없다. 아이가 태어나기를 거부하면 죽는 것처럼 이스라엘도 회개하지 않으면 봉함된 불의와 저장된 죄로 인해 멸망에 이르게 된다.

대부분의 난산은 태아의 위치나 산모의 건강 때문이다. 그런데 이스라엘은 지혜가 없기 때문이다. 성경은 여호와를 경외하는 것을 지혜의 근본이라고 한다(잠 9:10). 요컨대 이스라엘은 여호와를 경외하는 마음이 없었다. 남은 일은 멸망뿐이다. 태어나기만 하면 생명의 자리가 될 텐데 태어나기를 거부하면 무덤이 될 수밖에 없다.

13:14 내가 그들을 스올의 권세에서 속량하며 사망에서 구속하리니 사망아 네 재앙이

어디 있느냐 스올아 네 멸망이 어디 있느냐 뉘우침이 내 눈 앞에서 숨으리라

스올은 죽은 다음에 가는 세상을 말한다. 구약 시대 사람들은 부활 개념이 없었기 때문에 지금으로 치면 불신자들이 말하는 저승에 해당한다.

"내가 그들을 스올의 권세에서 속량하며 사망에서 구속하리니"는 우리말 번역이 부자연스럽다. 심판을 말씀하시는 중에 속량이나 구속이 나오는 것은 어울리지 않는다. 이어지는 15, 16절도 그렇다. 계속 심판을 얘기한다.

본문은 하나님의 독백이다. NLT에는 "Should I ransom them from the grave? Should I redeem them from death?"로 번역되어 있다. 하나님이 "내가 저들을 무덤에서 속량해야 할까? 내가 저들을 죽음에서 구원해야 할까?" 하고 스스로 물으신다. 그리고 답하신다. "사망아 네 재앙이 어디 있느냐. 스올아 네 멸망이 어디 있느냐." 얼른 저들을 심판하지 않고 무엇을 하느냐는 것이다. 사망과 스올을 의인화해서, 당장 이스라엘에 재앙과 멸망을 안겨 주지 않고 무엇을 하느냐고 채근한다.

그러고는 "뉘우침이 내 눈 앞에서 숨으리라"라고 한다. 그런 결정에

대해서 뉘우치는 일은 결단코 없다는 것이다. 〈표준새번역성경〉에는 "이제는 내게 동정심 같은 것은 없다"로 번역되어 있다.

뭔가 이상하다. "사망아 네 재앙이 어디 있느냐. 스올아 네 멸망이 어디 있느냐"라는 말씀은 바울이 고린도전서 15장에서 인용했다. 고린도전서 15장을 '부활장'이라고 한다. 본문은 "사망아, 너 빨리 이스라엘을 멸망시키지 않고 무엇을 하느냐?"라는 뜻이다. 그런데 바울은 부활을 설명하면서, 우리한테는 더 이상 사망이 힘을 쓰지 못한다는 뜻으로 인용했다. 귀에 걸면 귀걸이, 코에 걸면 코걸이일까?

구약 시대 사람들한테 "죄의 삯은 사망이다"라고 하면, 전부 두려움에 떨었을 것이다. 죄가 있는 사람은 다 죽어야 하니 마치 사형 판결과도 같다. 우리는 두려워하지 않는다. 죄의 삯이 사망이라는 사실 자체가 달라진 것이 아니다. 주님이 우리 죗값을 치렀기 때문이다.

"사망아 네 재앙이 어디 있느냐. 스올아 네 멸망이 어디 있느냐"라는 말씀도 그렇다. 분명히 이스라엘을 향한 심판 선언이다. 하지만 그리스도 안에 있는 우리는 심판 대상이 아니다. 사망이나 스올이 우리와는 관계없다. 바울이 그런 말씀을 인용해서 부활을 설명한 것이다.

그나저나 이스라엘을 어떻게 할까? 지혜 없는 자식처럼 해산할 때가 되어도 나오지 못하더니 급기야 사망과 스올의 먹잇감이 되고 말았다.

13:15 그가 비록 형제 중에서 결실하나 동풍이 오리니 곧 광야에서 일어나는 여호와의 바람이라 그의 근원이 마르며 그의 샘이 마르고 그 쌓아 둔바 모든 보배의 그릇이 약탈되리로다

이스라엘도 한때 잘나가던 시절이 있었다. 여로보암 2세 때는 제법 강성한 나라를 이루기도 했다. 하지만 동풍이 불면 얘기가 달라진다. 그 동풍을 가리켜 광야에서 일어나는 여호와의 바람이라고 한다. 앗수르에 의한 파멸을 말한다.

앞에서 이스라엘이 동풍을 따라간다고 지적한 바 있다. 앗수르의 눈치를 보고 애굽에 의지하는 풍조를 꼬집은 것이다. 그 앗수르가 심판의 도구로 등장한다. 동풍이 불면 모든 것이 황폐하게 되는 것처럼 앗수르 군대가 지나가면 모든 것이 엉망이 된다. 그것을 근원이 마르고 샘이 마른다고 표현했다. 팔레스타인은 물이 부족한 곳이다. 샘이 마르는 것은 엄청난 재앙이다.

또 쌓아 둔바 모든 보배의 그릇이 약탈된다고 한다. 이민족이 침략을 받으면 재산을 빼앗기는 것은 당연하다. 그러면 조선 시대의 임진왜란이나 병자호란 때를 생각해 보자. 당시 사람들이 금은보화를 얼마나 빼앗겼을까? 빼앗기고 싶어도 없어서 못 빼앗겼을 텐데 그것이 노략질당한 물건의 대표일 수는 없다. 그러면 이스라엘이 앗수르한테 약탈당한다는 '쌓아 둔바 모든 보배의 그릇'은 무슨 영문일까? 이스라엘이 집집마다 보배를 쌓아 두었을 리는 없다. 게다가 보배를 약탈당한다고 하지 않고 보배의 그릇을 약탈당한다고 했다.

가나안을 가리켜서 젖과 꿀이 흐르는 땅이라고 한다. 그렇다고 해서 팔레스타인이 그렇게 비옥한 땅은 아니다.

또 여호와께서 너희의 조상들에게 맹세하여 그들과 그들의 후손에게 주리라고 하신 땅 곧 젖과 꿀이 흐르는 땅에서 너희의 날이 장구하리라 네가 들어가 차지하려 하는 땅은 네가 나온 애굽 땅과 같지 아니하니 거기에서는 너희가 파종한 후에 발로 물 대기를 채소밭에 댐과 같이 하였거니와 너희가 건너가서 차지할 땅은 산과 골짜기가 있어서 하늘에서 내리는 비를 흡수하는 땅이요 네 하나님 여호와께서 돌보아 주시는 땅이라 연초부터 연말까지 네 하나님 여호와의 눈이 항상 그 위에 있느니라(신 11:9-12)

애굽은 하천이 발달한 나라다. 비가 안 와도 물을 끌어서 농사를 지을 수 있다. 가나안은 그렇지 않다. 빗물에 의지하여 경작하는 논을 천수답(天水畓)이라고 하는데, 가나안은 죄다 그런 땅이다. 하늘을 우러러보는 것 말고는 대책이 없다. 농사짓는 것이 전적으로 하나님께 달려 있다. 그래서 젖과 꿀이 흐르는 땅이다.

신명기 28장 12절에 "여호와께서 너를 위하여 하늘의 아름다운 보고를 여시사 네 땅에 때를 따라 비를 내리시고 네 손으로 하는 모든 일에 복을 주시리니 네가 많은 민족에게 꾸어 줄지라도 너는 꾸지 아니할 것이요"라고 되어 있다. 보물 창고가 하늘에 있다. 거기에서 비가 내린다. 앗수르가 쳐들어오면 그것을 빼앗긴다는 얘기다. 하나님이 주신 땅에서 더 이상 살 수 없게 된다.

13:16   사마리아가 그들의 하나님을 배반하였으므로 형벌을 당하여 칼에 엎드러질 것이요 그 어린아이는 부서뜨려지며 아이 밴 여인은 배가 갈라지리라

과장이 아니다. 앗수르의 정복 정책은 굉장히 가혹했다. 주전 722년에

문자 그대로 성취되었다. 아람도 이스라엘과 비슷한 시기에 앗수르한테 망했다. 주전 732년에 수도 다메섹이 함락되었고, 주전 720년에 완전히 패망했다. 아람 역시 숱한 사람들이 칼에 엎드러지고 어린아이가 부서 뜨려지고 아이 밴 여인은 배가 갈라졌을 것이다.

아람이 그렇게 된 것은 앗수르보다 군사력이 약했기 때문이다. 이스라엘은 다르다. 하나님을 배반했기 때문이다. 군사력이 문제가 아니라 하나님과의 관계가 문제였다.

모순 같지만 그렇지 않다. 하나님의 관심이 아람한테 있지 않고 이스라엘에 있기 때문이다. 아람이 하나님과 관계없이 산 것이 무슨 상관일까? 하지만 이스라엘은 다르다.

구약 시대 하나님의 관심이 이스라엘에 있었던 것처럼 지금은 우리한테 있다. 하나님은 행여 우리가 하나님을 떠나 살까봐 "그 옛날 이스라엘이 나를 떠나 살았다가 죄다 칼에 엎드러지고 어린아이는 부서뜨려지며 아이 밴 여인은 배가 갈라졌다"라고 하신다. 협박하는 것이 아니다. 제발 명심하라는 뜻이다. 우리가 이 세상 살면서 조심해야 할 일을 딱 한 가지만 꼽는다면, 하나님 눈 밖에 나는 일이다. 다른 일은 다 경험하더라도 그런 일 만큼은 없어야 한다. 하나님께서 신신당부하시는 내용이다.

14장

온전한 거룩을 위하여

14:1   이스라엘아 네 하나님 여호와께로 돌아오라 네가 불의함으로 말미암아 엎드러

졌느니라

앞에서 이스라엘은 사망 선고를 받았다. 이스라엘한테 남은 것은 파국 뿐이다. 그런데 다시 회개를 촉구하는 내용이 나온다. 하나님이 아직도 미련을 갖고 계신 것일까?

그런 얘기가 아니다. 심판의 불가피성을 강조하는 것이다. "내가 원하는 것은 이런 것이다. 그런데 너희는 전혀 그럴 생각이 없지 않으냐? 너희가 받는 심판은 너희가 자초한 것이다"라는 뜻이다.

이스라엘이 하나님께로 돌아오면 얼마나 좋을까? 하지만 요망 사항일 뿐이다. 이스라엘은 누가 보기에도 소망이 없다. 결국 이스라엘의 구원은 하나님의 일방적인 은혜로만 가능하다. 구원을 얻는 데 하나님의 은혜 99.999%에 이스라엘의 응답 0.001%가 필요하다고 해도 안 된다.

불의로 엎드러진 이스라엘이 무슨 수로 여호와께 돌아올까? 불의한 상태에서 여호와께 돌아오는 것이 용납되면 하나님의 공의는 어떻게 될까?

구약 시대 신앙의 중심은 성전이었다. 성전이 성전인 이유는 하나님의 임재를 상징하는 법궤가 있기 때문이다. 그런데 법궤가 있는 지성소 입구가 휘장으로 가려졌다. 하나님께 이르는 길이 차단되었다는 뜻이다. 하나님께 가려면 죄 문제를 해결해야 한다. 마찬가지다. 이스라엘이 하나님께 돌아가려면 엎드러진 자리에서 일어나기만 하면 되는 것이 아니라 불의를 버려야 한다.

14:2　너는 말씀을 가지고 여호와께로 돌아와서 아뢰기를 모든 불의를 제거하시고 선한 바를 받으소서 우리가 수송아지를 대신하여 입술의 열매를 주께 드리리이다

엄마가 아이한테 매를 들면서 "얼른 '잘못했습니다' 안 해?"라고 할 수 있다. 하나님도 이스라엘한테 "모든 불의를 제거하시고 선한 바를 받으소서. 우리가 수송아지를 대신하여 입술의 열매를 주께 드리리이다"라고 말하라고 하신다.

성경은 우리의 신앙과 행위에 대한 정확 무오한 유일의 법칙이다. 우리의 기준은 언제나 하나님 말씀이다. 자기 생각에 이만하면 됐다고 하는 것이 된 것이 아니다. 예수를 믿는다는 말이 그렇다. 자기가 믿고 싶은 만큼 믿으면 안 된다. 성경이 요구하는 만큼 믿어야 한다. 이스라엘을 기준으로 생각하면 이스라엘은 하나님을 떠난 적이 없다. 단지 바알을 같이 섬기고 앗수르와 애굽을 의지했을 뿐이다. 그래서 말씀을 가지고 여호와께 돌아오라고 한다. 하나님 말씀을 기준으로 하면 이스라엘은 단 한 순간도 하나님과 함께한 적이 없다.

말씀을 가지고 여호와께 돌아온 이스라엘이 해야 할 말은 "모든 불

의를 제거하시고 선한 바를 받으소서"이다. '모든 불의'라는 말이 나오는 이유는 하나님 말씀이 기준이기 때문이다. 이스라엘 생각으로 불의가 아닌 것도 하나님 말씀을 기준으로 하면 불의일 수 있다. 그 모든 불의를 다 제거해야 한다. 그런데 "선한 바를 받으소서"는 무슨 영문일까? 이스라엘한테 무슨 선한 바가 있을까? 이어지는 내용이 "우리가 수송아지를 대신하여 입술의 열매를 주께 드리리이다"이다. 입술의 열매가 선한 바이다.

본래 죄가 있으면 속죄제를 드려야 한다. 족장이 죄를 범하면 숫염소, 일반 백성이 죄를 범하면 암염소를 제물로 드려야 한다. 염소가 힘에 미치지 못하면 어린양이나 비둘기를 제물로 드릴 수도 있다. 이때 비둘기는 집비둘기와 산비둘기가 다 무방하다. 집비둘기마저 드릴 형편이 안 되면 산비둘기라도 잡아 오라는 뜻이다.

꼭 이렇게까지 제물을 요구해야 할까? "형편이 그렇게 어려우냐? 알았다. 그러면 마음으로 충분하다"라고 하는 것이 어울리지 않을까? 이유가 있다. 죄는 절대 흐지부지 없어지지 않기 때문이다. 죄가 있으면 반드시 죗값을 치러야 한다. 그래서 비둘기마저 드릴 형편이 안 되면 산에 가서 잡아 오기라도 해야 했다. 특히 이스라엘 온 회중이 죄를 범했으면 수송아지를 제물로 드려야 한다. 그런데 하나님이 수송아지 대신 입술의 열매를 제물로 받겠다고 하신다.

죄에 죗값이 따르는 이유는 앙갚음 때문이 아니다. 죄인을 의인으로 고치기 위해서다. 그래서 하나님은 입술의 열매를 원하신다. 입술의 열매의 내용은 3절에 나온다.

　　우리가 앗수르의 구원을 의지하지 아니하며 말을 타지 아니하며 다시는 우리의 손으로 만든 것을 향하여 너희는 우리의 신이라 하지 아니하오리니 이는 고아가 주로 말미암아 긍휼을 얻음이니이다 할지니라

이스라엘은 세 가지를 약속해야 한다. 하나는 더 이상 앗수르에 의지하지 않는 것이다. 또 하나는 나라의 안위가 군사력에 달린 것처럼 생각하지 않는 것이다. 말이 군사력의 상징이다. 우리나라는 말을 운송 수단으로 썼지만 이스라엘의 운송 수단은 나귀다. 산지가 많은 팔레스타인 지형 때문이다. 평지에서는 말이 잘 달리지만 산지에서는 나귀가 훨씬 유용하다. 그리고 우상을 숭배하지 말아야 한다.

이스라엘이 이렇게 해야 하는 이유는 고아가 주로 말미암아 긍휼을 얻기 때문이라고 한다. 고아는 요즘도 살기 힘들다. 하물며 2,700년 전이라면 말할 것도 없다. 고아의 유일한 대책은 하나님의 긍휼이다. 이스라엘이 바로 그렇다. 하나님의 은혜가 아니면 살아갈 방도가 없다.

제 버릇 개 못 준다는 말이 있다. 이스라엘한테 그대로 해당되는 말이다. 이스라엘은 앗수르를 의지해도 안 되고, 말을 의지해도 안 되고, 우상을 섬겨도 안 된다. 그것이 이스라엘이 살길이다. 그렇다고 이스라엘이 그렇게 할까?

전갈이 개구리한테 자기를 업고 개울을 건너 달라고 부탁했다. 개구리가 거절했다. 전갈이 쏘면 죽는데 그런 위험한 일을 왜 한단 말인가? 전갈이 계속 간청했다. 그랬다가 자기도 물에 빠져 죽는데 그럴 리가 있느냐는 것이다. 듣고 보니 일리가 있었다. 그래서 전갈을 업고 헤엄을 치는데 중간에 전갈이 개구리를 쏘고 말았다. 개구리가 죽어 가면서 화

를 냈다. "야! 날 쏘면 둘 다 죽는다며 왜 쏜 거야?" 전갈이 난처한 어조로 답했다. "나도 몰라. 이것이 내 천성인 걸 어떡해?"

이스라엘이 그 꼴이다. 스스로 멸망을 자초한다. 어떻게 해야 할까? 자업자득이라는 말밖에 할 말이 없다.

14:4　　　내가 그들의 반역을 고치고 기쁘게 그들을 사랑하리니 나의 진노가 그에게서 떠났음이니라

본래 이스라엘이 대오각성(大悟覺醒)하고 통회사복(痛悔自服)해서 입술의 열매와 함께 하나님께로 가는 것이 사리에 맞다. 그렇게 하면 하나님은 얼마든지 이스라엘을 사랑하실 것이다. 그런데 이스라엘은 그렇게 할 실력이 없다. 그래서 하나님이 이스라엘의 반역을 고쳐서 그들을 사랑하겠다고 하신다. 비록 이스라엘한테는 사랑스러운 면모가 없지만 그런 이스라엘을 사랑받을 만하게 고쳐서 사랑하겠다는 것이다.

어떤 의사가 있다. 아내가 중병으로 앓아누웠다. 날마다 지극정성으로 돌본다. 얼른 쾌유해서 다시 예전처럼 살고 싶다. 그런데 아내 마음에 다른 남자가 있으면 어떻게 해야 할까? 그것도 고쳐야 하는 병일까?

하나님이 그렇게 말씀하신다. 이스라엘의 반역을 고쳐서 기쁘게 사랑하겠다는 것이다. 하나님께는 이스라엘의 반역도 고쳐야 하는 병이었다. 그것도 이스라엘이 하나님의 백성이라는 책임감 때문에 마지못해서 사랑하는 것이 아니다. 적극적이고 능동적으로 사랑하신다. 이스라엘을 사랑하는 것이 하나님께도 기쁨이다. 그런 일이 어떻게 가능하냐 하면, 하나님의 진노가 이스라엘에서 떠났기 때문이다. 시간이 지나서 화

가 풀린 것이 아니다. 반역이 고쳐졌으니 진노할 이유가 없다.

역대기가 어떻게 끝나는지 기억할 것이다. 남 왕국 유다가 바벨론한 테 망한다. 사람들이 다 포로로 끌려가는 것으로 바벨론 포로 생활 칠십 년이 시작된다. 그 기간 동안 땅은 황폐하게 될 수밖에 없다. 성경은 그 사실을 놓고 땅이 안식년을 누림같이 안식하여 칠십 년을 지냈다고 한다. 남 왕국 유다가 도무지 하나님의 계명을 지키지 않자, 하나님은 그들을 포로로 만들어서 계명을 지킬 수밖에 없게 만드셨다. 칠십 년 동안 땅이 황폐했으니 안식년을 칠십 번 지킨 것이 된다. 첨언하면, 성경에서 7은 완전수이고 많다는 뜻을 나타낼 때는 10의 배수를 쓴다.

교회에서는 늘 하나님의 사랑을 말한다. 어떤 사람은 그 사실을 근거로 불신앙을 합리화하기도 한다. 하나님은 사랑이 많으신 분이니까 이 정도는 괜찮지 않으냐는 것이다. 혹은 하나님이 우리를 사랑하신다는데 왜 자기 기도는 안 들어 주느냐고 불만을 말하기도 한다. 하나님의 사랑은 그런 식으로 나타나지 않는다. 우리를 하나님의 사랑을 받을 만한 존재로 고쳐내는 것으로 나타난다. 패역한 우리를 하나님의 백성으로 만들고야마는 것이 하나님의 사랑이다.

14:5-6 내가 이스라엘에게 이슬과 같으리니 그가 백합화같이 피겠고 레바논 백향목같이 뿌리가 박힐 것이라 그의 가지는 퍼지며 그의 아름다움은 감람나무와 같고 그의 향기는 레바논 백향목 같으리니

그런 하나님의 사랑을 이슬에 비유한다. 팔레스타인은 우기와 건기가 있는데 건기에는 비가 내리지 않는다. 우리는 이슬의 중요성을 별로 실

감하지 못하지만 팔레스타인에서는 다르다. 이슬이 내리지 않으면 생존이 불가능하다. 성경 여러 곳에서 이슬은 하나님의 은혜를 나타내기도 한다.

그런 하나님의 은혜에 힘입어 이스라엘이 바뀐다. 이스라엘은 백합화같이 피고 레바논 백향목같이 뿌리가 박힌다. 그의 가지가 퍼져서 아름다움은 감람나무 같고 향기는 레바논 백향목 같게 된다. 앞에서 사자, 표범, 새끼 잃은 곰, 암사자로 하나님의 심판을 비유했다면, 본문에서는 백합화와 백향목, 감람나무로 하나님의 구원과 사랑, 은혜를 비유한다.

지금까지 이스라엘이 하나님을 떠났던 이유가 그런 삶 때문이다. 바알을 섬기고 앗수르에 의지하면 백합화와 백향목, 감람나무에 비유되는 삶을 살 수 있을 줄 알았다. 자기들이 원하는 것이 어디에 있는지 몰랐다.

많은 사람이 행복을 위해 살아가지만 정작 행복하다는 사람은 드물다. 그럴 수밖에 없다. 산에 가야 범을 잡는데 산에도 안 가고 범을 찾기 때문이다. 개가 꼬리를 물려고 하면 제자리에서 뱅뱅 돌게 된다. 하지만 그냥 자기 길을 가면 꼬리가 따라온다. 행복은 거룩의 부산물이다. 거룩을 추구하면 행복이 따라온다. 우리가 하나님의 피조물이기 때문이다. 그것을 모르고 마냥 행복을 쫓아다니니 그 삶에 행복이 없는 것이다.

이스라엘이 그렇게 살았다. 하나님이 그런 이스라엘을 고치신다. 이스라엘이 백합화와 백향목, 감람나무처럼 된다. 나라가 그렇게 되면 그 나라 구성원들도 그렇게 될 것이다.

14:7　　그 그늘 아래에 거주하는 자가 돌아올지라 그들은 곡식같이 풍성할 것이며 포도나무같이 꽃이 필 것이며 그 향기는 레바논의 포도주같이 되리라

이스라엘이 백합화, 백향목, 감람나무라면 이스라엘 백성은 그 그늘 아래 거주하는 사람들이다. 그들이 돌아온다. 하나님 은혜에서 멀리 떠났던 이스라엘 백성들이 다시 하나님 은혜를 누리게 된다. 그런 그들은 곡식같이 풍성할 것이며 포도나무같이 꽃이 필 것이며 그 향기가 레바논의 포도주 같을 것이다.

곡식같이 풍성하게 된다는 얘기는 인구가 크게 증가한다는 뜻이다. 호세아가 음란한 여자 고멜을 아내로 맞았다. 아이를 낳았는데 이름이 이스르엘, 로루하마, 로암미였다. 전부 이스라엘에 대한 심판의 뜻이 담긴 이름이다. 그런 내용에 이어서 "그러나 이스라엘 자손의 수가 바닷가의 모래같이 되어서 헤아릴 수도 없고 셀 수도 없을 것이며"(1:10a)라고 했다. 이스라엘은 심판을 받아야 하지만 하나님은 그런 이스라엘을 다시 회복시키신다. 그렇게 해서 나타나는 현상이 인구가 많아지는 것이다. "그들은 곡식같이 풍성할 것이며"는 그 일의 성취를 말한다.

부교역자 시절, 중고등부 학생들과 중국집에 간 적이 있다. 주문을 하는데 한 학생이 말했다. "저기요, 맛은 상관없어요." 한창 식욕이 왕성한 나이에 얼마든지 할 수 있는 말이다. 맛보다 중요한 것이 양이다. 하지만 모든 사람이 그렇지는 않다. 아무리 양이 푸짐해도 맛이 먼저라는 사람도 있다.

이스라엘 인구가 곡식처럼 풍성하게 늘어난다. 머릿수만 많아지는 것이 아니다. 그들을 가리켜 포도나무같이 꽃이 피고 레바논 포도주같이 향기롭다고 한다. 짜장면으로 얘기하면 양만 많은 것이 아니라 맛도 좋다는 얘기다. 이스라엘 백성들이 그런 은혜를 누린다.

　　　에브라임의 말이 내가 다시 우상과 무슨 상관이 있으리요 할지라 내가 그를 돌

아보아 대답하기를 나는 푸른 잣나무 같으니 네가 나로 말미암아 열매를 얻으

리라 하리라

이스라엘이 "내가 다시 우상과 무슨 상관이 있으리요"라고 한다. 이스라엘의 문제는 결국 우상 숭배였다. 드디어 그 문제가 해결된다. 호세아서에 기록된 모든 내용이 이 한마디를 위한 것이다. 아니, 성경의 모든 기록이 이 한마디를 위한 것이다. 하나님이 이 한마디를 위해서 홍해를 가르셨다. 하늘에서 만나가 내리게 했고, 반석에서 물이 나오게 하셨다. 여리고성을 무너뜨렸고, 해와 달을 멈추게 하셨다. 이스라엘이 가나안 땅에 들어가 살면서 우상을 숭배할 때마다 이방의 압제에 시달리게 하신 것도 이 한마디를 위한 것이었다. 오죽하면 호세아한테 음란한 여자를 아내로 맞으라고 하셨을까?

이스라엘이 "내가 다시 우상과 무슨 상관이 있으리요"라고 하면, 하나님은 "나는 푸른 잣나무 같으니 네가 나로 말미암아 열매를 얻으리라"라고 답을 하신다. 잣나무는 상록수다. 계절의 변화에 관계없이 늘 푸른 나무다. 하나님을 그런 잣나무로 얘기한다. 비록 이스라엘은 우상에 미혹되었지만 하나님은 변함이 없으시다.

집을 나갔던 탕자가 돌아왔다. 아버지는 여전히 아버지였다. 탕자한테는 변화가 있었지만 아버지는 변화가 없었다. 탕자가 집을 나가기 전에도 아버지였고, 거지꼴로 돌아온 다음에도 아버지였다. 탕자가 돌아오자마자 제일 좋은 옷을 입히고 손에 가락지를 끼우고 발에 신을 신겼다. 본래의 신분을 회복시켜 준 것이다. 가출 전력이 있다고 해서 다르

게 대하지 않았다.

이스라엘은 하나님의 백성이다. 그동안 우상한테 미혹되어 있었지만 드디어 우상과 결별했다. 탕자가 아들의 지위를 회복한 것처럼 이스라엘한테도 하나님의 백성이 누릴 복락이 허락되어야 한다. 그것을 푸른 잣나무에서 열매를 얻는 것으로 얘기한다. 이스라엘의 우여곡절에 관계없이 하나님은 여전히 하나님이다. 하나님은 회전하는 그림자도 없는 분이다.

14:9 누가 지혜가 있어 이런 일을 깨달으며 누가 총명이 있어 이런 일을 알겠느냐 여호와의 도는 정직하니 의인은 그 길로 다니거니와 그러나 죄인은 그 길에 걸려 넘어지리라

호세아서의 결론이다. 호세아서는 "여호와께서 호세아에게 이르시되 너는 가서 음란한 여자를 맞이하여 음란한 자식들을 낳으라. 이 나라가 여호와를 떠나 크게 음란함이니라"(1:2)로 시작했다. 여호와를 떠나 크게 음란한 이스라엘을 하나님이 고쳐내고야 말았다. 그러고는 물으신다. 이제 말귀를 알아들었느냐는 것이다. 말귀를 알아듣는 사람이 지혜 있는 사람이고 총명 있는 사람이다.

여호와의 도는 정직하다는 말이 왜 나올까? 성경이 말하는 거짓은 사실과 다른 것이 아니라 사탄한테 속한 속성을 말한다. 마찬가지로 정직하다는 얘기는 하나님께 속했다는 뜻이다. 여호와의 도는 정직할 수밖에 없다. 그런 여호와의 도는 사람을 의인과 죄인으로 구별한다. 의인은 그 길로 다니지만 죄인은 그 길에 걸려 넘어지기 때문이다. 모든 사람한테

선택권이 주어진 셈이다. 자기 선택에 따라서 의인이 되기도 하고 죄인이 되기도 한다. 요컨대 호세아서는 "이 모든 내용을 깨달았느냐? 그러면 여호와의 도를 따라 행해라. 그래야 의인이다"라고 말하는 셈이다.

　호세아서 마지막 문장이다. 여러분은 지금까지의 내용을 통해서 말귀를 알아들었는가? 알아듣지 못했으면 저자 책임이다. 하지만 알아들었으면 그다음은 여러분 책임이다. 여호와의 도는 정직하다. 무릇 의인은 그 길로 다니는 법이다. 그 길로 다니는 것이 호세아서를 읽은 사람의 책임이고, 예수 믿는 사람의 책임이다. 살아가는 모든 날이 그 책임을 감당한 기록으로 채워져야 한다. 그 기록이 우리를 하나님의 사람으로 완성할 것이다. 그렇게 되는 날을 소망하며 두 손 모은다. 우리한테는 다른 소망이 없다.